多弦杆组合箱梁理论、方法与应用
——以深圳市南坪快速路三期工程马峦山公园1号桥为例

陈 君 吴连波 吴岐贤 夏少华 李梦缘 著

人民交通出版社股份有限公司

北 京

内 容 提 要

本书着重介绍多弦杆组合梁改良结构箱梁桥的工作机理,以深圳市南坪快速路三期工程马峦山公园1号桥为例,针对多弦杆组合简支梁改良结构箱梁抗弯性能、多弦杆组合连续梁改良结构箱梁抗弯性能,以及多弦杆组合梁改良结构箱梁抗扭性能、复合弯扭性能、疲劳性能开展专题研究,完善了相关计算理论和设计方法,提出了一系列改进措施,取得了创新性实用成果。本书将理论与工程应用相结合,为今后同类桥梁设计与应用提供重要理论指导和实际经验参考。

本书可供从事桥梁工程设计、施工、科研等的科技工作者参考使用。

图书在版编目(CIP)数据

多弦杆组合箱梁理论、方法与应用:以深圳市南坪快速路三期工程马峦山公园1号桥为例/陈君等著. —北京:人民交通出版社股份有限公司,2023.12
ISBN 978-7-114-19222-7

Ⅰ.①多… Ⅱ.①陈… Ⅲ.①弦杆—组合梁—箱梁桥—研究—深圳 Ⅳ.①U448.21

中国国家版本馆 CIP 数据核字(2023)第 249163 号

Duoxiangan Zuhe Xiangliang Lilun、Fangfa yu Yingyong
——yi Shenzhen Shi Nanping Kuaisulu Sanqi Gongcheng Maluanshan Gongyuan 1 Hao Qiao Weili

书　　名:	**多弦杆组合箱梁理论、方法与应用——以深圳市南坪快速路三期工程马峦山公园1号桥为例**
著 作 者:	陈　君　吴连波　吴岐贤　夏少华　李梦缘
责任编辑:	齐黄柏盈
责任校对:	孙国靖　刘　璇
责任印制:	刘高彤
出版发行:	人民交通出版社股份有限公司
地　　址:	(100011)北京市朝阳区安定门外外馆斜街3号
网　　址:	http://www.ccpcl.com.cn
销售电话:	(010)59757973
总 经 销:	人民交通出版社股份有限公司发行部
经　　销:	各地新华书店
印　　刷:	北京交通印务有限公司
开　　本:	787×1092　1/16
印　　张:	14.75
字　　数:	340 千
版　　次:	2023 年 12 月　第 1 版
印　　次:	2023 年 12 月　第 1 次印刷
书　　号:	ISBN 978-7-114-19222-7
定　　价:	68.00 元

(有印刷、装订质量问题的图书,由本公司负责调换)

前言

PREFACE

传统的钢腹杆-PC(预应力混凝土)组合箱梁以钢桁架杆件的轴向受力为主要特征,钢桁架结构具有刚度大、承载力高、外形美观等优点,但它在施工和使用过程中,存在以下两方面问题:一方面,底板混凝土浇筑施工工艺烦琐,且腹杆与底板结合处浇筑空间小,混凝土浇筑质量不易控制;另一方面,荷载作用下组合梁底板较易开裂,从而影响结构的刚度、承载力和耐久性。钢管组合梁,即在钢腹杆-PC组合箱梁基础上,将其中的混凝土底板替换为钢管或钢管混凝土弦杆。钢管组合桁梁结构具有自重轻、成本低、通透性强等优点。将钢管组合桁梁的下弦钢管内填混凝土即可组成钢管混凝土组合桁梁。钢管混凝土组合桁梁由于下弦钢管内填混凝土,虽然自重略有增加,但是提高了弦杆节点的径向刚度,同时提高了结构整体刚度和承载能力。钢管混凝土组合桁梁的高度较大,且节点构造和受力比较复杂,容易出现由节点局部破坏控制结构整体承载力的不利情况。因此,结构的承载力往往取决于节点承载力,其结构破坏一般都是由局部节点失效引起的。

为改进和优化钢管混凝土组合桁梁结构的受力性能、提高结构的材料利用率,深圳市市政设计研究院有限公司陈宜言教授和福州大学陈宝春教授在钢管混凝土组合桁梁结构的基础上创新性地提出了一种新型组合结构,即多弦杆组合梁结构,其由混凝土顶板、下弦杆通过波形钢腹板连接组成。该新型组合结构与波形钢腹板PC组合箱梁相比,由于采用钢管混凝土下弦杆代替混凝土底板,减轻了主梁自重,提高了结构抗裂性和整体性。与钢管混凝土组合桁梁结构的主要不同之处在于:用波形钢腹板替代原有的钢管腹杆,波形钢腹板与钢管混凝土下弦杆之间直接通过焊缝连接,与混凝土顶板之间采用栓钉连接,避免结构发生局部节点破坏。

本书以深圳市南坪快速路三期工程马峦山公园1号桥为例,着重介绍了多弦杆组合梁改良结构箱梁桥的静力性能、疲劳性能。全书共8章。第1章为绪论,简要介绍了轻型组合结构桥的国内外研究现状,使读者对多弦杆组合箱梁桥的发展、应用及相关性能有概括性的了解,并提出本书的主要研究内容。第 2 章对多弦杆组合简支梁改良结构箱梁抗弯性能进行了研究。第 3 章对多弦杆组合连续梁改良结构箱梁抗弯性能进行了研究。第 4 章对多弦杆组合梁改良结构箱梁抗扭性能进行了研究。第 5 章专门介绍了多弦杆组合梁改良结构箱梁复合弯扭试验。第 6 章重点阐述了多弦杆组合梁改良结构箱梁疲劳性能试验。第 7 章从简支梁抗弯性能有限元模型、连续梁抗弯性能有限元模型、试验梁抗扭性能有限元模型、试验梁弯扭性能有限元模型、疲劳性能有限元模型等方面着手,介绍了多弦杆组合梁改良结构箱梁试验模型精细化有限元分析。第 8 章介绍了实桥有限元分析与验证。该桥于 2018 年底建成,2019 年 1 月通车,目前已运营 5 年,状况良好。

  本书对于桥梁分析和研究过程,概念明确,实用性强,将试验研究与理论分析紧密结合,注重理论联系实际,为今后同类桥梁设计与应用提供了重要理论指导和实际经验参考,具有极大的推广价值,希望能对促进我国桥梁建设和发展起到积极的作用。

  在本书编写过程中,得到了行业内外许多专家学者的指导和帮助,在此一并表示诚挚的感谢!

作 者

2023 年 11 月

目录
CONTENTS

第 1 章　绪论 ··· **1**
　1.1　工程概述 ··· 1
　1.2　研究及应用现状 ·· 5
　1.3　研究意义 ··· 11
　1.4　总体研究方案 ··· 12

第 2 章　多弦杆组合简支梁改良结构箱梁抗弯性能试验 ······················ **15**
　2.1　试验模型设计 ··· 15
　2.2　试验梁制作与材性试验 ··· 17
　2.3　试验装置及加载制度 ··· 20
　2.4　测试内容及测点布置 ··· 22
　2.5　试验过程及现象 ·· 24
　2.6　试验结果分析 ··· 25
　2.7　本章小结 ··· 33

第 3 章　多弦杆组合连续梁改良结构箱梁抗弯性能试验 ······················ **34**
　3.1　试验梁设计 ·· 34
　3.2　试验梁制作与材性试验 ··· 37
　3.3　试验装置及加载制度 ··· 40
　3.4　测试内容及测点布置 ··· 42
　3.5　试验过程及现象 ·· 44
　3.6　试验结果分析 ··· 45
　3.7　本章小结 ··· 52

第 4 章 多弦杆组合梁改良结构箱梁抗扭性能试验 ········ 53
4.1 试验梁设计 ········ 53
4.2 试验梁制作与材性试验 ········ 57
4.3 试验装置及加载制度 ········ 58
4.4 测试内容及测点布置 ········ 60
4.5 试验过程及现象 ········ 62
4.6 试验结果分析 ········ 64
4.7 本章小结 ········ 69

第 5 章 多弦杆组合梁改良结构箱梁复合弯扭试验 ········ 70
5.1 试验模型设计与制作 ········ 70
5.2 试验加载与测点布置 ········ 76
5.3 试验结果与分析 ········ 82
5.4 本章小结 ········ 90

第 6 章 多弦杆组合梁改良结构箱梁疲劳性能试验 ········ 91
6.1 试验模型设计与制作 ········ 91
6.2 试验加载方案 ········ 94
6.3 试验测点布置 ········ 98
6.4 试验梁焊缝初始缺陷测试 ········ 101
6.5 静力试验结果分析 ········ 103
6.6 疲劳试验结果分析 ········ 110
6.7 试验梁疲劳破坏表观现象 ········ 113
6.8 波形钢腹板-桁式弦杆组合梁疲劳性能分析 ········ 115
6.9 本章小结 ········ 121

第 7 章 试验模型精细化有限元分析 ········ 123
7.1 简支梁抗弯性能有限元模型 ········ 123
7.2 连续梁抗弯性能有限元模型 ········ 141
7.3 试验梁抗扭性能有限元模型 ········ 151
7.4 试验梁弯扭性能有限元模型 ········ 163
7.5 试验梁疲劳性能有限元模型 ········ 175
7.6 本章小结 ········ 191

第 8 章 实桥有限元分析与验证 · 194

- 8.1 杆系与实体有限元计算结果的对比分析 · 194
- 8.2 简支梁实桥有限元分析及验算 · 199
- 8.3 连续梁实桥有限元分析及验算 · 205
- 8.4 多弦杆组合梁改良结构箱梁桥横撑布置形式的影响分析 · 212
- 8.5 实桥抗疲劳设计与验算 · 221
- 8.6 本章小结 · 224

参考文献 · 225

第1章

CHAPTER 1

绪　　论

1.1　工程概述

马峦山公园1号桥位于大山陂—矿山水库南侧水源保护区内,大山陂—矿山水库是深圳东部供水干线检修期间的备用水库,也是目前塘岭水厂的供水水源,等级为小(Ⅰ)型。为保护水源,减少对环境的破坏,降低桥梁施工期间对环境的影响,马峦山公园1号桥采用多弦杆组合新型结构。该桥已于2018年底建成,2019年1月通车,已运营5年时间。

1.1.1　桥型布置

桥梁分为左、右两幅桥,左幅桥为45m一跨简支梁,右幅桥为3×45m连续梁,每幅桥全宽20m。马峦山公园1号桥总体布置如图1-1所示,效果图如图1-2所示。

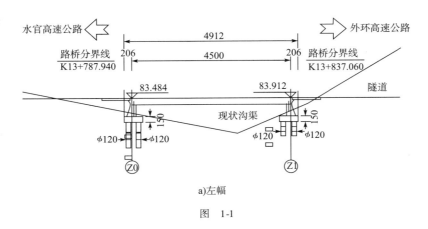

a)左幅

图　1-1

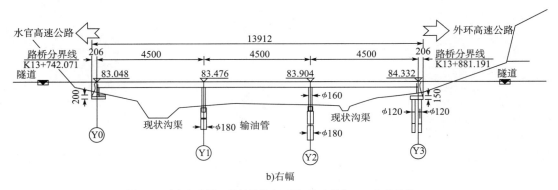

b) 右幅

图 1-1 马峦山公园 1 号桥总体布置图(尺寸单位:cm;高程单位:m)

图 1-2 马峦山公园 1 号桥效果图

1.1.2 主梁构造

标准跨主梁一般构造图详见图 1-3。每幅箱梁均为双箱单室断面,单幅桥面宽度 20m,跨中标准断面梁高 2.8m,横梁断面梁高 3m。桥梁横断面布置为:2m(检修道及栏杆)+16m(行车道)+2m(检修道及栏杆)=20m。单向横坡 2%。

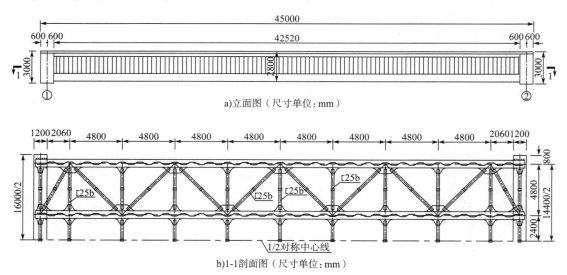

a) 立面图（尺寸单位:mm）

b) 1-1 剖面图（尺寸单位:mm）

图 1-3

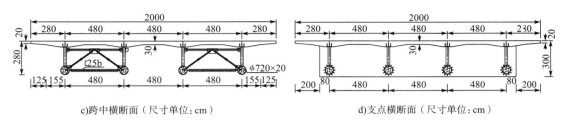

c) 跨中横断面（尺寸单位：cm）　　　　d) 支点横断面（尺寸单位：cm）

图 1-3　马峦山公园 1 号桥标准跨主梁一般构造图

右幅为连续梁，主梁在桥墩处承受较大负弯矩，为了协助混凝土顶板抵抗在全部荷载组合短期作用下产生的负弯矩，在混凝土顶板负弯矩区内设置纵向预应力钢束。右幅混凝土顶板在负弯矩区内布置 48 束预应力钢筋（每箱 24 束），每束布置 15ϕ15.24 钢绞线，采用双向张拉，其中锚固端长 10cm，张拉端长 70cm，如图 1-4 所示。

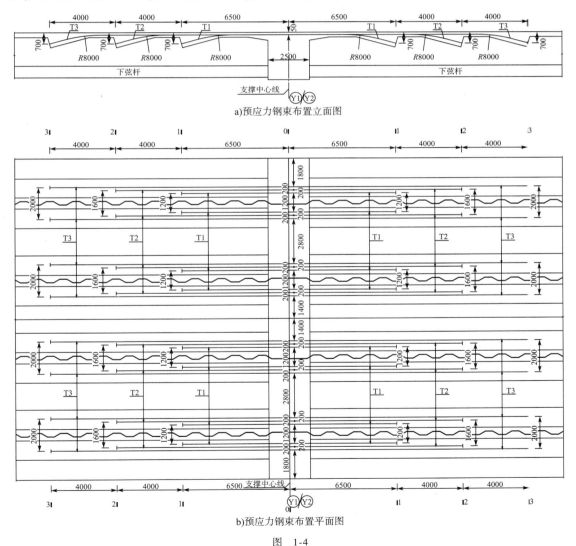

a) 预应力钢束布置立面图

b) 预应力钢束布置平面图

图　1-4

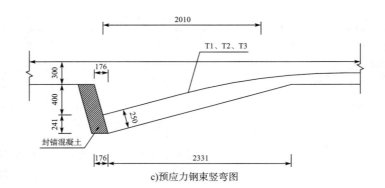

c) 预应力钢束竖弯图

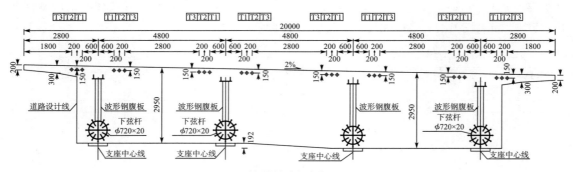

d) 0-0断面预应力钢束布置图

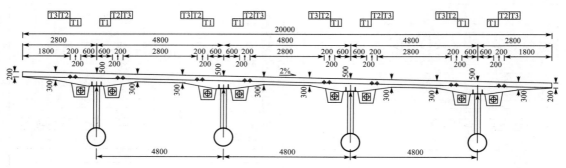

e) 1-1断面预应力钢束布置图

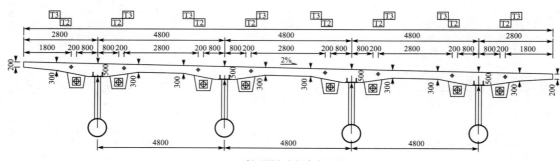

f) 2-2断面预应力钢束布置图

图 1-4

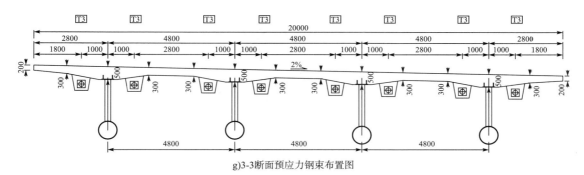

g) 3-3断面预应力钢束布置图

图1-4 右幅混凝土顶板负弯矩区预应力钢束布置图(尺寸单位:mm)

主梁截面为双箱单室断面,全宽20m,单箱室底宽4.8m,箱梁外侧悬挑2.8m,悬挑端部厚20cm,根部厚50cm,箱梁顶板标准厚度为30cm,横梁附近1.2m范围内顶板加厚至50cm,底缘采用直径720mm圆钢管,壁厚20mm,内部灌注C50微膨胀混凝土。弦杆间采用横撑和斜撑构成的桁式连接,横撑和斜撑均采用双槽钢和焊于弦杆上的梯形钢板焊接形成桁式弦杆,同时箱内沿纵向每4.8m设置一道横隔板,一跨45m共设9道横隔板,增加整体抗扭性能。支点处设置混凝土横梁,横梁厚度为1.2m。全桥腹板均采用波形钢腹板,钢材为Q345qC,板厚12~24mm,类型为1600型。

1.2 研究及应用现状

除钢梁-混凝土板组合梁桥外,工程界相继出现了钢腹板(杆)组合箱梁、钢管混凝土弦杆-混凝土顶板组合梁、波形钢腹板桥等一系列新的结构形式。目前试验研究和工程实际应用中,常见的组合梁结构形式见表1-1和图1-5。下面对几种典型组合梁桥结构的研究与发展进行阐述。

组合梁桥结构形式　　　　表1-1

名称	类型	主要形式
钢-混凝土组合梁	钢梁-混凝土板组合梁	工字梁+混凝土板
		钢箱梁+混凝土板
		钢桁架+混凝土板
	钢腹板(杆)组合箱梁	波形钢腹板+混凝土上下翼缘板
		钢腹杆+混凝土上下翼缘板
	钢管混凝土弦杆-混凝土顶板组合梁	钢管混凝土桁架+混凝土桥面板
		钢管混凝土弦杆+波形钢腹板+混凝土顶板

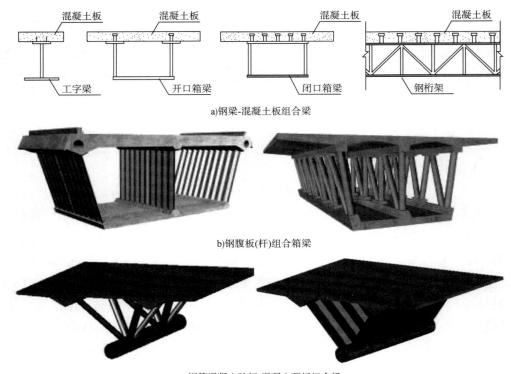

图 1-5　组合梁桥结构形式示意图

1.2.1　波形钢腹板预应力混凝土组合箱梁桥

波形钢腹板是为了增强面外刚度和屈曲强度而使用的，最早在航空领域中使用，随后应用到土木工程的桥梁建筑中，它可改善桥梁的外观，相对于传统结构更为经济。对预应力混凝土箱梁而言，由于腹板内普通钢筋的布置，预应力钢束在平面和立面上弯曲，必须根据实际情况调整腹板的尺寸。因此，作为节约预应力钢束材料、减轻结构自重的有效方法之一，减小腹板厚度成为学者关注的焦点。采用平钢板替代混凝土腹板的设想最早由法国学者 Pierre Thivans 于 1975 年提出，经过改进后，该类型箱梁结构由于腹板不采用混凝土浇筑，其预应力的施加需要通过体外束来实现。经工程实践，相比于预应力混凝土箱梁，该类型结构自身重量减轻了 25%～35%。但对平钢腹板组合梁桥的研究表明，平钢腹板对顶、底板混凝土的收缩徐变作用约束较为明显，降低了预应力施加在顶、底板混凝土上的效率，1/5～1/4 的预应力因此被浪费在腹板上，同时，钢腹板由于承载部分预应力，发生屈曲的可能性增大，需要额外增设加劲措施。为解决截面预应力损失等问题，并继续坚持钢结构腹板替代混凝土结构的原则，现今所建成的钢腹板桥梁均采用波形钢腹板来代替平钢腹板。

20 世纪 80 年代以后，Elgaaly M、Chan C L 等开展了一系列针对波形钢腹板梁的试验研究工作，并采用有限元分析方法得到了波形钢腹板抗弯、抗剪及局部抗压的计算公式，为波形钢腹板组合梁的计算提供了有效方法。

波形钢腹板(CSW)箱梁桥除了具有自重轻的特点外,在降低施工成本、减少工程量和施工工期、提高社会效益等方面都有了进一步的发展。波形钢腹板箱梁桥在日本得到积极的推广应用,日本本谷桥是第一座采用波形钢腹板的 PC 连续刚构箱梁桥。波形钢腹板的应用不仅仅局限在梁桥中,也出现了一批波形钢腹板斜拉桥,如法国费圣—奥班(Fert-saint-Aubin)桥、日本日见(Himi)桥和栗东(Rittoh)桥,增加了结构形式的多样性,也证明了波形钢腹板结构的优势。

陈宝春、王远洋、黄卿维(2006)在研究大跨径拱桥的基础上,为了解决自重大、施工困难的问题,创新性地提出了波形钢腹板混凝土拱桥的构想。对万州长江大桥进行试设计,采用波形钢腹板取代原混凝土腹板,设计对比表明,该新型结构可在腹板的施工工期上节约近 70d,自重将减轻 27%,同时降低了拱肋的轴力及拱脚处的水平推力。

国内从 20 世纪末开始对波形钢腹板组合梁桥力学性能和工程开展研究。为使该类箱梁桥的设计符合施工技术先进性、结构适用安全性、桥梁可靠耐久性、建设高效合理性和经济环保性的要求,河南省交通规划勘察设计院有限责任公司起草了《公路波形钢腹板预应力混凝土箱梁桥设计规范》(DB41/T 643—2010)。该标准规定了波形钢腹板预应力混凝土箱梁的材料、适用工程环境及截面形式和构造,为波形钢腹板组合梁桥的工程应用指明了方向。随后,根据实际工程环境的需求,深圳市市政设计研究院有限公司也于 2014 年起草了广东省地方标准《波形钢腹板预应力混凝土组合箱梁桥设计与施工规程》(DB44/T 1393—2014)。

Elgaaly M、Robert W、Seshadri A(1996)等针对波形钢腹板开展了抗剪试验,最终梁体均表现出局部屈曲的破坏形态,同时采用有限元分析软件 ABAQUS 对试验构件建模,试验得出的结果与有限元分析的结果十分吻合。同时,通过屈曲应力公式得到波形钢腹板抗剪强度的计算方法,当波形钢腹板的波间距较大时,板体的承载力由每块平板的局部屈曲控制;当间距变小时,承载力由板体整体屈曲控制。我国学者也做了大量关于波形钢腹板组合结构的受力性能研究。吴文清(2002)基于波形钢腹板组合箱梁剪力滞效应影响规律的研究,提出了有效翼缘宽度经验计算方法,但仅适用于单箱单室波形钢腹板混凝土组合箱梁。随后,吴文清(2005)通过试验研究波形钢腹板组合箱梁截面沿梁高方向各位置纵向应变的分布规律,提出"拟平截面假定",并认为其可以适用于该类结构形式,同时采用有限元分析方法验证了其结果的正确性。

Elgaaly M、Seshadri A、Robert W(1997)对带有波形钢腹板梁进行抗弯试验,其破坏形式表现为波形钢腹板梁受压翼缘的应力达到屈服应力后翼缘的竖向屈曲,同时采用有限元分析软件 ABAQUS 对试验构件进行建模,试验得出的结果与有限元分析的结果十分相近。试验结果表明,波形钢腹板对梁体的抗弯承载能力的贡献是微不足道的,认为对于设计中的极限抗弯承载力的计算可以通过翼缘的屈服控制,并忽略波形钢腹板的作用。同时,Elgaaly M、Seshadri A(1997)等对带有波形钢腹板梁进行局部抗压试验,梁体的破坏形式为翼缘竖向弯曲和波纹板的屈服或受损,同时采用有限元分析软件 ABAQUS 对试验构件进行建模。

李宏江、叶见曙等(2004)通过有限元分析方法,得出偏心荷载作用下箱梁的翘曲正应力可以通过在其内部施加横向联系的方法降低;为了得到相应的经验回归计算公式,对不同高跨比箱梁的横撑间距进行了分析研究,公式中考虑了钢腹板竖向倾角对翘曲正应力的影响,为波形钢腹板箱梁的合理设计提供了参考。并指出,在偏心荷载作用下,与传统箱梁相比,波形钢腹板箱梁畸变效应较为显著,并说明设置横向联系对减小畸变效应的重要性。

刘志才(2007)对体外预应力波形钢腹板组合箱梁进行了抗剪和抗弯试验研究,推导了适用于体外预应力波形钢腹板组合箱梁的轴向刚度计算公式;通过静载试验,波形钢腹板组合箱梁的弯曲正应变分布符合"拟平截面假定",偏安全地可以认为波形钢腹板承担了截面上全部的剪力,剪应力沿梁高均匀分布。刘志才研究总结了波形钢腹板的抗剪设计,包括强度验算和剪切验算,分析结果与 Elgaaly M、Seshadri A、Robert W 对波形钢腹板进行的抗剪试验结果相似,即波形钢腹板的波间距较大时,板体的承载力由局部屈曲控制,当间距较小时,承载力由板体整体屈曲控制。同时,对波形钢腹板屈曲全过程进行分析,结果表明,当波形钢腹板局部屈曲发生后,组合梁承载能力的下降不明显,位移持续增大;而当波形钢腹板整体屈曲发生后,组合梁承载能力出现明显的下降;达到屈曲荷载时侧向位移较小,随后承载能力不断降低而位移却大幅增加。

陈建兵、万水、钱培舒等(2007)以国内第一座公路波形钢腹板预应力混凝土组合箱梁桥——泼河大桥为工程背景,设计了原桥足尺试验梁,试验研究其力学性能,并分析了波形钢腹板及混凝土顶板各相关参数变化的问题。结果表明,在荷载作用下,体外束应力基本呈比例变化且增量较小,同时得出在荷载作用下,弯矩主要由混凝土顶板和混凝土底板承担,腹板主要承担剪力,当计算挠度时应计入钢腹板剪切变形的影响。试验结果表明,混凝土顶板存在明显的剪力滞效应。

李立峰、彭鲲、王文(2009)为了研究波形钢腹板组合箱梁顶板的剪力滞效应,采用能量变分法原理探讨了混凝土顶板有效宽度的取值问题;同时,通过试验测量了两根分别在集中荷载和均布荷载作用下模型梁的纵向应变分布规律,以此反映顶板剪力滞效应的规律,并建立试验梁有限元模型进行分析。试验和数值分析结果表明,集中荷载作用下的剪力滞效应较为显著,结合有限元结果推导出剪力滞效应的计算方法,以应用于波形钢腹板箱梁。

秦志(2010)提出了考虑剪切变形后波形钢腹板组合箱梁的挠度计算方法。对波形钢腹板组合箱梁的抗弯承载能力试验研究结果表明,荷载挠度曲线遵循三折线规律,体外束在组合梁截面开裂前和负弯矩区顶板内钢筋屈服前,预应力值基本保持不变,说明所采用的预应力增量在结构的线弹性分析中是有效的。

波形钢腹板 PC 组合箱梁桥最早在法国得到实际应用,即 1986 年建成的 Cognac 桥,该桥采用三跨连续结构,桥跨组合为 31m+43m+31m,如图 1-6 所示。虽然 Cognac 桥跨径不大,但是一种新型结构的伟大尝试。在往后的组合桥梁改进和建设中,这一结构被证明是较为高效的结构形式,并对其他新型结构的出现起着积极的推进作用。

国内目前建成及规划建设的波形钢腹板预应力混凝土组合箱梁桥不下数十座。其中,河南泼河大桥(图1-7)于2005年建成运营。作为国内首座采用波形钢腹板组合形式的预应力混凝土箱梁车行桥,标志着我国在组合梁桥设计建设道路上踏出了重要的一步,填补了国内在此类新型组合梁桥研究领域的空白。该桥全

图1-6 法国Cognac桥

长128.26m,跨径组合为4×30m,桥面宽16m,其预应力主要通过体外索施加,上部结构施工方法为先简支后连续,以此降低了施工吊装的工作量。江苏省淮安市长征桥同样采用了该设计形式,如图1-8所示,位于淮安市区水门桥与北门桥之间,是一座人行桥,总长70m,跨越约58m的运河水面,桥面宽7m。

图1-7 河南泼河大桥

图1-8 江苏长征桥

1.2.2 波形钢腹板-钢管混凝土组合梁

波形钢腹板组合箱梁改善了施工性能,其褶皱效应使得其抗剪切屈曲能力增强。随着此类桥型结构的不断推广,其优势得到体现和发展的同时,问题也逐渐突显。最为突出的是混凝土底板,其浇筑施工的过程必然增加了传统波形钢腹板组合箱梁的工期,增加了工艺的复杂性,若无法有效保证浇筑质量,将会影响钢结构和混凝土的共同受力性能;而且,作为闭口箱梁,由于正弯矩区段底板处于受拉状态,容易产生开裂问题,导致截面刚度下降和钢筋锈蚀,从而影响结构的耐久性,降低截面的承载能力。同时,底板还起着两侧波形钢腹板间横向联系的作用,问题的解决不能单纯地通过改变底板的尺寸、提高混凝土强度等级来实现。而波形钢腹板-钢管混凝土组合梁开创性地采用钢管混凝土取代底板,使得混凝土开裂问题不复存在。相比于空钢管或型钢-混凝土板组合梁桥,可有效地减少局部屈曲的发生,提高弦杆径向刚度,有效约束节点变形,提高节点承载力,进而提高结构的截面刚度与整体承载力。

陈宝春、高婧(2008)进行了3根波形钢腹板-钢管混凝土模型梁的受弯试验,对试验结果进行了分析,比较了上、下弦钢管填充混凝土对梁变形、应变、破坏模式和极限承载力的影响,并与钢管混凝土桁梁的试验结果进行了对比。结果表明,与钢管混凝土桁梁相比,由于采用了波形钢腹板替代钢管腹杆,在抗弯刚度和抗弯承载能力得到较大提高的同时,还可有效地避免钢管节点破坏问题;上、下弦钢管填充混凝土均能提高截面刚度和抗弯承载能力,但相比于下弦钢管填充混凝土的模型梁,上弦钢管填充混凝土对提高极限承载力作用更为明显;通过测量分析截面沿梁高方向纵向应变的变化,基于"拟平截面假定",计算了波形钢腹板钢管混凝土梁的极限承载力。

李果、樊健生(2010)进行了波形钢腹板-钢管混凝土的受力性能研究。结果表明,该类组合梁桥具有较高的承载力,设计合理的混凝土顶板将有利于预应力的发挥,省去烦琐的体外束布置。通过 ANSYS 有限元软件进行三跨波形钢腹板-钢管混凝土连续梁桥的参数分析和数值计算。建立有限元模型时,采用四节点壳(Shell)单元模的薄壁构件,采用六面体(Solid)单元模拟实体构件。结果表明,管内混凝土有利于提高截面刚度,但由于混凝土抗拉能力差,位于正弯矩区的管内混凝土容易开裂而退出工作,对抗弯承载力贡献很小;相反在负弯矩区的管内混凝土始终处于受压状态,钢管与混凝土可以共同抵抗外荷载的作用,填充混凝土后对截面强度和刚度都有明显提高;预应力有利于降低负弯矩区段顶板的拉应力;可通过适当地降低波形钢腹板的刚度,来避免截面在温度作用下(包括整体温度变化和温度梯度)产生较大的应力。

实际上,1987 年建成的法国沙罗勒 Pont de Maupré 桥(图 1-9)已应用这种结构形式,但始终未得到推广。设计师 Michel Duviard 曾参与 Cognac 桥的建设,对新型组合梁桥有较深的认识和研究。该桥为七跨连续梁桥,总长 325m,主跨 53m,梁高 3m,主梁采用等截面三角形单箱单室形式,箱内设有纵向体外束。该桥主梁采用钢管混凝土为下弦杆,通过波形钢腹板与混凝土顶板形成整体。下弦杆采用钢管混凝土,可充分发挥钢管混凝土的抗拉压性能,使主梁在正、负弯矩区均保证有足够的承载能力。但是单根弦杆横向稳定性差,且由于梁内空间狭小封闭,顶板混凝土施工时模板架设较为困难,同时不适用于桥面宽度较大的城市桥梁。

a) 桥墩处构造　　　　　　　　　　　b) 桥台处构造

图 1-9　法国 Pont de Maupré 桥

1.3 研究意义

（1）传统的 PC 箱梁是现代桥梁常用的结构形式，其抗弯和抗扭刚度较大，但随着跨径的增大，其自重也迅速增大。计算结果表明，其结构恒载效应占所有效应的比重可高达 80%～90%，这大大影响了桥梁跨越能力和经济性，加重了下部结构的负担。此问题在更轻质的钢-混凝土组合箱梁桥中得到解决。

（2）传统的钢腹杆-PC 组合箱梁以钢桁架杆件的轴向受力为主要特征，钢桁架结构具有刚度大、承载力高、外形美观等优点，但它在施工和使用过程中，存在以下两方面问题：一方面，底板混凝土浇筑施工工艺烦琐，且腹杆与底板结合处浇筑空间小，混凝土浇筑质量不易控制；另一方面，荷载作用下组合梁底板较易开裂，影响结构的刚度、承载力和耐久性。

（3）钢管（钢管混凝土）组合梁是在钢腹杆-PC 组合箱梁基础上，将钢腹杆-PC 组合箱梁混凝土底板替换为钢管或钢管混凝土弦杆，可分为钢管组合桁梁、钢管混凝土组合桁梁和钢管混凝土-波形钢腹板组合梁三种。钢管组合桁梁结构具有自重轻、成本低、通透性强等优点，因此，较多运用于中小跨径桥梁工程中。将钢管组合桁梁的下弦钢管内填混凝土即可组成钢管混凝土组合桁梁。钢管混凝土组合桁梁由于下弦杆内填充混凝土，虽然自重略有增加，但是提高了弦杆节点的径向刚度，同时提高了结构整体刚度和承载能力。钢管混凝土组合桁梁的高度较大，且节点构造和受力比较复杂，容易出现由节点局部破坏控制结构整体承载力的不利情况。因此，结构的承载力往往取决于节点承载力，其结构破坏一般都是由局部节点失效引起的。

为改进和优化钢管混凝土组合桁梁结构的受力性能、提高结构的材料利用率，深圳市市政设计研究院有限公司陈宜言教授和福州大学陈宝春教授在钢管混凝土组合桁梁结构的基础上创新性地提出了一种新型组合结构，即多弦杆组合梁结构（图 1-10），其由混凝土顶板、下弦杆通过波形钢腹板连接组成。一般而言，当桥面不宽时，下弦杆之间采用哑铃形式连接（图 1-10a）；当桥面较宽时，下弦杆之间采用桁式连接（图 1-10b）。随着经济的发展、人流量和车流量的迅速增长，桥梁设计桥面均较宽，使得截面设计以图 1-10b）为主，因此以下的相关研究采用下弦杆桁式连接。该新型组合结构与波形钢腹板 PC 组合箱梁相比，由于采用钢管混凝土下弦杆代替混凝土底板，减轻了主梁自重，提高了结构抗裂性和整体性。与钢管混凝土组合桁梁结构的主要不同之处在于：用波形钢腹板替代原有的钢管腹杆，波形钢腹板与钢管混凝土下弦杆之间直接通过焊缝连接，与混凝土顶板之间采用栓钉连接，避免结构发生局部节点破坏。

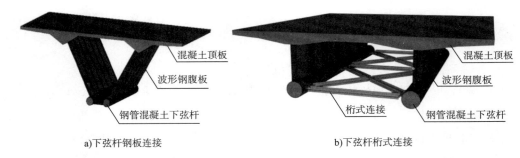

图 1-10 多弦杆组合梁截面

1.4 总体研究方案

1.4.1 多弦杆组合简支箱梁抗弯承载力试验

按 1:5 的缩尺比例进行多弦杆组合简支箱梁抗弯承载力模型试验,试验变量为下弦钢管是否填充混凝土,考察试验梁截面在荷载作用下是否满足平截面假定、弯曲破坏形态、抗弯刚度和抗弯承载力等。试验梁尺寸如图 1-11 所示。采用通用有限元软件 ABAQUS 建立有限元模型,分析组合梁抗弯刚度和抗弯承载力的主要影响参数,得到多弦杆组合梁改良结构箱梁桥抗弯刚度和抗弯承载力计算中需要考虑的因素。

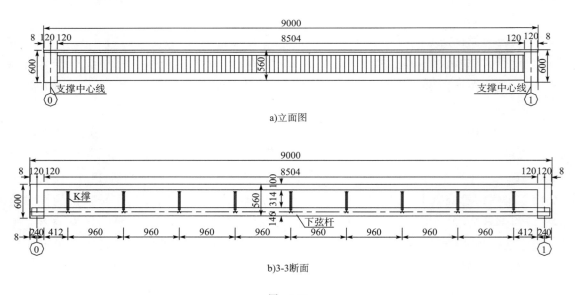

图 1-11

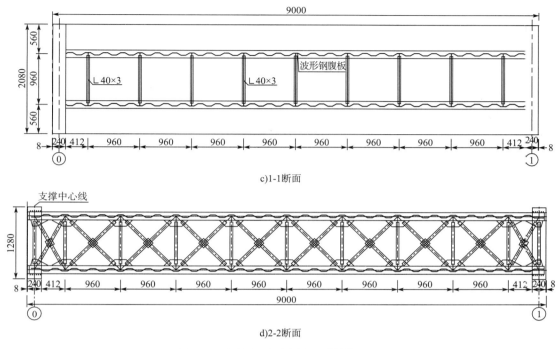

图 1-11 试验梁尺寸示意图(尺寸单位:mm)

本试验共包括 2 根简支梁模型,试验变量为下弦钢管是否填充混凝土,试验梁尺寸见表 1-2。

试验梁尺寸表　　　　　　　　　　表 1-2

序号	试验梁编号	弦管类型	梁长 L (mm)	梁高 h (mm)	梁宽 b (mm)	下弦钢管 $d \times t$ (mm)
1	SP1	填充混凝土	8984	560	2080	146×6
2	SP2	不填充混凝土	8984	560	2080	146×6

1.4.2 多弦杆组合连续箱梁抗弯承载力试验

按 1:5 的缩尺比例进行多弦杆组合连续箱梁抗弯承载力模型试验,通过试验来研究波形钢腹板-钢管混凝土桁式弦杆连续梁正、负弯矩区的抗弯性能和结构整体受力性能。该部分包括:波形钢腹板-钢管混凝土桁式弦杆连续梁试验模型预制与加载方式,试验数据的获得与分析。为了解有限元分析方法对波形钢腹板-钢管混凝土桁式弦杆连续梁的适用性,本书采用有限元分析软件 ABAQUS 建立实桥有限元模型,通过对试验测量结果和计算结果进行比较,说明建模方法的正确性且可应用于实际工程实践中。通过所建立的实桥非线性有限元模型对主要设计参数进行分析,研究参数变化对结构的影响,指出结构设计的合理性,并将有限元计算值与理论值进行比较,说明所采用的设计计算方法准确有效。考虑结构参数对抗弯承载力的影响,同时进行实桥结构在承载能力极限状态下和正常使用极限状态下主梁各构件的验算。

1.4.3　多弦杆组合梁改良结构箱梁抗扭承载力试验

按1:8的缩尺比例进行多弦杆组合梁改良结构箱梁抗扭承载力模型试验,试验变量为下弦钢管连接形式和下弦钢管是否填充混凝土,考察下弦钢管采用桁式平联连接形式形成的组合梁截面能否等效为闭口箱形截面。采用有限元分析软件 ABAQUS 建立实体有限元模型,分析组合梁抗扭刚度和抗扭承载力的主要影响参数。

1.4.4　弯扭复合作用下多弦杆组合梁改良结构箱梁受力性能试验

按1:8的缩尺比例进行弯扭复合作用下多弦杆组合梁改良结构箱梁受力性能模型试验,试验参数为弯扭比,考察不同初始扭矩作用对波形钢腹板-钢管混凝土组合梁极限抗弯承载能力、应变分布规律、变形规律、破坏模式等受力性能的影响。采用大型通用有限元软件 MSC.MARC 对波形钢腹板-钢管混凝土组合梁进行数值模拟,并对比试验和有限元分析结果,验证有限元模型的适用性与精确性;为分析不同扭矩对波形钢腹板-钢管混凝土组合梁抗弯承载能力的影响,同时通过有限元对特征点应力和变形进行整体分析。基于波形钢腹板-钢管混凝土组合梁试验结果和有限元扩展参数分析所得结果,提出波形钢腹板-钢管混凝土组合梁弯扭相关方程,分析不同扭矩对波形钢腹板-钢管混凝土组合梁极限抗弯承载能力和不同弯矩对波形钢腹板-钢管混凝土组合梁极限抗扭承载能力的影响。

1.4.5　多弦杆组合梁改良结构箱梁疲劳性能试验

按1:5的缩尺比例进行多弦杆组合箱梁疲劳性能模型试验。试验内容包括:试验模型设计与预制、试验加载方案设计,以及静力试验与疲劳试验数据的获得和分析。在模型试验结果的基础上,利用有限元分析软件 ABAQUS 建立波形钢腹板-桁式弦杆组合梁试验梁的有限元模型和实桥截面有限元模型,将试验结果与数值计算结果进行对比分析,验证其正确性。通过所建立的实体有限元模型进行影响波形钢腹板与下弦杆连接焊缝应力集中程度的主要参数分析。基于构造分类法定性分析波形钢腹板-桁式弦杆组合梁的疲劳性能,基于热点应力法预测波形钢腹板-空钢管及波形钢腹板-钢管混凝土弦杆焊接节点的疲劳寿命,并进行波形钢腹板-钢管混凝土桁式弦杆组合梁实桥的抗疲劳验算。

第 2 章

CHAPTER 2

多弦杆组合简支梁改良结构箱梁抗弯性能试验

为研究多弦杆组合简支梁改良结构箱梁桥的抗弯性能,本章通过该组合梁桥抗弯承载力模型试验,对下弦钢管填充混凝土与空钢管的试验梁进行比较,考察各试验梁截面在荷载作用下是否满足"平截面假定",对试验梁的破坏形态、抗弯刚度和抗弯承载力等进行分析。

2.1 试验模型设计

以深圳马峦山公园 1 号桥为研究背景,根据模型试验的几何相似理论进行模型梁设计。将马峦山公园 1 号桥左幅按 1∶5 的比例进行缩尺,并适当调整作为本项研究的模型尺寸,忽略主梁左、右幅间的相互作用,缩尺后的试验梁一般构造如图 2-1 所示,缩尺后模型各参数相似常数见表 2-1。

缩尺后模型各参数相似常数　　　　表 2-1

类型	相似常数(模型/原型)	类型	相似常数(模型/原型)
几何模型	1	荷载线密度	1/5
泊松比	1	轴力	1/25
挠度	1/5	剪力	1/25
截面面积	1/25	弯矩	1/125
集中荷载	1/25	应力	1
均布荷载	1/5	应变	1

试验梁标准跨径 900cm(计算跨径 874.4cm),梁长 898.4cm,横梁高 60cm,主梁高 56cm,梁宽 208cm;试验梁顶板与波形钢腹板采用焊钉进行连接,下弦杆与波形钢腹板采用熔透焊接

连接。下弦杆、平联和K撑等尺寸详见图1-11、图2-1。采用的波形钢腹板厚4mm,弯折角度31°,波长320mm,波高44mm。

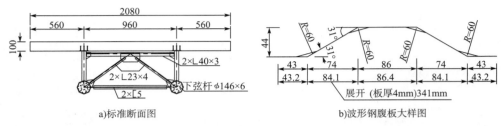

a) 标准断面图　　　　　　　　　b) 波形钢腹板大样图

图 2-1　试验梁标准断面图及波形钢腹板大样图(尺寸单位:mm)

图 2-2 为试验梁构造配筋图,混凝土板厚度为 100mm,配置一层直径为 12mm 的钢筋网,并在混凝土端横梁布置钢筋。波形钢腹板采用焊钉连接件与混凝土顶板连接,如图 2-3 所示;波形钢腹板与端横梁采用在波形板上穿孔并穿入穿透钢筋的连接方式,钢管与端横梁采用焊钉连接,如图 2-4、图 2-5 所示。

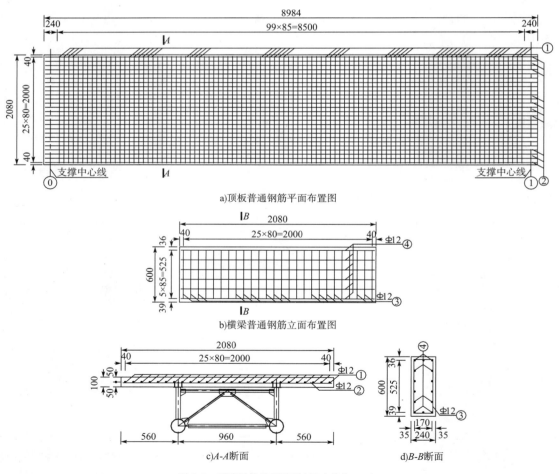

a) 顶板普通钢筋平面布置图

b) 横梁普通钢筋立面布置图

c) A-A 断面　　　　　　d) B-B 断面

图 2-2　试验梁构造配筋图(尺寸单位:mm)

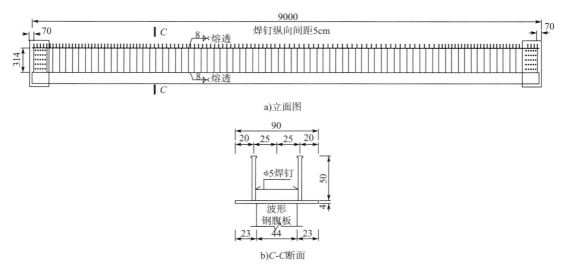

图 2-3 波形钢腹板与混凝土顶板连接构造图(尺寸单位:mm)

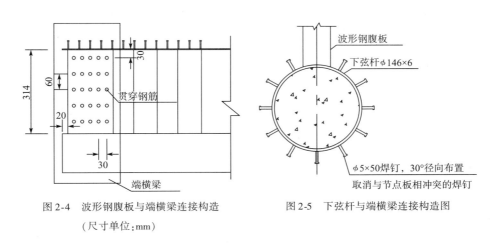

图 2-4 波形钢腹板与端横梁连接构造
(尺寸单位:mm)

图 2-5 下弦杆与端横梁连接构造图

本试验共包括 2 根简支梁模型,试验变量为下弦钢管是否填充混凝土,试验梁尺寸见表 1-2。

2.2 试验梁制作与材性试验

2.2.1 试验梁制作

本试验共计完成 2 根试验梁,试验梁为现场焊接和浇筑,制作流程如图 2-6 所示,试验梁的制作过程如图 2-7 所示。

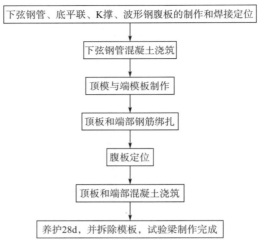

图 2-6　试验梁制作流程

a) 下弦钢管连接平联的制作

b) 波形钢腹板与下弦钢管连接

c) K撑的制作与连接

d) 栓钉连接件的制作

图　2-7

e)下弦钢管混凝土浇筑

f)制作混凝土顶板模板

g)绑扎顶板钢筋及布置钢筋应变片

h)顶板混凝土浇筑

图 2-7　试验梁制作过程

2.2.2　材性试验

结合《钢结构设计规范》(GB 50017—2003)中的相关规定,试验梁下弦钢管采用直径为146mm、壁厚6mm(径厚比为24.3)的钢管。试验梁的下弦钢管和波形钢腹板等均采用Q235钢材制作。分别取同批次的钢管和波形钢腹板各做3个标准拉伸试件,按《金属材料　拉伸试验　第1部分:室温试验方法》(GB/T 228.1—2010)中的相关规定进行钢材拉伸试验,测得下弦钢管弹性模量为 2.47×10^5 MPa,屈服强度为332MPa,极限抗拉强度为426MPa;波形钢腹板的弹性模量为 2.03×10^5 MPa,屈服强度为316MPa,极限抗拉强度为419MPa。试验梁顶板普通钢筋为 $\phi12$ 钢筋。

结合马峦山公园高架桥设计资料和《公路钢筋混凝土及预应力混凝土桥涵设计规范》(JTG D62—2004)中的相关规定,试验梁的顶板混凝土及管内混凝土的强度等级均采用C50。浇筑顶板混凝土及灌注下弦钢管内混凝土时,分别取这两批次混凝土各自制作了6个150mm×

150mm×150mm 混凝土试块和 3 个 150mm×150mm×300mm 混凝土试块,并将制作的混凝土试块与试验梁在相同的条件下养护 28d。参照《普通混凝土力学性能试验方法标准》(GB/T 50081—2002)的要求进行材性试验,测得顶板混凝土弹性模量为 $3.96×10^4$MPa,立方体抗压强度为 53MPa;下弦钢管内混凝土的弹性模量为 $3.68×10^4$MPa,立方体抗压强度为 49.5MPa。

2.3 试验装置及加载制度

各种荷载必须根据缩尺模型试验的相似原则考虑,以达到与实桥等效的荷载作用。

对于恒载,实桥中各构件的线密度、缩尺模型中根据相似比关系应该具有的实际线密度见表 2-2。本试验混凝土顶板、K 撑、平联、管内混凝土和二期恒载的恒载采用混凝土块进行配重,混凝土密度按 2400kg/m^3 考虑。根据表 2-2 计算可知,需要在顶板上布置 76cm 厚混凝土块进行配重,分两层配置,第一层厚 47cm 为一期恒载配重,第二层厚 29cm 为二期恒载配重。

实桥和缩尺模型构件荷载线密度 表 2-2

构件	实桥(单箱 10m 宽)			缩尺模型(2.08m 宽)	
	截面面积(m^2)	密度(kg/m^3)	线密度(kg/m)	所需线密度(kg/m)	实际线密度(kg/m)
混凝土顶板	3.70	2400	8874.6	1774.9	499.2
K 撑、平联	—	7850	1623.7	324.7	101.0
管内混凝土	0.73	2400	1743.2	348.6	71.8
桥面铺装及附属设施	—	—	7224.5	1444.9	0

对于活载,首先采用 midas Civil 软件建立全桥空间杆系有限元模型,提取公路—Ⅰ级荷载下主梁跨中截面弯矩,分别采用千斤顶在 $L/3$ 处和 $L/2$ 处加载使缩尺模型跨中弯矩等效。计算得,若千斤顶在 $L/3$ 处,活载加载按 $P=30$kN;若千斤顶在 $L/2$ 处,活载加载按 $P=33.6$kN。

试验抗弯承载力研究包括以下三部分:

(1)根据缩尺模型试验,进行组合梁桥的受弯全过程力学分析;

(2)研究组合梁的抗弯刚度和抗弯承载力;

(3)研究实桥在承载能力极限状态下的受力情况。

首先,进行配重块加载,用于根据缩尺模型试验的相似原则考虑达到与实桥等效的恒载作用。在顶板上布置 76cm 厚混凝土块进行配重,分两层配置,第一层 47cm 厚混凝土块为一期恒载配重,第二层 29cm 厚混凝土块为二期恒载配重。配重块采用 C30 素混凝土,每块配重块试验加工平面尺寸为 2080mm×900mm。为防止进行集中对称荷载加载时配重块被压碎,同时根据对称布置需求,原配重块沿顺桥向满布共 10 块,抗弯承载力加载配重块采用 7 块,采用集中对称荷载 P_1 进行荷载等效,计算得 $P_1 = 34.5\text{kN}$。

其次,进行对称集中荷载加载,一方面根据缩尺模型试验的相似原则,考虑达到与实桥等效的活载作用下跨中弯矩。由以上计算得,若在 $L/3$ 处,活载加载按 $P_2 = 30\text{kN}$。

最后,在对称荷载 $P_1 + P_2$ 基础上继续加载直至试验梁破坏,以获得试验梁的抗弯承载力。

利用两个 200t 反力架及 100t 千斤顶组成组合梁抗弯试验的加载装置,试验采用两点对称加载方式,加载点位置为距两边支座 245cm 处,然后利用横向反力梁传力,试验加载方式如图 2-8 所示,试验梁加载装置如图 2-9 所示。

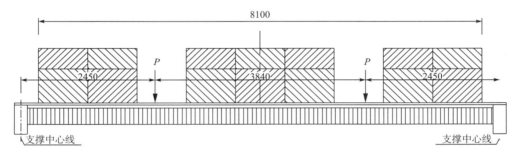

图 2-8　试验梁抗弯承载力加载图(尺寸单位:mm)

图 2-9　试验梁加载装置图

在进行抗弯承载力试验之前,应先进行预加载。首先根据有限元模型,对试验梁受弯过程进行初步模拟,并经过有限元计算取竖向极限荷载值的 10%,在试验梁正式加载前先进行预加载,加载到预定值后持荷 2~3min,然后卸载。

采用压力传感器进行分级加载,根据油压进行控制。在弹性阶段,按每级 10kN 逐级加载,每级荷载的持荷时间约 3min;进入弹塑性阶段后,每级荷载按 5kN 逐级加载。进入塑性阶段后,尤其在试验梁接近破坏时,保持慢速连续加载,并记录各级荷载所对应的应变和挠度值,直至试验梁最终破坏。在试验过程中进行数据采集的同时,注意观察跨中挠度变化趋势、顶板裂缝开展和变化情况，以及下弦杆在特征截面位置处的纵向应变发展情况，以助于判断试验梁所处的受力状态。为保证试验过程的安全，当试验梁达到以下任一条件时便认为试验梁达到破坏状态，不适合继续加载，应立即停止加载，并卸载至零：①跨中挠度达到计算跨径的1/50（即跨中挠度值为180mm），此时试验梁变形很大不适合继续承载；②下弦杆纵向应变达到30000$\mu\varepsilon$，下弦钢管全部屈服；③波形钢腹板或下弦杆严重屈曲，试验梁出现局部破坏现象；④混凝土顶板底部出现裂缝且裂缝宽度超过5mm或者混凝土顶板顶部被压碎。

2.4 测试内容及测点布置

试验梁在荷载作用下的挠度变形由沿试验梁纵向加载点及跨中布置的3个位移计测得；同时在支座处加设2个测点，以量测支座沉降；跨中和加载点曲率由布置在跨中和加载处试验梁底部的转角仪测量。挠度测点布置如图2-10a)所示。

图2-10b)给出了抗弯承载力试验梁的应变片布置及应变片编号。波形钢腹板的纵向正应变和竖向剪应变能通过波形钢腹板上的应变片测得；混凝土顶板的纵向正应变能通过顶板的应变片测得；下弦杆（钢管）的纵向正应变和横向正应变能通过下弦杆（钢管）的应变片测得。对称集中荷载在距支座处245cm（K撑）处加载，试验测量跨中和加载处的应变，在试验梁布置4个测试断面。另外，在跨中区附近的桁式平联横撑及斜撑上布置沿槽钢走向的轴向应变片。

混凝土应变采用BX120-100AA的箔式电阻应变片；波形钢腹板应变采用BX120-3CA型应变花，同时进行温度补偿。试验梁应变片和百分表的数据采集采用东华DH3816应变测试仪；混凝土顶板的裂缝宽度测量则采用DJGk-2型裂缝测宽仪；采用数显倾角仪82201B-00自动采集加载过程中试验梁的转角数据。

下弦杆（钢管）和底平联在各测试断面共布置83个钢筋应变片；波形钢腹板在4个测试断面共设置48组应变花，应变花沿腹板高度均匀布置；顶板共布置68个纵向混凝土应变片；普通钢筋上共布置11个单向应变片。除底平联应变片外，其余每个测点的编号均表示成Nn-m的形式，N代表测试断面，n代表测试部件，m代表某一测试断面上的测点号。以A-A截面为例，每一测试断面的测点号m如图2-10b)所示，顶板混凝土编号为Ac-m，顶板钢筋编号为As-m，腹板编号为Asw-m，下弦杆（钢管）编号为Asc-m，括号中的测点号为腹板外侧测点。底平联标号如图2-10c)所示。例如Ac-5表示A-A测试断面顶板混凝土第5个应变测点，As-5表示A-A测试断面顶板钢筋第5个应变测点，Asw-5表示A-A测试断面腹板第5个应变测点，Asc-2表示A-A测试断面下弦杆（钢管）第2个应变测点。横桥向坐标相同的其他截面的测点号m均与A-A截面的相同。

试验中的测点布置如图2-10所示，应变片具体设置为：

(1) 混凝土顶板:如图 2-10b)所示,在混凝土板的跨中和加载点的上表面各布置混凝土应变片 11 片,侧表面同理布置 6 片,总计 68 片;在跨中横截面纵筋布置钢筋应变片 11 片,总计 11 片。

(2) 波形钢腹板:如图 2-10b)所示,在波形钢腹板的跨中和加载处各沿高度均匀布置 6 组应变花,共 144 片。

(3) 下弦杆(钢管):如图 2-10b)所示,在各个测试截面下弦钢管的上缘、中部及下缘三个位置均设置应变片,其中钢管上、下缘位置设置纵向和横向应变片,钢管中部位置设置 1 组应变花。

(4) 平联:为了测得平联的轴向应变,于跨中截面附近在底部平联上共设置 9 片应变片,如图 2-10c)所示。

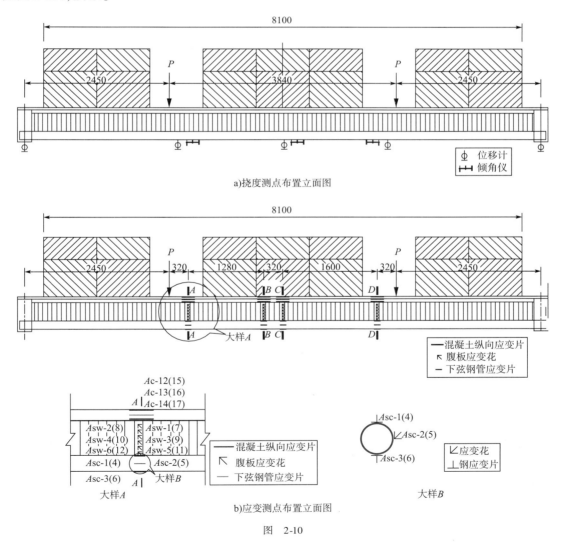

a) 挠度测点布置立面图

b) 应变测点布置立面图

图 2-10

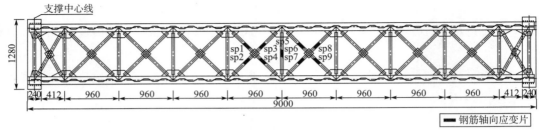

c) 下弦杆平联测点布置平面图

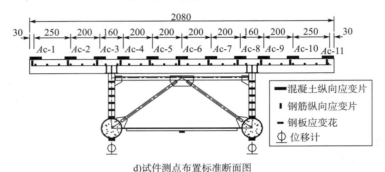

d) 试件测点布置标准断面图

图 2-10　抗弯承载力试验测点布置示意图(尺寸单位:mm)

2.5　试验过程及现象

首先对下弦钢管填充混凝土试验梁(SP1)进行抗弯试验全过程观测,试验梁表现出良好的承载能力和延性,整个抗弯试验过程控制良好。

试验梁 SP1 的最终破坏形态如图 2-11 所示,试验梁整体性好,除了发生整体挠曲之外,整个试验过程未出现波形钢腹板局部屈曲或者其他部件局部破坏现象。从试验梁的最终破坏形态可以发现,试验梁整体弯曲充分,试验梁弯曲破坏为整体挠度超过计算跨径的 1/50,此时试验梁跨中挠度达到 199.7mm。随后进行卸载,直至荷载降为零,此时混凝土顶板底面已出现多条横向裂缝。

a) 侧面图

b) 底面图

图 2-11　试验梁 SP1 的最终破坏形态

试验梁在 $L/2$、$L/3$ 跨处的荷载-挠度关系曲线如图 2-12 所示。首先对试验梁进行配重块加载,在顶板上布置 76cm 厚混凝土块的均布荷载作用下,试验梁处于弹性阶段,跨中挠度为 9.7mm;而后在试验梁 $L/3$ 位置处进行纵向对称集中荷载 P 的加载,当荷载 P 达到 185kN ($P/P_u=0.48$,其中 P_u 为最大荷载)时,跨中截面下弦杆下缘首先屈服;当荷载 P 达到 205kN($P/P_u=0.53$)时,下弦杆的塑性区域扩大至加载点附近;当荷载 P 达到 220kN($P/P_u=0.57$)时,跨中截面下弦杆上表面亦达到屈服应变,荷载-挠度曲线出现转折,曲线斜率大幅度减小,挠度却加快增长;当荷载 P 达到 270kN 时,跨中混凝土顶板下缘出现裂缝,随着荷载的继续增大,顶板下缘不断出现新裂缝,同时原有裂缝宽度也不断增大;当跨中挠度达到 199.7mm 时,荷载 P 达到最大值 385kN(P_u),随后卸载至零,跨中位置最终挠度为 167.3mm。

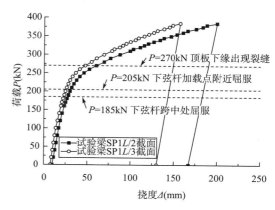

图 2-12 荷载(P)-挠度(Δ)曲线

2.6 试验结果分析

2.6.1 试验梁 SP1 荷载-变形分析

从以上试验梁 SP1 的整个加载过程可以发现,试验梁 SP1 表现出优良的整体性和延性,当跨中挠度达到约 200mm 时,试验梁整体弯曲充分,无局部破坏现象。

根据对试验数据的分析以及试验过程现象的观察,试验梁 SP1 受荷载全过程(图 2-13)分为以下四个阶段:

(1)弹性阶段(OA)。

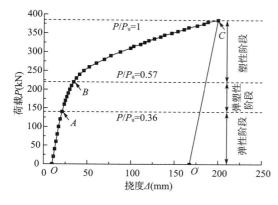

图 2-13 荷载(P)-跨中挠度(Δ)曲线

加载初期,试验梁的挠度随荷载的递增呈线性增长,这个阶段荷载与挠度基本呈线性关系,且整体挠度较小。将弹性阶段结束时跨中截面荷载-挠度曲线对应位置定义为 A 点,此时下弦杆下缘最大纵向应变 $\varepsilon_{s\text{-down}}=1042\mu\varepsilon$(下弦钢管比例极限应变 $\varepsilon_p=\varepsilon_{s\text{-down}}=1042\mu\varepsilon$),上缘最大纵向应变 $\varepsilon_{s\text{-up}}=794\mu\varepsilon$,试验梁跨中挠度约为试验梁计算跨径的 1/450。

(2)弹塑性阶段(AB)。

当荷载 P 加至 $0.36P_u$ 左右时,试验梁进入弹塑性阶段,此时试验梁的荷载-挠度曲线开始偏离直线,呈现不明显的非线性变化。随着荷载的继续增大,下弦杆受拉逐渐开始屈服,试验梁刚度不断减小,但总体上试验梁跨中挠度仍不是很大。在接近弹塑性阶段尾声 B 点时,下弦杆屈服区域已扩大至剪弯区,跨中截面下弦杆上缘亦达到屈服应变,此时下弦钢管上缘最大纵向应变 $\varepsilon_{s\text{-up}} = 1559\mu\varepsilon$,下缘最大纵向应变 $\varepsilon_{s\text{-down}} = 2401\mu\varepsilon$(下弦钢管的屈服应变 $\varepsilon_y = 1558\mu\varepsilon$),下弦钢管已全截面屈服。试验梁跨中挠度约为计算跨径的 1/300。

(3)塑性阶段(BC)。

当荷载 P 加至约 $0.57P_u$ 时,试验梁进入塑性阶段,其荷载-挠度曲线呈明显的非线性变化。随着竖向荷载的增大,跨中挠度快速增长,试验梁整体变形迅速发展。与此同时,截面中性轴也不断上移至顶板,混凝土顶板下缘开始出现裂缝并随荷载继续增大而不断发展。达到 C 点时,下弦钢管上缘最大纵向应变 $\varepsilon_{s\text{-up}} = 11974\mu\varepsilon$,下缘最大纵向应变 $\varepsilon_{s\text{-down}} = 15950\mu\varepsilon$。此时试验梁跨中挠度约为计算跨径的 1/46。

(4)卸载阶段(CO')。

试验梁跨中挠度达到 199.7mm 时,进行卸载直至荷载降为零,其残余挠度值为 167.3mm。

试验梁 SP1 沿梁纵向测点挠度的发展情况如图 2-14 所示,试验梁挠度曲线沿跨中基本是对称的半正弦曲线。

试验梁 SP1 跨中截面弯矩-曲率关系如图 2-15 所示,其线形规律总体上与荷载-挠度关系曲线相似,试验梁跨中曲率发展较为充分。

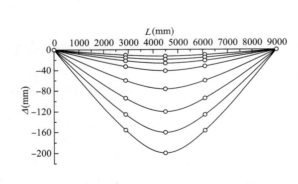

图 2-14 试验梁 SP1 挠度变化曲线

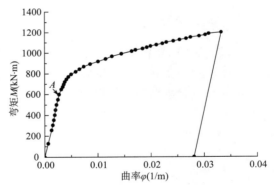

图 2-15 弯矩(M)-曲率(φ)关系

2.6.2 试验梁 SP1 力学性能分析

2.6.2.1 截面纵向应变

图 2-16 为试验梁 SP1 跨中截面顶板、下弦杆各测点纵向应变在各级荷载作用下沿梁高方向分布图。从图中可以看出,混凝土顶板和下弦杆的纵向变形基本满足"平截面假定"。当荷载 $P/P_u \leq 0.57$ 时,试验梁处于弹性和弹塑性阶段,跨中下弦杆全截面屈服后,梁弯曲变形也

加速增大；当 $P/P_u > 0.57$ 时，试验梁进入塑性阶段，此时下弦杆屈服区域逐渐由纯弯区扩大至剪弯区。

从图 2-16 还可以看出，试验梁 SP1 跨中截面的中性轴随着荷载的增大而逐步上移。在 $P = 80\text{kN}(P/P_u \approx 0.2)$ 时，试验梁 SP1 的中性轴距顶板顶面高度为 122.5mm，位于混凝土顶板下方；而当达到极限荷载 $P = 385\text{kN}(P/P_u = 1)$ 时，中性轴距组合梁顶板顶面高度仅为 57.5mm，已进入混凝土顶板区域。

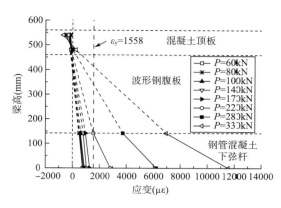

图 2-16　各级荷载下跨中截面纵向应变沿梁高方向分布

2.6.2.2　波形钢腹板纵向正应变

各级荷载作用下，试验梁 SP1 跨中截面波形钢腹板沿梁高方向纵向应变分布如图 2-17 所示。由于波形钢腹板的褶皱效应，考虑波形钢腹板后的截面变形不符合"平截面假定"，但符合前文所述的"拟平截面假定"。

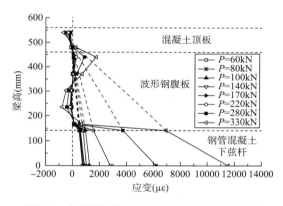

图 2-17　各级荷载作用下，试验梁 SP1 跨中截面波形钢腹板沿梁高方向纵向应变分布

从图 2-17 可见，相较于下弦杆的应变，波形钢腹板的应变值明显要小，波形钢腹板对截面抗弯贡献比下弦杆要小较多。但随着荷载的增大，波形钢腹板的纵向应变也随之增大，且增大幅度有逐渐提高的趋势。当组合梁处于弹性阶段（$P/P_u < 0.36$），荷载从 $0.2P_u$ 增至 $0.3P_u$ 时，腹板靠近下弦杆处测点正应变增大 18% 左右；当试验梁处于弹塑性阶段（$0.36 \leq P/P_u < 0.57$），荷载从 $0.4P_u$ 增至 $0.5P_u$ 时，腹板靠近下弦杆处测点正应变增大 21% 左右；当组合梁处于塑性阶段（$0.57 \leq P/P_u \leq 1$），荷载从 $0.9P_u$ 增至 P_u 时，腹板靠近下弦钢管处测点正应变增大 40% 左右。在弹塑性阶段，荷载增大相同值时，波形钢腹板的弯曲变形增大幅度略高于弹性阶段增大幅度。但是到了塑性阶段，荷载增大相同值，腹板弯曲变形增大幅度大大提升，这是因为随着下弦杆全截面屈服，组合梁弯曲变形加剧，波形钢腹板受弯程度也进一步增大。

2.6.2.3　相对荷载-相对中性轴高度关系

试验梁 SP1 的相对荷载（P/P_u）与相对中性轴高度（ξ_n）关系曲线如图 2-18 所示。定义相对中性轴高度 $\xi_n = x_n/h$（x_n 为受压区高度，h 为梁高），从前文可知试验梁 SP1 的初始中性轴的位置位于顶板下缘偏下处。在加载初期，试验梁 SP1 的中性轴随着荷载的增大变化很

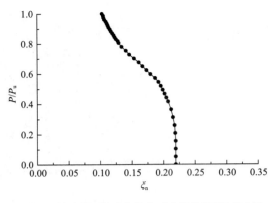

小,基本稳定在 $0.22h$ 的位置;当荷载达到极限荷载的 36%($P/P_u = 0.36$)时,组合梁开始逐渐进入弹塑性阶段,此时截面抗弯刚度随着荷载的增大而减小,同时中性轴开始逐步向上移,但整体上移幅度不大。当荷载加至极限荷载的 57%($P/P_u = 0.57$)时,下弦杆跨中截面已屈服且钢管屈服区域由纯弯区逐渐扩大至剪弯区,中性轴随荷载增大其上移幅度变大,即在荷载增加不大的情况下,中性轴却上移较大。

图 2-18 跨中截面相对荷载-相对中性轴高度关系曲线

2.6.3 试验梁 SP1 荷载-应变分析

2.6.3.1 跨中截面下弦杆

试验梁 SP1 在 $L/2$ 和 $L/3$ 截面下弦杆上、下缘荷载(P)-应变(ε)曲线如图 2-19 所示。图 2-19 中对下弦钢管的屈服应变($\varepsilon_y = 1558\mu\varepsilon$)进行了标识。可以看出,当试验梁处于弹性工作范围,下弦杆拉应变随着荷载的增大而线性增长。随着荷载的增大,当下弦杆达到屈服应变时,其荷载-应变曲线进入明显的非线性变化阶段。到了加载后期,跨中截面的塑性变形严重,下弦杆纵向应变得到充分发展。

2.6.3.2 跨中截面桁式斜杆

试验梁 SP1 位于 $L/2$ 截面桁式斜杆应变(ε)随荷载(P)变化曲线如图 2-20 所示。图 2-20 中对斜杆的屈服应变($\varepsilon_y = 1558\mu\varepsilon$)进行了标识。可以看出,当试验梁处于弹性工作范围,桁式斜杆拉应变随着荷载的增大而线性增长。随着荷载的增大,当桁式斜杆达到屈服应变时,其荷载-应变曲线进入明显的非线性变化阶段。到了加载后期,跨中截面的塑性变形严重,桁式斜杆纵向应变得到充分发展。

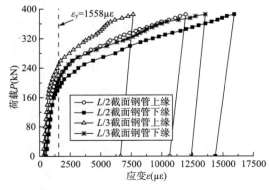

图 2-19 荷载(P)-应变(ε)曲线(截面下弦钢管上、下缘)

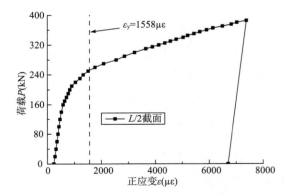

图 2-20 荷载(P)-应变(ε)曲线(跨中截面桁式斜杆)

2.6.3.3 跨中截面的混凝土顶板

试验梁 SP1 在加载过程中,跨中截面混凝土顶板应变(ε)随荷载(P)变化曲线如图 2-21a)所示,混凝土顶板各应变片的布置及编号如图 2-21b)所示。加载初期,混凝土顶板顶缘压应变随着荷载的增大呈线性增长,且所有的混凝土应变值均为负值,说明此时混凝土顶板整体受压。随着荷载的增大,位于混凝土顶板侧立面靠近顶板底缘处的应变开始由受压向受拉转变;这主要是由于随着荷载的不断增大,跨中截面弯矩也不断增大,试验梁的中性轴不断上移,当中性轴进入混凝土顶板,顶板底部也从受压状态逐步转变成受拉状态。

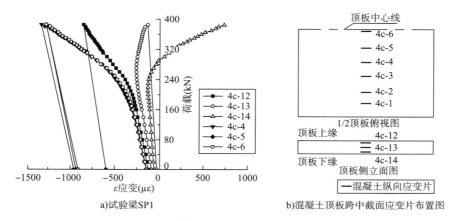

图 2-21 荷载(P)-混凝土应变(ε)关系曲线

2.6.4 两试验梁主要抗弯受力性能对比

2.6.4.1 荷载-挠度曲线

两试验梁荷载-挠度对比曲线如图 2-22 所示,下弦钢管为空钢管的试验梁 SP2 加载过程中的挠度变形及破坏形态与试验梁 SP1 类似。整个加载过程,试验梁 SP2 也表现出良好的整体性与延性。由两试验梁对比可得,下弦钢管填充混凝土后,试验梁 SP1 抗弯承载力提高了约 13%。

不同加载值下试验梁 SP1 和 SP2 跨中挠度值对比情况见表 2-3,可以看出,组合梁下弦钢管从空钢管变为混凝土钢管,试验梁的初始抗弯刚度增大,在相同荷载作用下的挠度值相应降低。同时相较于试验梁 SP2,试验梁 SP1 由于承载力的提高,极限变形值反而增大。

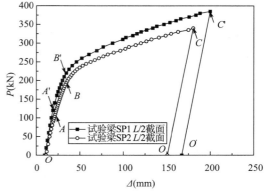

图 2-22 荷载(P)-挠度(Δ)对比曲线

不同加载值试验梁跨中挠度值　　　　表2-3

试验梁 SP1		试验梁 SP2	
荷载 P(kN)	跨中挠度 Δ(mm)	荷载 P(kN)	跨中挠度 Δ(mm)
40	12.8	40	14.5
100	17.2	100	20.5
160	23.6	160	28.4
210	31.9	210	39
250	45.9	250	62.2
280	69.3	280	96.5
320	110.8	320	148.4
385	199.8	340	180.3

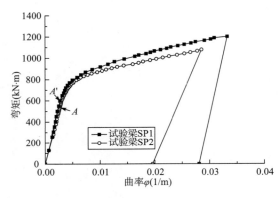

图 2-23　弯矩(M)-曲率(φ)对比曲线

2.6.4.2 弯矩-曲率曲线

两试验梁弯矩-曲率对比曲线如图 2-23 所示，可以看出，下弦钢管填充混凝土后试验梁 SP1 的截面抗弯刚度要大于试验梁 SP2 的截面抗弯刚度。当试验梁进入弹塑性阶段，试验梁 SP1 与试验梁 SP2 的弯矩-曲率割线斜率均开始减小，但试验梁 SP1 截面抗弯刚度仍要大于试验梁 SP2。

本书取 A 点（试验梁跨中截面达到弹性与弹塑性临界状态）的割线斜率定义为两试验梁弹性抗弯刚度。根据图 2-23 可得到试验梁 SP1 抗弯刚度 $EI_t = 222560.7$ kN·m，试验梁 SP2 抗弯刚度 $EI_{ht} = 201859.0$ kN·m。试验梁 SP1 由于钢管内核心混凝土的支撑作用，其抗弯刚度相比较试验梁 SP2 有所提高。

综上分析可知，下弦钢管填充混凝土后，试验梁的整体抗弯承载力、整体刚度及延性得到一定程度的提高，其弯曲变形也更为充分。下弦钢管内填充混凝土有利于组合梁截面抗弯刚度和抗弯承载力的提高，抗弯刚度提高了约 10%，抗弯承载力提高了约 13%。

2.6.4.3 荷载-应变曲线

两试验梁跨中截面混凝土顶板荷载(P)与应变(ε)对比曲线如图 2-24 所示。两试验梁顶板混凝土应变发展规律基本一致。试验梁 SP1 由于下弦

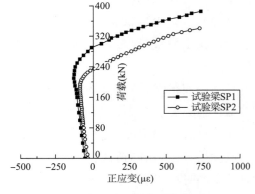

图 2-24　跨中截面混凝土顶板荷载(P)-应变(ε)对比曲线

钢管填充混凝土,其截面顶板底缘相比于试验梁 SP2 更迟出现拉应力。试验梁 SP1 在 $P = 291\text{kN}(P/P_\text{u} = 0.76)$ 时顶板底缘开始出现拉应变,试验梁 SP2 在 $P = 232\text{kN}(P/P_\text{u} = 0.68)$ 时顶板底缘就开始出现拉应变,可以看出,下弦钢管填充混凝土后能延缓混凝土顶板底缘开裂。

两试验梁中下弦杆(钢管)与桁式斜杆在跨中截面处荷载(P)-应变(ε)对比曲线如图 2-25 所示。试验梁 SP1 与试验梁 SP2 的纵向应变发展规律基本一致。试验梁 SP1 下弦杆与桁式斜杆纵向应变得到更充分发展。

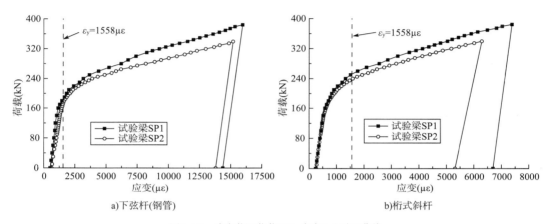

图 2-25 跨中截面荷载(P)-应变(ε)对比曲线

2.6.4.4 相对荷载-相对中性轴高度对比曲线

两试验梁跨中截面相对荷载(P/P_u)与相对中性轴高度(ξ_n)对比曲线如图 2-26 所示。可以看出,两试验梁相对中性轴高度(ξ_n)随相对荷载(P/P_u)增大的变化规律基本类似,试验梁 SP1 由于下弦钢管填充混凝土,截面中性轴位置相比于试验梁 SP2 要偏向下弦杆。当试验梁在弹性阶段,试验梁 SP2 的中性轴距顶板顶缘为 112.7mm,试验梁 SP1 的中性轴距顶板顶缘为 122.5mm;当试验梁达到极限荷载时,试验梁 SP2 的中性轴距顶板顶缘为 35.7mm,试验梁 SP1 的中性轴距顶板顶缘为 57.5mm。可以看出,下弦钢管填充混凝土后,能降低截面的中性轴高度,同时延缓了混凝土顶板底缘开裂。

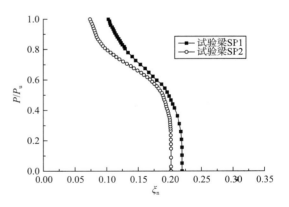

图 2-26 跨中截面相对荷载(P/P_u)-相对中性轴高度(ξ_n)对比曲线

2.6.5 实桥应用情况分析

通过试验,对多弦杆组合简支梁改良结构箱梁的抗弯力学性能有了一定的了解。根据缩尺模型试验原理,在试验的基础上对实桥的受力情况进行分析。

为达到与实桥等效的恒载作用,试验梁的抗弯试验中采用配重块加载方式以等效实桥一期恒载及二期恒载的作用,对试验梁施加初始集中荷载以等效实桥在活载作用下跨中弯矩。故试验梁的加载过程主要分以下四个步骤:

(1)混凝土配重块均布加载,等效实桥恒载作用;

(2)对称加载集中荷载 $P_1 = 34.5 \text{kN}$,进行配重块补偿;

(3)对称加载初始集中荷载 $P_2 = 30 \text{kN}$,等效实桥活载作用;

(4)进行对称集中荷载 P 的加载,直至试验梁破坏。

根据《公路桥涵设计通用规范》(JTG D60—2015)4.1.5 条规定,结构按承载能力极限状态设计时,可按式(2-1)计算。

$$S_{ud} = \gamma_0 S(\sum_{i=1}^{m} \gamma_{G_i} G_{ik}, \gamma_{Q_1} \gamma_L Q_{1k}, \psi_c \sum_{j=2}^{n} \gamma_{Lj} \gamma_{Q_j} Q_{jk}) \tag{2-1}$$

式中:S_{ud}——承载能力极限状态下作用基本组合的效应设计值;

γ_0——结构重要性系数,由实桥设计标准得 $\gamma_0 = 1.1$;

γ_{G_i}——第 i 个永久作用的分项系数,取 $\gamma_{G_i} = 1.2$;

γ_{Q_1}——汽车荷载的分项系数,取 $\gamma_{Q_1} = 1.4$。

考虑最不利荷载工况,根据式(2-1),可得承载能力状态下,基本组合计算的组合梁跨中弯矩值为:

$$\gamma_0 M_d = 1.1 \times (1.2 \times 248.5 + 1.2 \times 84.5 + 1.4 \times 73.5) = 552.8 (\text{kN} \cdot \text{m})$$

计算中,将所有活载作用均按汽车荷载考虑,结构验算偏安全。

定义试验梁 SP1 的弹性弯矩 M_e 为图 2-22 中的 A 点所对应的跨中截面弯矩值,类似于试验梁 SP1,定义试验梁 SP2 的弹性弯矩为 M'_e;定义试验梁 SP1 跨中截面破坏弯矩为 M_u,试验梁 SP2 跨中截面破坏弯矩为 M'_u。

根据图 2-23 给出的弯矩(M)-曲率(φ)关系曲线,得到 $M_e = 599.3 \text{kN} \cdot \text{m}$,$M'_e = 550.3 \text{kN} \cdot \text{m}$,$M_u = 1199.5 \text{kN} \cdot \text{m}$,$M'_u = 1077.0 \text{kN} \cdot \text{m}$。

计算可得:

$$\frac{\gamma_0 M_d}{M_e} = 0.92; \frac{\gamma_0 M_d}{M'_e} = 1.00; \frac{\gamma_0 M_d}{M_u} = 0.46; \frac{\gamma_0 M_d}{M'_u} = 0.51$$

因此,根据《公路桥涵设计通用规范》(JTG D60—2015)进行设计计算时,得到试验梁 SP1 在承载能力状态下最不利截面的弯矩基本组合设计值小于试验梁的弹性弯矩 M_e,试验梁 SP2 在承载能力状态下最不利截面的弯矩基本组合设计值基本等于试验梁的弹性弯矩 M'_e,此时两试验梁均处于弹性受力阶段。试验梁 SP1 的弹性弯矩 M_e 相比试验梁 SP2 的弹性弯矩 M'_e 提高了 9% 左右,可见在弹性受力阶段,下弦钢管填充混凝土提升了组合梁抗弯性能储备。

根据缩尺试验原则,试验梁受力情况可反映实桥的受力状态,可见实桥按承载能力极限状态设计时,组合梁处于弹性受力阶段,结构安全可靠。

2.7 本章小结

（1）下弦钢管填充混凝土多弦杆组合梁改良结构箱梁桥抗弯承载力缩尺模型试验结果表明：截面应变基本满足"拟平截面假定"；试验梁发生整体挠曲，跨中混凝土顶板底部出现裂缝，整个试验过程未出现波形钢腹板局部屈曲或者其他部件局部破坏现象，试验梁弯曲破坏为整体挠度超过计算跨径的1/50，此时试验梁跨中挠度达到199.7mm。

（2）下弦钢管填充混凝土与下弦钢管不填充混凝土的两试验梁试验结果对比表明：下弦钢管不填充混凝土试验梁在荷载作用下，也具有相同的破坏现象。下弦钢管填充混凝土有利于组合梁截面抗弯刚度和抗弯承载力的提高，其中，抗弯刚度提高了约10%，抗弯承载力提高了约13%。

（3）两缩尺模型的抗弯承载力试验结果表明：当$P/P_u \leq 0.57$时，试验梁在弹性和弹塑性阶段，波形钢腹板对截面抗弯贡献较小，可忽略其受弯作用。

（4）由模型试验和实桥工程分析表明，承载能力极限状态下多弦杆组合梁改良结构箱梁桥处于弹性受力阶段，结构安全可靠。

第3章

CHAPTER 3

多弦杆组合连续梁改良结构箱梁抗弯性能试验

本章工程背景为深圳马峦山公园1号桥(右幅),主要进行多弦杆组合连续梁改良结构箱梁缩尺模型试验,研究多弦杆组合连续梁改良结构箱梁抗弯性能。

3.1 试验梁设计

3.1.1 试验梁整体布置

马峦山公园1号桥(右幅)桥宽20m,梁高2.8m,为3×45m连续梁结构。本章以马峦山公园1号桥为背景,进行两跨连续梁缩尺模型试验,研究多弦杆组合连续梁改良结构箱梁正、负弯矩区在不同受力阶段下的力学性能及破坏模式。进行多弦杆组合连续梁改良结构箱梁抗弯性能试验时,仅取单箱,同时按照相似理论,结合试验场地条件,确定本试验模型缩尺比例为1∶5。试验梁总长为18m,每跨设计梁长9m,计算跨径为8.872m,横梁处梁高0.6m,其余截面梁高0.56m。试验梁标准跨立面图如图3-1所示。

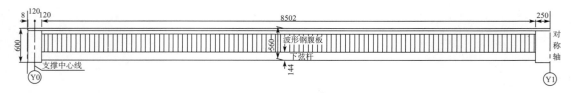

图 3-1　试验梁标准跨立面图(尺寸单位:mm)

试验梁顶板宽2.08m,同时顶板为满足钢筋布设要求和方便模板支模,顶板厚度统一取为0.1m矩形截面。按1∶5缩尺后下弦杆为$\phi144 \times 4mm$,但由于市场上无该型号钢管,故选择相

近的 $\phi146 \times 6$mm 热轧无缝钢管,钢管内填充 C50 混凝土。K 撑平联采用 $2 \times \llcorner 36 \times 3$ 双角钢,K 撑斜腹杆采用 $2 \times \llcorner 20 \times 4$ 双角钢,底平联采用 $2 \times [5$ 双槽钢。试验梁主梁一般断面图如图 3-2 所示。

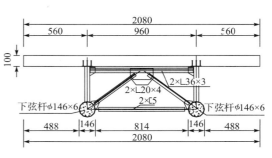

图 3-2　主梁一般断面图(尺寸单位:mm)

试验梁采用 4mm 等厚度的波形钢腹板,弯折后斜板与平板的交角为 31°,腹板高度 316mm,波长标准段为 320mm,波高为 44mm;腹板伸入中、端横梁内均采用开孔平钢板,钢材采用 Q235,波形钢腹板由平钢板通过专业金属加工设备弯折制作。波形钢腹板尺寸如图 3-3 所示。

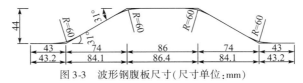

图 3-3　波形钢腹板尺寸(尺寸单位:mm)

3.1.2　预应力钢束

两跨连续单箱试验梁共需 12 束 $1\phi^j 15.2$ 预应力钢绞线,张拉端及锚固端均设置齿块,预应力管道在两跨预制梁吊装到位后埋设,预应力管道采用原生聚氯乙烯(PVC)管,以保证预应力弯曲的需要。预应力钢束布置如图 3-4 所示。待拼接段混凝土浇筑完成并形成强度后,左右对称进行预应力张拉,张拉强度标准值 $f_{pk} = 1860$MPa,张拉控制应力取 $0.7f_{pk} = 1302$MPa。

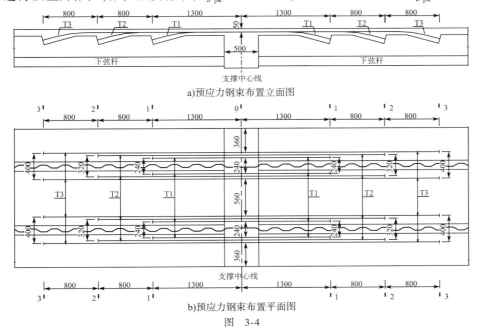

a)预应力钢束布置立面图

b)预应力钢束布置平面图

图 3-4

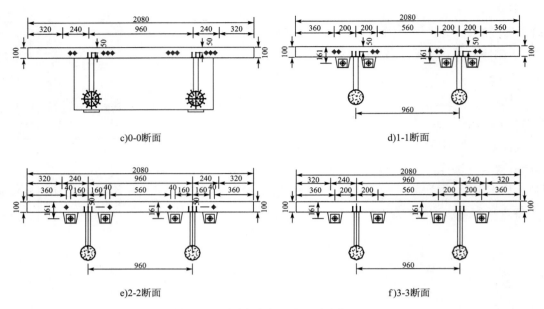

图 3-4 预应力钢束布置图(尺寸单位:mm)

3.1.3 焊钉布置

对于位于中、端横梁内的波形钢腹板,采用开孔平钢板,并在左右两片平钢板间穿入钢筋,保证波形钢腹板与中、端横梁的充分连接;而下弦钢管与中、端横梁则采用施焊于钢管上的焊钉连接,如图 3-5、图 3-6 所示。

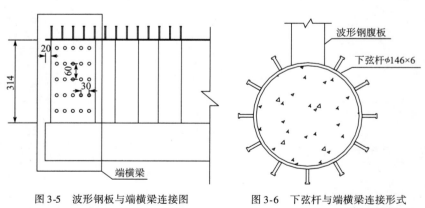

图 3-5 波形钢板与端横梁连接图
(尺寸单位:mm)

图 3-6 下弦杆与端横梁连接形式

连续梁试验模型中焊钉连接立面图如图 3-7 所示;沿纵桥向的分布采用等间距布置,间距 5cm,见图 3-8。由于市场上没有直接缩尺的尺寸 $\phi 4.4$ 的焊钉,所以选择尺寸比较相近的 $\phi 5$ 焊钉。

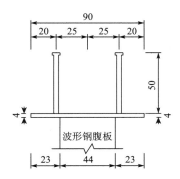

图 3-7 焊钉连接立面图(尺寸单位:mm)

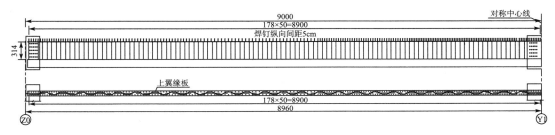

图 3-8 1/2 梁长焊钉纵桥向布置图(尺寸单位:mm)

3.2 试验梁制作与材性试验

3.2.1 试验梁制作

试验梁中的钢结构通过购置相应钢管、型钢、波形钢腹板等部件进行现场焊接加工,首先完成下弦钢管及底平联加工,二者之间采用节点板连接;再将波形钢腹板与钢管焊接,完成波形钢腹板间 K 撑的焊接;随后将上翼缘钢板与波形钢腹板焊接,波形钢腹板应充分保证与各部件的连接,避免长焊缝连续施焊,以降低钢结构的初始应力;最后完成栓钉的焊接,形成钢骨架。将钢结构起吊倾斜一定角度后,完成管内混凝土浇筑,浇筑时管内气泡应及时排除,以保证管内混凝土浇筑的充实性。最后完成顶板混凝土浇筑和预应力的张拉工作。其中,试验梁具体制作流程见表 3-1,试验梁制作流程照片如图 3-9 所示。

试验梁制作流程表　　表 3-1

主要内容	分项工作
准备工作	场地清理
	钢结构部件定制

续上表

主要内容	分项工作
钢结构	下弦钢管与底平联焊接
	波形钢腹板与下弦钢管焊接
	K撑与波形钢腹板焊接
	上翼缘板与波形钢腹板焊接
	焊接焊钉
管内混凝土	管内混凝土浇筑
混凝土顶板	每跨分别浇筑混凝土顶板及横梁
	每跨吊装到位
	两跨拼接段混凝土浇筑
	张拉预应力钢束

a) 钢结构焊接成型

b) 管内混凝土浇筑

c) 搭设顶板木模

d) 非拼接段顶板普通钢筋绑扎

图 3-9

e)浇筑非拼接段混凝土

f)梁体安装就位

g)拼接段钢结构焊接

h)拼接段顶板支模

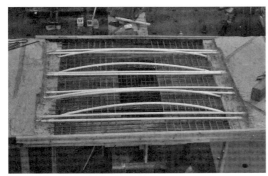
i)拼接段钢筋绑扎及预应力管道布置

j)拼接段混凝土浇筑

k)张拉预应力钢束

l)完成试验梁制作

图3-9 试验梁制作流程照片

3.2.2　材性试验

根据《公路钢筋混凝土及预应力混凝土桥涵设计规范》(JTG D62—2004)规定,预应力构件所采用的混凝土强度等级不应低于C40,结合实桥混凝土强度等级和混凝土浇筑可操作性,建议混凝土顶板及管内混凝土均采用商品混凝土,确定试验梁的顶板采用强度等级为C50的普通混凝土,为了确保混凝土在下弦钢管内具有良好的流动性和强度变化对结构影响不大,本试验钢管内混凝土采用和易性较好的强度等级为C40的细石混凝土。参照《普通混凝土力学性能试验方法标准》(GB/T 50081—2002)的要求,为测得试验中顶板混凝土的立方体抗压强度,采用与浇筑顶板时相同的C50混凝土,制作了6个标准立方体试块、3个棱柱体标准试块,以测得混凝土弹性模量,在与试验梁相同环境中分别养护7d和28d后进行材性试验。对其中龄期为7d的3个立方体试块进行轴心抗压试验,得到强度$f_{c,7}$为46MPa,达到理论强度的90%,可进行预应力的张拉。另外对龄期为28d的3个立方体标准试块和3个棱柱体标准试块进行材性试验,得到顶板混凝土立方体抗压强度f_{cu}为51MPa,弹性模量E为3.92×10^4MPa。试验中C40混凝土制作过程、数量和养护条件与C50相同,测得管内混凝土立方体抗压强度f_{cu}为42MPa,弹性模量E为3.43×10^4MPa。

试验梁中所涉及的钢板包括钢管、波形钢腹板和横向联系所采用的型钢均为Q235钢材,根据《金属材料　拉伸试验　第1部分:室温试验方法》(GB/T 228.1—2010)中的规定,取与试验相同钢材制作3个标准拉伸试件,进行钢材拉伸试验,实际测得屈服强度为340MPa,极限抗拉强度为484MPa,钢管弹性模量为2.0×10^5MPa;波形钢腹板的屈服强度为314MPa,极限抗拉强度为415MPa,弹性模量为2.0×10^5MPa。试验梁的普通钢筋(包括端横梁内作为连接件的钢筋)均采用HRB335带肋钢筋。

3.3　试验装置及加载制度

3.3.1　恒载施加

试验考虑到结构自重在缩尺后发生的变化对结构的影响,在桥面板顶部布置混凝土配重块,以等效实桥的自重的作用。

根据缩尺模型试验的相似比原则,考虑达到与实桥钢管下缘应力等效的作用。实桥中各构件的线密度、缩尺模型中根据相似比关系应该具有的实际线密度见表3-2。试验梁配重块布置如图3-10所示。

实桥及缩尺模型构件尺寸

表 3-2

构件	实桥（单箱 10m 宽）			缩尺模型（2.08m 宽）	
	截面面积（m²）	密度（kg/m³）	线密度（kg/m）	所需线密度（kg/m）	实际线密度（kg/m）
顶板	3.69776	2500	8874.62	1774.924	499.200
钢桁梁	—	7850	1623.71	324.742	100.967
管内混凝土	0.72633	2500	1743.19	348.638	71.794

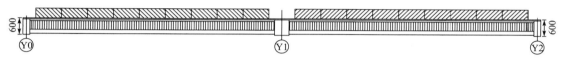

图 3-10 试验梁配重块布置图（尺寸单位：mm）

本试验顶板、钢桁架、管内混凝土的恒载采用混凝土进行配重，C50 混凝土密度统一取为 2500kg/m³。根据表 3-2 及式（3-1）计算结果，需要在顶板上布置 45cm 厚混凝土块进行配重。计算过程：

$$[(1774.924 + 348.638) - (499.200 + 71.794)]/2500/2.08 + \\ [(324.742 - 100.967) \times (7850/2500)]/2500/2.08 = 0.449(m) \quad (3-1)$$

3.3.2 活载施加

本次试验采用 200t 高精度油压千斤顶于两跨跨中附近同步加载以模拟活载作用，为保证正、负弯矩区加载效率最大，截面均能进入破坏阶段，同时确保加载点位于 K 撑上方，最终确定加载位置为距中支点 5460mm 处。由于恒载配重块加载后占了千斤顶的位置，试验时先将相应位置的配重块移除，并通过千斤顶施加移除配重块的等效荷载后进行活载施加，加载示意图如图 3-11 所示，实际加载照片如图 3-12 所示。试验梁千斤顶加载按 10kN 一级分级加载，当顶板出现裂缝后降低为每级 5kN 加载，当结构已无法继续持荷后停止加载并认为梁体已破坏。弹性阶段，在各级持荷 2min 后进行数据采集；弹塑性阶段，由于荷载一般无法维持较长时间，应在位移计读数稳定后进行采样。本试验各测试截面应变计均采用电阻应变计，位移计精度为 0.01mm。

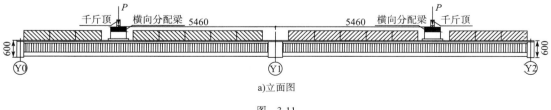

a) 立面图

图 3-11

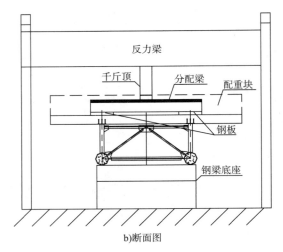

b)断面图

图3-11　试验配重及加载示意图(尺寸单位:mm)

图3-12　试验加载照片

3.4　测试内容及测点布置

3.4.1　变形测点

为了研究正、负弯矩区段试验梁的变形情况,在模型梁每跨左右两根钢管底缘的$L/4$截面、$L/2$截面及$3L/4$截面处布设挠度位移计,每跨布置6个位移计,全长12个位移计编号分别为A1~A12,如图3-13所示。其中正弯矩区有8个挠度测点分别位于$L/2$截面、$3L/4$截面处,负弯矩区有4个挠度测点均位于$L/4$处,以测得试验梁各控制截面在加载全过程中的挠度变化。在每个位移计处对应布置倾角仪,以测得主梁变形时,对应各截面的倾角,编号分别为A1′~A12′。

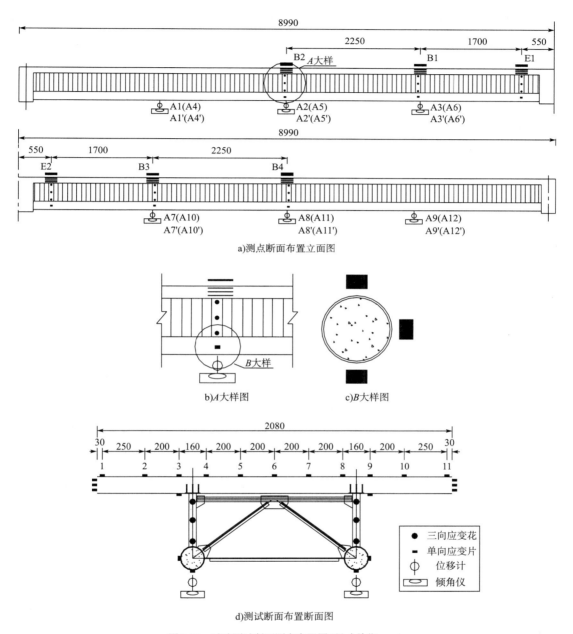

图 3-13 试验测试断面测点布置图(尺寸单位:mm)

3.4.2 应变测点

试验梁共布置了 6 个应变测试断面,如图 3-13a)所示。依次编号为 B1、B2、B3、B4、E1、E2,其中 B 编号截面位于主梁一般截面,E 编号截面以中横梁对称分布。混凝土顶板侧面左右对称布置纵向应变片,每个测试断面布置 17 个应变测点,其中顶板顶缘 11 个测点,顶板侧缘左右各 3 个测点,侧缘共 6 个测点,此外每个跨中截面于顶板底缘处增加 2 个对称布置的测点,以测得顶板底缘的拉应变,如图 3-13d)所示,顶板共计 106 个测点;下弦杆每根钢管相应截面上共 3 个纵向应变测点,分别位于顶缘、底缘及外侧缘,如图 3-13c)所示,下弦杆共 36 个测点;波形钢腹板上端、中部、下端各布置 1 组应变花,如图 3-13b)所示,共 36 组应变花。钢筋应变片仅布置于跨中断面(B2、B4 断面)及近支点断面(E1、E2 断面),其横向布置形式与顶板混凝土应变片布置形式相同,如图 3-13d)所示。

3.5 试验过程及现象

通过弹性阶段、弹塑性阶段及破坏阶段三个阶段描述组合连续梁的整体受力状态,三个阶段的界定如图 3-14 所示。

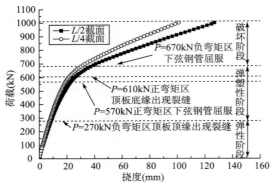

图 3-14　$L/4$、$L/2$ 截面的荷载-挠度曲线图

弹性阶段:主梁截面挠度基本上随着荷载的递增呈线性增长。此阶段内各部件均未表现出任何破坏迹象,加载过程油压、各应变及挠度测点读数稳定。

弹塑性阶段:负弯矩区顶板顶缘首条裂缝在荷载达到 270kN 时出现,该裂缝位于顶板与中横梁交接处,截面荷载-挠度曲线逐渐偏离原增长方向。此后,原裂缝继续开展并由顶板侧缘向底缘发展,纵桥向沿跨中方向出现数条新横向裂缝,两跨裂缝分布大致关于中支点对称。当加载至 570kN 后,随着负弯矩区顶板裂缝的不断开展,正弯矩区下弦钢管屈服,试验梁刚度不断减小,正弯矩区混凝土顶板底缘开始出现拉应力,主梁的荷载-挠度曲线的非线性变化逐渐明显。

破坏阶段:此时 $L/2$ 截面和 $L/4$ 截面挠度开始迅速增长,随着下弦钢管屈服面由底缘不断向顶缘发展,截面的中性轴不断向顶板移动,最终当荷载达到 610kN 时,加载点附近出现顶板底缘首条裂缝。荷载继续增加至 670kN 左右时,负弯矩区下弦钢管开始进入屈服状态,同时管内混凝土已无法继续承载。最终当裂缝扩展至顶板侧缘 1/3 厚度时结构无法继续承载而破坏,认为此时主梁达到最大承载力,荷载极限值为 1010kN。

试验梁破坏形态为整体破坏。结构延性较好,在主梁正、负弯矩区钢管均已屈服状态的情况下,组合梁依然能够承担较大的荷载。当荷载为极值 1010kN 时主梁显著挠曲,此时 $L/2$ 截面挠度达到最大值为 12.95cm,为计算跨径(887.2cm)的 1/68.5;其中在破坏阶段产生的挠度为 9.18cm,占总挠度值的 70.9%。

3.6 试验结果分析

3.6.1 连续梁负弯矩区

3.6.1.1 下弦杆

负弯矩区下弦杆底缘荷载-应变曲线如图 3-15 所示。可以看出,当荷载达到 570kN,正弯矩区下弦杆底缘开始屈服后,负弯矩区下弦杆底缘的压应变骤然增大,呈现出明显的非线性。随后荷载加至 670kN,混凝土顶板与中横梁交接处(E1 截面)下弦杆底缘压应变为 $-1772\mu\varepsilon$,首先达到屈服应变 $-1705\mu\varepsilon$,负弯矩区下弦杆开始屈服。随着主梁进入破坏阶段,负弯矩区下弦杆底缘压应变迅速增长,直至主梁整体破坏无法继续承载,此时下弦杆底缘压应变已达 $-8089\mu\varepsilon$。

3.6.1.2 波形钢腹板

为了同时测得波形钢腹板的纵向应变和剪应变,腹板测点需采用三向应变花,剪应变按式(3-2)计算得到。

$$\varepsilon = 2\varepsilon_{45} - (\varepsilon_0 + \varepsilon_{90}) \tag{3-2}$$

式中:ε_0——水平方向定为 0°方向的应变;

ε_{45}——与水平线交角为 45°方向的应变;

ε_{90}——与水平线垂直方向的应变。

E1 截面的波形钢腹板荷载-剪应变曲线如图 3-16 所示。在荷载达到 670kN 之前,此时下弦钢管尚未屈服,曲线整体呈线性增长;荷载继续加大后,波形钢腹板剪应变的增长量缓慢增长,剪应变的非线性增长逐渐显现出来。

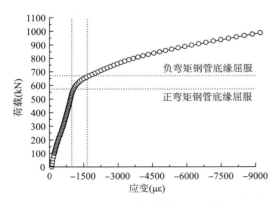

图 3-15 下弦钢管底缘荷载-应变曲线

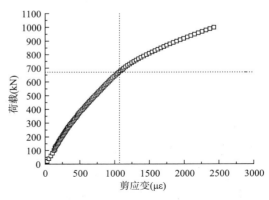

图 3-16 负弯矩区腹板荷载-剪应变曲线

E1 截面波形钢腹板剪应变沿梁高方向分布如图 3-17 所示。当主梁处于弹性受力阶段，截面波形钢腹板剪应变沿梁高方向存在一定变化，当荷载为 100kN 时，上、中、下各测点剪应变的比值为 1：1.52：1.06。各测点剪应变基本呈线性增长，但随着荷载的增大，剪应变随梁高方向的变化逐渐趋于不均匀。

3.6.1.3 混凝土顶板

中支座处为实体混凝土横梁，顶板拉应变值最大处位于混凝土横梁与混凝土顶板交接截面，拉应变值随距中支座距离的增大而逐渐减小。E1 截面的混凝土顶板顶缘的荷载-应变曲线如图 3-18 所示。当负弯矩区顶板裂缝出现之前，顶板顶缘拉应变基本呈线性增长；在负弯矩区顶板裂缝出现后，随着荷载的增加拉应变值几乎保持不变，此后随着裂缝稳定发展，顶板顶缘拉应变开始迅速增长直至主梁破坏。

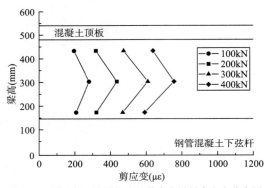 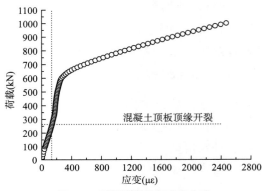

图 3-17　测试截面波形钢腹板剪应变沿梁高方向分布图　　图 3-18　顶板顶缘荷载-应变曲线

负弯矩区段顶板裂缝如图 3-19 和图 3-20 所示。试验中，当荷载达到 270kN 时，首条横桥向裂缝在顶板与中横梁交接面出现。随后主梁进入弹塑性阶段，裂缝由顶板侧缘向底缘不断发展，纵桥向沿跨中方向有数条新的横向裂缝出现。构件破坏时，负弯矩区沿纵桥向存在 6 条横向通缝，中支点左右两侧各 3 条，在纵桥向约 1 倍梁高的范围呈均匀对称分布。

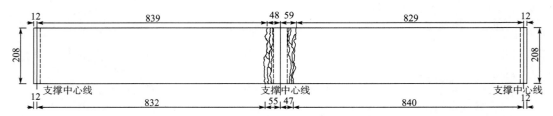

图 3-19　负弯矩区顶板裂缝分布图(尺寸单位：cm)

3.6.1.4 普通钢筋

E1 截面负弯矩区普通钢筋荷载-拉应变曲线如图 3-21 所示。可以看出，荷载达到 270kN 之前，主梁处于弹性受力状态，普通钢筋拉应变基本呈线性增长；随着负弯矩区顶板裂缝的出现，顶板顶缘已无法继续承受拉应力，截面应力发生重分布，受拉区向底缘发展，负弯矩区截面刚度逐渐减小，由普通钢筋承担的拉应力增大，其拉应变值除裂缝开展初始阶段存在的短暂波动外,呈现稳步加快趋势;当荷载达到 670kN 时,E1 截面下弦钢管底缘屈服,普通钢筋拉应变增长速度显著加快直至最终屈服。

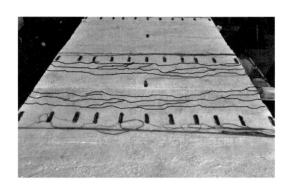

图 3-20 负弯矩区段顶板裂缝照片

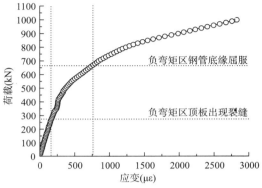

图 3-21 负弯矩区普通钢筋荷载-应变曲线

3.6.1.5 预应力钢束

在预应力钢束张拉不同阶段主梁混凝土顶板顶缘应力的变化如图 3-22 所示,试验梁中预应力钢束按 3 批对称张拉,图 3-22 中顶板应力数值为每批张拉后的累计值,图 3-22 中所对应钢束编号按图 3-4b)进行。张拉过程中顶板顶缘应力变化趋势说明,施加预应力可为混凝土顶板负弯矩区提供有效的预压力,有利于结构的抗弯承载力,且对正弯矩混凝土截面影响不大。

3.6.1.6 纵向应变沿梁高变化

负弯矩区 E1 截面顶板侧缘和下弦杆纵向正应变如图 3-23 所示。可以看出,在弹性阶段,各测点纵向应变沿梁高方向呈良好的线性规律,表明负弯矩区顶板和下弦杆能够共同承受外荷载的作用,且主梁的变形满足"拟平截面假定"。当荷载 400kN 时(为弹塑性受力阶段),下弦杆底缘压应变相比其他测点增长较快,下弦杆截面上各测点应变开始呈现非线性变化。

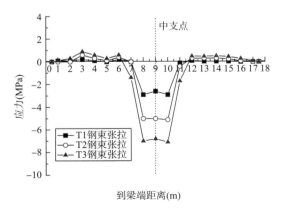

图 3-22 预应力钢束张拉过程顶板顶缘应力的变化

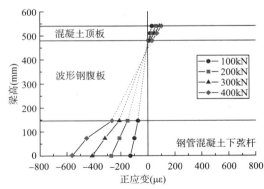

图 3-23 负弯矩区纵向正应变沿梁高方向变化分布图

负弯矩区波形钢腹板纵向正应变沿梁高方向变化分布如图 3-24 所示。在弹性阶段,相比于顶板及下弦钢管,虽然波形钢腹板各测点的纵向正应变随荷载的增大有所增加,但是总体上增量较小。在每级荷载作用下,除了局部区域上的测点应变值稍大外,均小于顶板和下弦钢管的纵向正应变值,说明波形钢腹板对组合梁整体抗弯性能的贡献较小。

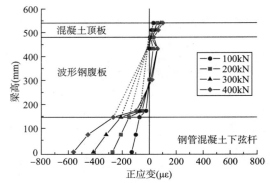

图 3-24 测试截面波形钢腹板纵向正应变沿梁高方向变化分布图

3.6.2 连续梁正弯矩区

3.6.2.1 下弦钢管

B2 截面下弦钢管的荷载-应变曲线如图 3-25 所示。当荷载为 570kN 时,下弦钢管底缘拉应变达到 $1717\mu\varepsilon$,钢管截面开始进入屈服状态;荷载达到 610kN 以后,随着裂缝的不断开展,混凝土顶板刚度下降,截面进入非线性阶段,截面中性轴向顶板底缘移动,故下弦钢管底缘应变增长速度加快。

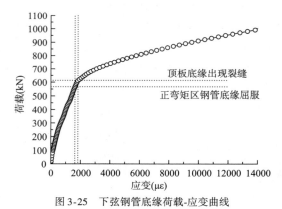

图 3-25 下弦钢管底缘荷载-应变曲线

3.6.2.2 波形钢腹板

按式(3-2)算得,在荷载作用下,波形钢腹板最大剪应变位于 B2 截面波形钢腹板与钢管交界处。B2 截面波形钢腹板荷载-剪应变曲线如图 3-26 所示。波形钢腹板在正弯矩区顶板底缘出现裂缝即荷载达到 610kN 前,剪应变基本呈线性变化。与负弯矩区段相同,随着荷载的不断增大,波形钢腹板剪应变的增长量缓慢增长,剪应变的增长逐渐显现不明显的非线性增长。

B2 截面波形钢腹板剪应变分布图如图 3-27 所示。在弹性受力阶段,正弯矩区波形钢腹板的剪应变沿梁高方向分布相对均匀,当荷载为 100kN 时,上、中、下三测点的应变比值为 1∶1.01∶1.21,随着荷载的增大,三个测点的剪应变都近似呈线性增长;但进入弹塑性受力阶段后,随着正弯矩区底缘拉应变的显著增长,相比于上、中测点,下测点应变增长较快。

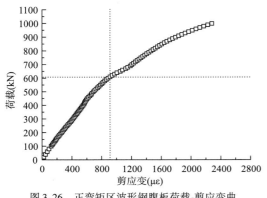
图 3-26　正弯矩区波形钢腹板荷载-剪应变曲线

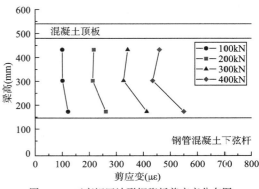
图 3-27　正弯矩区波形钢腹板剪应变分布图

3.6.2.3　混凝土顶板

B2 截面顶板顶缘荷载-应变曲线如图 3-28 所示,在弹性受力阶段,随着荷载的增大,顶板顶缘压应变呈线性增长。当荷载为 610kN 时,顶板顶缘应变开始呈现一定的非线性增长,直至结构破坏。

B2 截面顶板底缘荷载-应变曲线如图 3-29 所示,在弹性受力阶段,随着荷载的增长,顶板底缘拉应变近似呈线性增长,裂缝出现前 100kN 范围内拉应变的变化存在波动,此时顶板底缘拉应变已较大,顶板内粗集料表面开始剥离,混凝土内部出现微裂缝。当荷载增加至 610kN 时,随着混凝土顶板底缘裂缝的出现,截面重心重分布,拉应变开始出现明显非线性变化,增长速度加快。

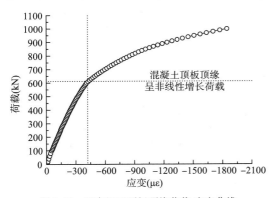
图 3-28　正弯矩区顶板顶缘荷载-应变曲线

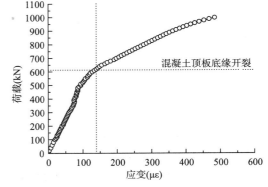
图 3-29　正弯矩区顶板底缘荷载-应变曲线

正弯矩区顶板底缘裂缝如图 3-30、图 3-31 所示。当荷载为 610kN 时,首条裂缝出现在加载点附近的顶板底缘。随后,沿顺桥向出现多条裂缝,同时裂缝向顶板侧缘延伸,裂缝间距为 5~10cm,直至结构最终破坏;最终裂缝沿梁高方向发展至翼缘侧面 1/3 顶板厚处,沿梁长方向由加载点发展至 T3 钢束锚固端位置,范围达 2.56m。

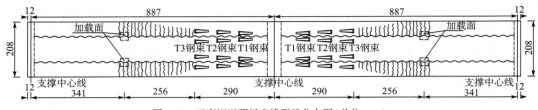

图 3-30　正弯矩区顶板底缘裂缝分布图(单位:mm)

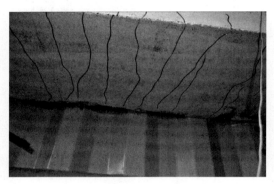

图 3-31　正弯矩区顶板底缘裂缝照片

3.6.2.4　纵向应变沿梁高分布规律

正弯矩区 B2 截面各测点纵向正应变沿梁高方向变化分布如图 3-32 所示。在弹性受力阶段,中性轴在波形钢腹板内,顶板整体受压,而下弦杆受拉。顶板侧缘和下弦杆的纵向正应变沿梁高基本呈线性变化,变形后所在的平面与变形前的基本相同,故组合梁变形满足"拟平截面假定"。同时说明,此时正弯矩区段的顶板和下弦杆可共同承受外荷载作用。当进入弹塑性受力阶段后,如图中所示,荷载为 400kN 时,下弦杆沿梁高方向明显表现出非线性。

正弯矩区段 B2 截面的波形钢腹板纵向正应变沿梁高方向变化分布如图 3-33 所示。波形钢腹板的纵向应变在梁高方向分布均匀,明显小于下弦杆各测点的纵向正应变值,相比顶板也相对较小,且随荷载的增大纵向正应变增量远小于下弦杆,说明波形钢腹板对组合梁整体抗弯性能的贡献较小。

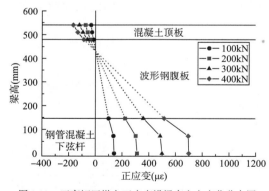

图 3-32　正弯矩区纵向正应变沿梁高方向变化分布图

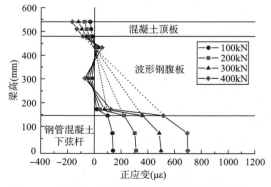

图 3-33　测试截面波形钢腹板纵向正应变沿梁高方向变化分布图

3.6.3　与简支梁试验结果的比较分析

将波形钢腹板-钢管混凝土桁式弦杆连续梁试验结果同波形钢腹板-钢管混凝土桁式弦杆简支梁试验结果进行对比,比较两者正弯矩区段各部件应变以及主梁挠度的变化,分析两者的受力特性,以证明将简支梁截面抗弯承载力计算方法应用到连续梁正弯矩区段的有效性,同时探讨连续梁负弯矩区段的特殊之处,建立连续梁负弯矩区段的计算方法,以满足实际工程设计实践的需求。

由于简支梁与连续梁采用不同的加载方式,故以下比较分析时均采用跨中截面弯矩-应变和弯矩-挠度曲线,以保证试验结果的可比性。连续梁计算跨径为887.2cm,简支梁计算跨径为874.4cm。

3.6.3.1 荷载-挠度曲线

图3-34为连续梁和简支梁跨中截面弯矩-挠度曲线。当组合梁处于弹性受力阶段时,相同的跨中截面弯矩所对应的主梁挠度基本相同,当截面弯矩 M 达到392kN·m时,连续梁与简支梁跨中挠度的比为 12.81mm:13.88mm = 1:1.08;随着跨中截面弯矩的增大,截面进入弹塑性工作阶段,连续梁与简支梁挠度的差值明显加大,当截面弯矩达到833kN·m时,连续梁与简支梁跨中挠度的比为 75.44mm:124.06mm = 1:1.64;最终,当连续梁跨中截面弯矩达到1005kN·m,简支梁跨中截面弯矩达到943.3kN·m时,结构发生破坏,连续梁与简支梁极限弯矩的比为1:0.94,说明两者极限弯矩相近,连续梁正弯矩区段截面承载力可以采用与简支梁相同的计算方法,此时二者最大挠度比为126.95mm:190.07mm = 1:1.50。

3.6.3.2 混凝土顶板顶缘弯矩-应变

图3-35为连续梁和简支梁跨中截面混凝土顶板顶缘弯矩-应变曲线。由图3-35可知,二者趋势基本吻合。当截面弯矩 M 达到392kN·m时,连续梁与简支梁顶板顶缘应变的比为 $-237\mu\varepsilon:-161\mu\varepsilon=1:0.68$;随着跨中截面弯矩的增大,截面进入弹塑性工作阶段,连续梁与简支梁挠度的差值趋于一致,当截面弯矩达到833kN·m时,连续梁与简支梁顶板顶缘的比为 $-943\mu\varepsilon:-857\mu\varepsilon=1:0.91$。

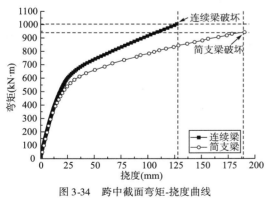
图3-34 跨中截面弯矩-挠度曲线

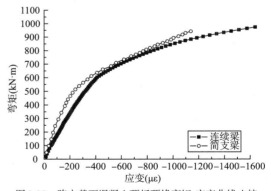
图3-35 跨中截面混凝土顶板顶缘弯矩-应变曲线比较

3.6.3.3 下弦钢管底缘弯矩-应变

图3-36为连续梁和简支梁跨中截面下弦钢管底缘弯矩-应变曲线。由图3-36可知,二者趋势基本吻合。当截面弯矩 M 达到392kN·m时,连续梁与简支梁钢管底缘应变的比为 $970\mu\varepsilon:744\mu\varepsilon=1:0.77$;随着跨中截面弯矩的增大,截面进入弹塑性工作阶段,连续梁与简支梁挠度的差值逐渐增大,当截面弯矩达到833kN·m时,连续梁与简支梁钢管底缘应变的比为

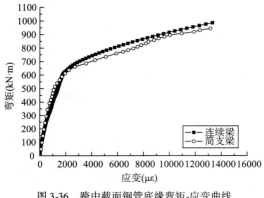

$6786\mu\varepsilon : 8170\mu\varepsilon = 1 : 1.20$。最终，当结构发生破坏时，连续梁与简支梁钢管底缘最大应变比为 $13308\mu\varepsilon : 13151\mu\varepsilon = 1 : 0.99$。

通过以上对比分析可知，连续梁正弯矩区段的受力性能与简支梁基本相似，说明可以采用简支梁抗弯承载力计算方法设计连续梁正弯矩区段。而对于简支梁及连续梁正弯矩区段，下弦钢管混凝土截面均处于受拉状态，管内混凝土结构抗拉能力差，需要对管内混凝土的贡献度进行讨论。

图3-36 跨中截面钢管底缘弯矩-应变曲线

3.7 本章小结

（1）加载全程主要现象描述：当荷载达到270kN，负弯矩顶板顶缘裂缝出现后主梁进入弹塑性受力阶段，随后正弯矩区下弦钢管底缘开始屈服并伴随着正弯矩区顶板底缘裂缝的出现和开展，荷载达到670kN后负弯矩区下弦钢管底缘进入屈服状态，主梁上各应变及挠度测点数据均开始迅速增长，直至荷载为1010kN后结构无法继续承载而破坏。破坏时跨中处最大挠度为12.96cm，为计算跨径（887.2cm）的1/68.5，说明构件延性大。

（2）对于负弯矩区结构的试验结果，在弹性阶段，顶板整体受拉，而下弦杆受压。负弯矩区各测点纵向应变沿梁高方向呈良好的线性规律，说明主梁的变形满足"拟平截面假定"，负弯矩区顶板和下弦杆能够共同承受外荷载的作用；波形钢腹板测点的纵向应变较下弦杆和顶板各测点小，说明波形钢腹板对组合梁整体抗弯性能的贡献较小。当荷载加至270kN时，首条裂缝出现在中横梁与混凝土顶板交接处，由于混凝土顶板截面明显小于中横梁截面，而两侧承受相同大小的弯矩值，使得该处顶缘拉应力最大。当荷载加至670kN，混凝土顶板与混凝土中横梁交接截面下弦杆钢管下缘压应变达到屈服应变$1705\mu\varepsilon$，随着荷载的继续增大，顶板普通钢筋也随后屈服，腹板剪应变的增长速度也不断增大，纵向应变的增幅也存在增大的趋势。

（3）正弯矩区试验结果与负弯矩区相似，截面上各点沿梁高方向纵向正应变呈现良好的线性规律，故组合梁正弯矩区顶板和下弦杆的变形也满足"拟平截面假定"，在外荷载作用下正弯矩区段的顶板和下弦杆共同受力。波形钢腹板的纵向应变在梁高方向分布均匀，小于下弦杆和顶板各测点的纵向应变值，且随荷载的增大纵向应变增量远小于下弦杆。当荷载达到570kN时，正弯矩区钢管进入屈服阶段；当荷载为610kN时，靠近加载点附近区段的混凝土顶板底缘与钢翼缘板交界处出现第一条裂缝，此时波形钢腹板的剪应变逐渐呈非线性增长；荷载继续增大，正弯矩区各测点应变开始呈现明显的非线性增长，沿着纵桥向有新横向裂缝密集出现，裂缝间距在5~10cm之间，直至结构最终破坏，梁底裂缝由加载点发展至T3钢束锚固端位置。

第4章

CHAPTER 4

多弦杆组合梁改良结构箱梁抗扭性能试验

本章进行多弦杆组合梁改良结构箱梁抗扭承载力模型试验,采用下弦钢管连接形式和下弦钢管是否填充混凝土为试验变量进行对比,考察下弦杆(钢管)采用桁式平联连接的组合梁截面能否等效为闭口箱形截面,研究其抗扭破坏现象、抗扭刚度和抗扭承载力等。

4.1 试验梁设计

以马峦山公园1号桥左幅为原型,按1:8的缩尺比例进行抗扭试验梁的设计,忽略主梁左、右幅间的相互作用。缩尺后的抗扭试验梁B1,底板由2根$\phi70\times4$mm无缝钢管(径厚比为17.5)通过桁式平联连接,桁式平联由下平联和斜杆组成,均采用[8双槽钢,如图4-1所示。第一道平联距端横梁25cm,下平联间距60cm,共计7道;X撑连接箱内平联,共6对X撑。

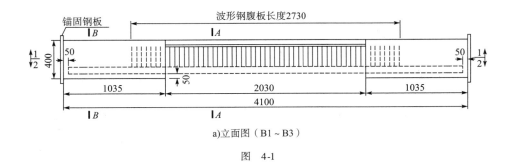

a)立面图(B1~B3)

图 4-1

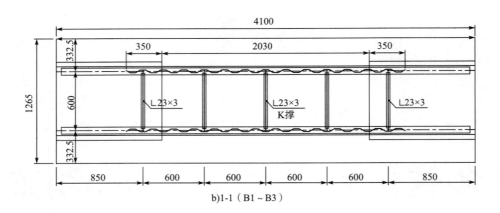

b) 1-1（B1～B3）

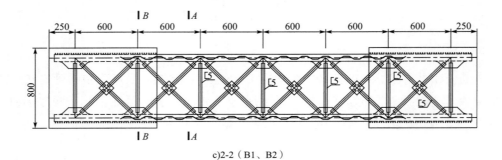

c) 2-2（B1、B2）

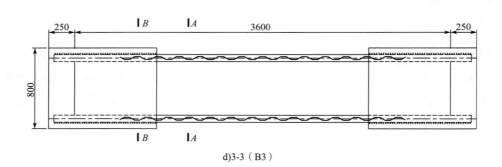

d) 3-3（B3）

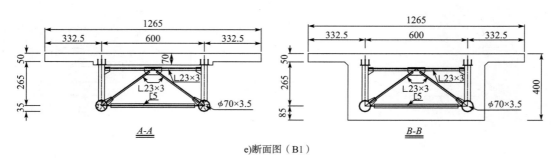

e) 断面图（B1）

图 4-1

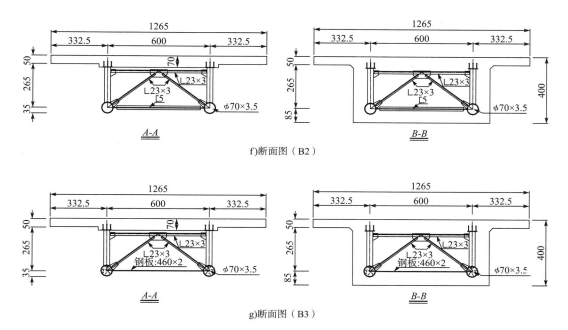

图 4-1 抗扭试验构件一般构造（尺寸单位：mm）

文献[28]和文献[29]中钢管混凝土组合桁梁抗弯试验的结果显示，钢管混凝土桁梁管内混凝土制约了弦杆钢管的局部屈曲，使得桁梁的刚度增大，节点变形被限制，从而降低了弦杆塑性失效的可能；文献[30]表明上、下弦钢管填充混凝土能提高梁的抗弯承载力；文献[38]对弦管内填充混凝土组合梁构件和相应空钢管组合梁构件进行了比较，发现弦管内填充混凝土可以有效提高组合梁构件的抗扭承载力，同时随着荷载值增大，钢管逐渐发挥对管内混凝土的套箍作用。为此，本书同时设计了 1 根下弦钢管为空钢管的抗扭试验梁 B2，下弦钢管连接形式和尺寸与试验梁 B1 相同，研究下弦钢管内混凝土对试梁抗扭承载力的影响程度以及验证能否参照薄壁多室闭合截面的自由扭转。

组合梁下弦杆（钢管）间采用桁式平联连接，抗扭计算中需要解决的一个基本问题是该截面采用薄壁开口截面还是等效薄壁闭口截面，即要验证下弦杆（钢管）采用桁式平联连接形式形成的组合梁截面能否等效为闭口箱形截面。如图 4-2 所示，将按既定间隔布置的桁式平联连接形式的组合梁截面等效为闭口箱形截面，连续闭口钢板的厚度 t_e，其计算公式为式（4-1）：

$$t_e = \frac{E_s}{G_s} \cdot \frac{ab_o}{\left[\dfrac{a^3}{12}\left(\dfrac{1}{A_l} + \dfrac{1}{A_r}\right) + \dfrac{l_d^3}{2A_d}\right]} \quad (4\text{-}1)$$

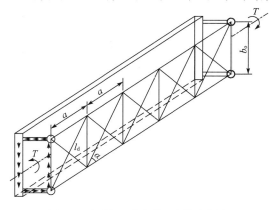

图 4-2 多弦杆组合箱截面参数示意图

式中:l_d——钢腹杆长度;

a——钢腹杆在混凝土板纵桥向上的投影长度;

A_l、A_r——分别为钢腹杆与左侧和右侧腹板连接处的截面面积;

A_d——钢腹杆截面面积;

E_s——钢腹杆弹性模量;

G_s——钢腹杆剪切模量。

通过式(4-1)计算得到等效连续闭口钢板厚度为6.2mm,得到试验梁B3。由于市场钢板厚度为6mm最接近,故试验取6mm钢板。本书设计了1根下弦钢管间采用钢板连接的抗扭试验梁B3。

因此,本次抗扭试验模型共3个,试验梁参数见表4-1,具体试验梁构造配筋图见图4-3。

试验梁参数表　　　　　　　　　表4-1

序号	试验梁编号	弦管类型	梁高 h（mm）	梁宽 b（mm）	下弦钢管 $d×t$（mm）
1	B1	CFST(桁式平联)	350	1265	70×4
2	B2	HS(桁式平联)	350	1265	70×4
3	B3	CFST(钢板连接)	350	1265	70×4

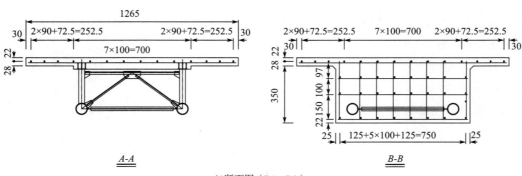

图4-3　试验梁构造配筋图(尺寸单位:mm)

试验梁一端固定,另一端可绕梁形心轴自由转动。在试验梁两端均焊接一块 500mm × 500mm × 30mm 的钢板,以满足试验装置对加载的要求,并避免试验梁两端产生局部破坏。在钢板一面焊接长度为 100mm 的栓钉,间距 100mm,与混凝土一起浇筑,使钢板与试验梁有效连接,并浇筑 1.035m 的混凝土实心端梁。对于不同截面的试验梁,要调整钢板的镶嵌位置,使两者的形心一致。对于下弦钢管为空钢管的试验梁 B2,试验梁在加载过程中空钢管可能提前出现屈曲,因此在试验梁两端 50cm 范围内填注环氧水泥砂浆。

4.2 试验梁制作与材性试验

4.2.1 试验梁制作

本试验共计完成 3 根试验梁,试验梁采用现场焊接和浇筑,制作流程如图 4-4 所示,制作过程如图 4-5 所示。

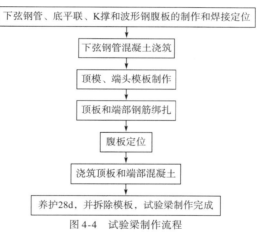

图 4-4 试验梁制作流程

a) 波形钢腹板的制作

b) 浇筑下弦钢管混凝土

图 4-5

c)端头、顶板支模和绑扎钢筋　　　　　　d)浇筑顶板和端部混凝土

图 4-5　试验梁制作过程

4.2.2　材性试验

下弦钢管钢材牌号为 Q235C,材料特性根据《金属材料　拉伸试验　第 1 部分:室温试验方法》(GB/T 228.1—2010)规定进行测定,测得钢管屈服强度为 $f_y=240$ MPa,极限抗拉强度为 $f_u=420$ MPa,泊松比为 0.3,弹性模量为 $E_s=2.05\times10^5$ MPa,剪切模量为 $G_s=7.88\times10^4$ MPa。

波形钢腹板的屈服强度为 $f_y=250$ MPa,极限抗拉强度为 $f_u=435$ MPa,泊松比为 0.3,弹性模量为 $E_s=2.04\times10^5$ MPa。

普通钢筋采用 R235,屈服强度为 $f_y=245$ MPa,极限抗拉强度为 $f_u=300.6$ MPa,泊松比为 0.3,弹性模量为 $E_s=2.04\times10^5$ MPa,剪切模量为 $G_s=3.30\times10^4$ MPa。

试验梁混凝土均为 C30 商品混凝土。为测定混凝土强度,取同一批混凝土按照《普通混凝土力学性能试验方法标准》(GB/T 50081—2002)要求进行测定,测得混凝土立方体抗压强度标准值为 $f_{cu,k}=30.1$ MPa,混凝土轴心抗压强度标准值为 $f_{ck}=20.5$ MPa,抗拉强度标准值为 $f_{tk}=2.03$ MPa,泊松比为 0.2,混凝土弹性模量为 $E_c=3.05\times10^4$ MPa,剪切模量为 $G_c=1.27\times10^4$ MPa。

4.3　试验装置及加载制度

纯扭试验的加载装置为专门设计的扭转试验机。该装置位于福州大学土木工程国家级实验教学示范中心,如图 4-6、图 4-7 所示,扭转试验机由固定装置、加载装置和反力测试装置组成。扭转试验梁一端嵌固在固定装置上,另一端嵌固在扇形板卡槽内。加载采用扇形扭臂加载形式,即利用拉压千斤顶张拉,经地锚滑轮布置在扇形板凹槽的钢丝,令扇形板转动来实现施加扭矩。采用开孔钢板将试验梁端部箍固到扭转试验机的加载端和固定端,并在两者间接触面涂抹二硫化钼润滑以减小摩擦。

a)纯扭试验扭转机

b)反力测试装置

c)扭转角测量位移计

图 4-6　扭转试验加载装置

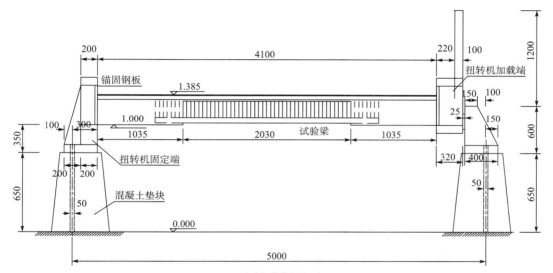

a)试验加载装置立面

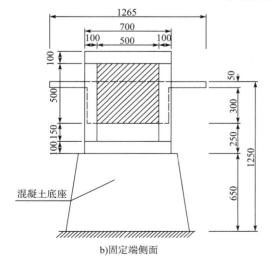

b)固定端侧面

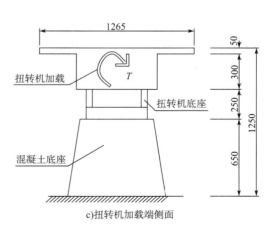

c)扭转机加载端侧面

图　4-7

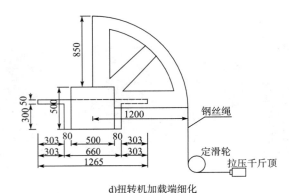

d)扭转机加载端细化

图4-7 扭转试验加载装置尺寸图(尺寸单位:mm;高程单位:m)

4.4 测试内容及测点布置

为研究试验梁在扭转荷载作用下的整体受力性能和内力(应力)分布规律,进行应变、转角和扭率的测试。

首先,进行三个截面(跨中截面和相邻两截面)的应变测量(图4-8a);每个测点处电阻应变片均采用应变花的形式,以测量下弦杆(钢管)、混凝土顶板和波形钢腹板等部件的空间受力状态。根据应变摩尔圆和胡克定律求得主应变、主应变方向和主应力。其应变片具体设置为:

(1)顶板:测点布置如图4-8d) A-A 断面所示,在顶板顶布置5片应变花,顶板底布置2片应变花;顶板钢筋应变,测点布置如图4-8b)和图4-8d)断面所示,沿着顺桥向和横桥向各布置5片应变片,分别用于量测顶板混凝土和钢筋应变。

(2)腹板:沿高度方向均匀布置3片应变花,如图4-8a)和图4-8d)断面所示,用以量测波形钢腹板剪应变和主应变。

(3)下弦杆(钢管):测点布置如图4-8d)所示,在下弦杆(钢管)顶部、中部和底部设置应变花。

(4)平联杆(板):对于试验梁采用桁式平联,测点布置如图4-8c)所示,每根布置1片应变片,以量测平联杆的轴向应变;对于下弦杆(钢管)连接采用钢板,在混凝土顶板中间相应位置的底板布置1片应变花,如图4-8d) A-A 断面所示。

顶板混凝土钢筋共布置30片单向钢筋应变片;波形钢腹板和下弦杆(钢管)共布置36组三向应变花,共108片;混凝土桥面板上共布置21组三向应变花,共63片。

除底平联应变片外,其余每个测点的编号均表示成 $n-m$ 的形式,n 代表测试断面,m 代表某一测试断面上的测点号。以 A-A 截面为例,每一测试断面的测点号 m 如图4-8d)所示,顶板混凝土编号为 $Ac\text{-}m$;顶板钢筋编号为 $As\text{-}m$;腹板编号为 $Asw\text{-}m$;下弦杆(钢管)编号为 $Asc\text{-}m$。例如 $Ac\text{-}5$ 表示 A-A 测试断面顶板混凝土第5个应变测点;$As\text{-}5$ 表示 A-A 测试断面顶板钢筋第5个应变测点;$Asw\text{-}5$ 表示 A-A 测试断面腹板第5个应变测点;$Asc\text{-}2$ 表示 A-A 测试断面下弦杆

(钢管)第 2 个应变测点。

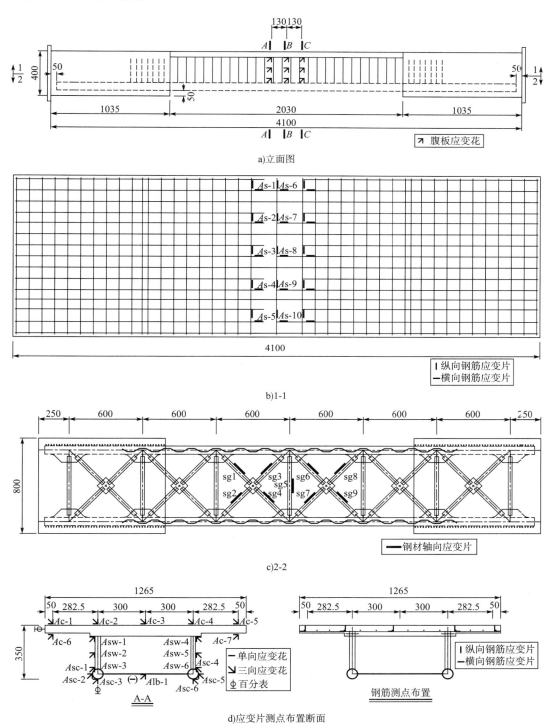

图 4-8 截面测点布置(尺寸单位:mm)

将倾角仪置于扭转试验机加载端以测量试验梁转角,同时利用位移计测量扭转臂同心钢圆筒上所悬吊重锤的位移,推求扭转角以进行校核。

在试验梁试验前,在混凝土顶板表面均匀用石灰浆刷白,干后在上方标注 10cm×10cm 方格,以便确定加载过程中各裂缝的位置、走向和标注相应的加载值。钢筋、钢腹板和钢管应变片采用型号为 B×120-3AA 的电阻应变片,混凝土用 5mm×80mm 的纸基应变片。

扭转角是扭转试验的重要指标,本扭转试验采用图 4-6c)所示仪器进行测量并采用数字倾角仪复核。在圆钢管上刻有三道刻痕,在钢管底部的刻痕上分别焊有一个螺母,将钢丝线的一端固定于螺母上,绕过钢管用铅垂垂下,在铅垂底部安装百分表,加载时读取铅垂位移的变化量,经过换算即可得出扭转角,换算公式见式(4-2)。

$$\Delta\theta = \frac{\Delta l}{r} \tag{4-2}$$

式中:$\Delta\theta$——扭转角(rad);

Δl——铅垂位移变化量;

r——圆钢管的半径。

加载过程分级进行,每级荷载增加量为 2.5kN·m,每级荷载施加 3~5min,待仪表读数稳定后进行记录;荷载增量在加载量接近弹性极限扭矩值后降为 1.5kN·m;接近破坏时,加载和应变采集均改为慢速连续进行。

4.5 试验过程及现象

首先对试验梁 B1 进行抗扭试验全过程观测,该试验梁表现出良好的承载能力和延性,整个试验过程控制良好。

(1)弹性阶段:扭转角较小,扭率也较小,试验梁通过波形钢腹板、混凝土顶板、下弦杆及弦杆桁式平联组成的组合截面抵抗扭矩。

(2)开裂阶段:荷载按 2.5kN·m 为一个等级,分级加载,以便观察、描绘裂缝和试验数据读取。当荷载达到开裂扭矩 50.2kN·m(开裂扭矩 T_{cr} 以混凝土顶板出现斜向裂缝为标志)时,试验梁混凝土顶板上表面中部首先出现斜向裂缝,该裂缝与组合梁纵轴线约成 45°。随加载值增大,斜向裂缝逐渐朝梁顶板两侧延伸,混凝土顶板裂缝相对较少,仅 1~2 条,此时混凝土顶板下表面也开始出现斜裂缝并向两侧边开展。

(3)屈服与破坏阶段:混凝土开裂后,试验梁的扭率增大明显,当荷载接近极限扭矩 91.6kN·m(极限扭矩 T_u,以较大裂缝在顶板出现、钢筋屈服、无法继续进行加载为标志)时,试验梁顶板上表面的斜向裂缝快速开展,3~4 条斜向裂缝等间距出现,裂缝的数量不再增加,但裂缝宽度急剧增大,顶板下表面出现裂缝并迅速开展,且分布均匀,见图 4-9a)。最后,几条宽度较大斜向裂缝在试验梁顶板出现,同时顶板钢筋受拉而屈服,试验梁不能再承受荷载而受扭破坏。

试验梁端部钢板连接处、试验梁实心段在加载过程均未有裂缝产生,说明扭矩能够从试验梁实心段有效传递到标准段。组合梁节点连接处未出现明显的破坏,波形钢腹板、下弦杆和弦杆桁式平联未出现明显的变形,还处于弹性状态。将受扭破坏的试验梁下弦杆切去外包钢,发现大量细微斜裂缝均匀分布在管内混凝土中(图4-9b),但混凝土仍未破碎;同时钢和混凝土间没有滑痕迹象,说明两者无发生相对滑动。由裂缝观测仪测得的最大裂缝宽度为0.1mm,说明试验梁未发生局部先于整体破坏的现象。

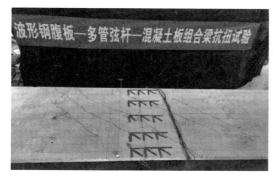
a) 顶板混凝土

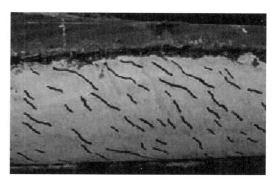
b) 下弦钢管内混凝土

图4-9 试验梁B1破坏形态

图4-10为试验梁B1扭矩-扭率曲线,结合试验现象可将该曲线分为以下三个阶段:

第一阶段(OA):弹性阶段,为扭转荷载达到开裂扭矩 $T = T_{cr}$ 前的阶段,T-θ 曲线基本为直线;随着扭矩的增大,扭率呈线性增长,试验梁并未发生较大的扭转变形,试验梁的抗扭作用由钢腹板、下弦杆、弦杆桁式平联和混凝土顶板共同承担。当扭矩在试验梁中产生的剪应力所形成的主拉应力达到混凝土的抗拉强度时,顶板混凝土开裂,形成与试验梁轴线约45°的裂缝。

第二阶段(AB):弹塑性阶段,斜裂缝随着荷载增大而不断开展,T-θ 曲线偏离线性关系,扭矩增长减缓,而扭率发展速率加快。试验梁沿梁纵轴向出现斜裂缝,形成空间桁架体系来抵抗扭矩作用。

第三阶段(BC):破坏阶段,当荷载达到B点时,试验梁达到极限扭矩值,顶板混凝土形成贯通斜裂缝,钢筋开始进入塑性,对混凝土的约束作用降低;此时扭矩达到最大值,其余钢构件仍处于弹性阶段,因此整个试验梁仍有一定的变形储备能力。最后对试验梁卸载,卸载之后曲率不再增加且有一定恢复。

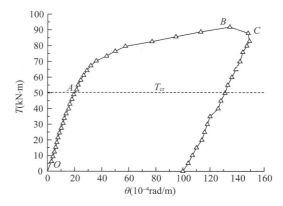

图4-10 试验梁B1扭矩(T)-扭率(θ)曲线

4.6 试验结果分析

4.6.1 试验梁 B1 荷载-应变分析

对于混凝土顶板,从图 4-11 可以看出,混凝土开裂前,试验梁 B1 混凝土顶板的最大主应变方向与试验梁纵向的夹角接近 45°,裂缝开展方向与主应变方向夹角约为 90°。顶板混凝土开裂后,其受到钢腹板的约束作用增强,混凝土顶板的最大主应变方向倾角略小于 45°。

图 4-12 展示了扭矩对试验试验梁 B1 跨中截面顶板中点处主应变的影响规律,图中主应变考虑结构自重作用下顶板的应变,与外荷载作用下的应变值线性叠加。在达到开裂扭矩 T_{cr} 前,试验梁顶板混凝土的两主应变呈对称发展,与试验梁顶板在开裂扭矩前主应变方向倾角约为 45°结论相对应。混凝土顶板开裂后,顶板混凝土的主应变值在钢腹板和斜裂缝的影响下随扭矩增大而迅速呈非线性增长。

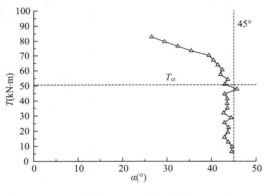

图 4-11 跨中截面扭矩-主应变方向(B1 顶)

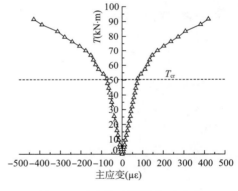

图 4-12 跨中截面顶板扭矩-主应变

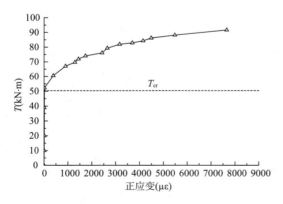

图 4-13 跨中截面顶板纵筋扭矩-正应变

图 4-13 为顶板纵筋扭矩-应变曲线,图中钢筋应变考虑结构自重作用下的应变,与外荷载作用下的应变值线性叠加。从试验梁的钢筋应变量测结果来看,当混凝土开裂后,所有纵筋参与受力共同抵抗扭矩。当 $T < T_{cr}$ 时,试验梁顶板纵筋和箍筋应变量均仅约几十个微应变,应变值很小;当 $T = T_{cr}$ 时,试验梁顶板混凝土开裂,此时钢筋突然发生较大变形,钢筋扭矩-应变曲线斜率发生突变;当 $T > T_{cr}$ 时,顶板钢筋扭矩-应变曲线的斜率变小,应变发展速率增加。在 T 逐渐增大

到 T_u 的过程中,顶板钢筋应变快速增长,并逐渐屈服。扭矩达到极限扭矩 $T=T_u$ 时,试验梁顶板裂缝宽度过大,同时顶板钢筋应变急速增大,试验梁发生破坏。

总体看来,开裂前钢筋的应变较小,因此在组合梁开裂扭矩时可以忽略钢筋的影响;开裂后,钢筋应变突然增大,到 $T=0.8T_u$,大部分纵筋均达到屈服;到破坏时,钢筋均达到屈服,部分钢筋进入强化段。

图4-14为跨中截面处扭矩-波形钢腹板主应变曲线,图中主应变考虑结构自重作用下钢腹板应变,与外荷载作用下应变值线性叠加。试验梁钢腹板扭矩和应变关系在顶板混凝土开裂前基本为线性,而在混凝土顶板开裂后则呈非线性。

通过应变花量测试验梁钢腹板的应变,同时根据式(4-3)、式(4-4)计算最大剪应力:

$$\tau_{\max} = G_e \sqrt{2(\varepsilon_0 - \varepsilon_{45})^2 + 2(\varepsilon_{45} - \varepsilon_{90})^2} \quad (4\text{-}3)$$

$$\begin{cases} G_e = \dfrac{G_s(l_c + l_z)}{l_c + l_z \sec\beta} \\ G_s = \dfrac{E_s}{2(1+\nu)} \end{cases} \quad (4\text{-}4)$$

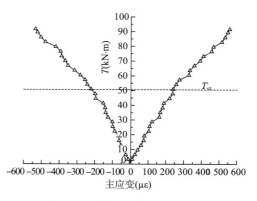

图4-14　波形钢腹板扭矩-主应变

式中:G_e——波形钢腹板的有效剪切模量;
　　　G_s——钢板的剪切模量;
l_c、l_z、β——意义如图4-15所示。

波形钢腹板截面正应变分布如图4-16所示。为保持图面的整洁,仅取试验梁在荷载为 $0.2T_u$、$0.5T_u$ 和 $1.0T_u$ 时下腹板正应变值。可以看出,在扭转荷载作用下钢腹板的正应力很小。

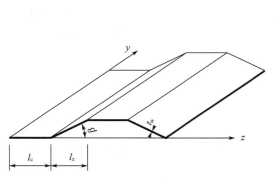

图4-15　波形钢腹板纵向断面示意图

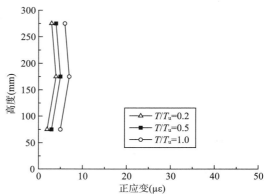

图4-16　波形钢腹板截面正应变分布

波形钢腹板截面剪应力分布如图 4-17 所示,取试验梁 B1 在荷载为 $0.2T_u$、$0.4T_u$、$0.6T_u$、$0.8T_u$ 和 $1.0T_u$ 时下腹板剪应力值。可以看出,在扭转荷载作用下腹板剪应力随荷载增加呈线性增大。由材性试验结果可知,钢腹板抗剪屈服强度为 $f_v = 202.1\text{MPa}$,弹性模量为 $E_s = 2.03 \times 10^5 \text{MPa}$,泊松比为 $\nu = 0.3$,计算得 $\tau_{max} = 97.5\text{MPa} < f_v = 202.1\text{MPa}$,钢腹板处于弹性状态。

图 4-18 为下弦杆扭矩-剪应变曲线,图中剪应变考虑结构自重作用下的应变,与外荷载作用下的应变值线性叠加。可以看出,在受扭初期阶段,试验梁的扭矩-剪应变均呈线性发展,下弦杆最大剪应变为 $264\mu\varepsilon$,仅为试验测得容许最大剪应变 $1120\mu\varepsilon$ 的 31%,此时下弦杆仍处于弹性状态。

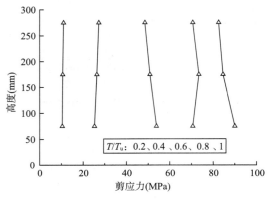

图 4-17 波形钢腹板截面剪应力分布

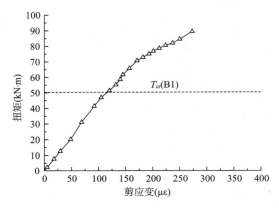

图 4-18 下弦杆扭矩-剪应变

试验梁 B1 桁式平联以承受轴力为主,平联的应变采用沿其轴向的单向应变片采集。图 4-19 为桁式平联应变片的扭矩-正应变曲线,图中剪应变考虑结构自重作用下钢腹杆的应变,与外荷载作用下的应变值线性叠加。由图 4-19 中可见,试验梁 B1 各平联在试验梁未开裂前,扭矩-正应变曲线大致为线性关系,各桁式平联的应变值基本相同;部分桁式平联在顶板混凝土开裂后应变值发生较快变化,个别平联会出现应变值上的正负偏差。相邻桁式平联受压与受拉相间,其应变值相差不大。

由实测数据得,钢平联的屈服强度为 $f_y = 255.3\text{MPa}$;弹性模量 $E_s = 2.04 \times 10^5 \text{MPa}$;泊松比为 $\nu = 0.3$;测得平联杆最大应变为 $638\mu\varepsilon$,仅达到 75% 的屈服应变($1250\mu\varepsilon$),可知此时钢腹杆仍处于弹性状态。

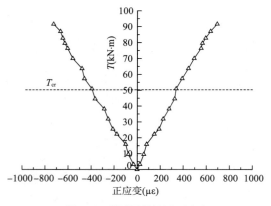

图 4-19 桁式平联扭矩-正应变

4.6.2 三根试验梁(B1、B2、B3)抗扭性能对比

图 4-20 为 3 根试验梁扭矩-扭率对比曲线,线形基本相似且相近。试验梁 B2 和 B3 加载过程中的扭转变形及破坏形态等与试验梁 B1 类似。扭转试验主要结果见表 4-2,3 根试验梁的开裂扭矩和极限扭矩相差不多,以 B1 值最大;B2 偏小的主要原因是试验梁下弦杆(钢管)未填充混凝土;B3 偏小则主要是因为试验梁下弦杆(钢管)间连接钢板厚度选值偏小所致。

扭转试验主要结果　　　　　　　　　表 4-2

试验梁	B1	B2	B3	B3/B1	B2/B1
$T_{cr}(kN \cdot m)$	50.2	45.6	48.5	0.97	0.91
$T_u(kN \cdot m)$	91.6	88.8	89.4	0.98	0.97
T_u/T_{cr}	1.82	1.95	1.84	—	—

表 4-3 为试验梁开裂前,采用平均值的方法得到各试验梁的弹性抗扭刚度,说明试验梁间的抗扭刚度基本相同,从而验证了可将下弦杆(钢管)采用桁式平联连接形式的试验梁 B1 等效成闭口箱形截面试验梁 B3。

抗扭刚度主要结果　　　　　　　　　表 4-3

试验梁	B1	B2	B3	B3/B1	B2/B1
$G_J(kN \cdot m^2)$	26940	26830	27060	1.01	0.99

对比试验梁 B1 和试验梁 B2 主要受力性能得到,下弦杆(钢管)内填混凝土可适当提高试验梁的抗扭刚度和抗扭承载力,但提高值不明显,仅分别提高了 3% 和 1%,主要是由于下弦杆(钢管)同整个试验梁相比,抗扭刚度占的比例较小,仅为 0.4%,且试验梁破坏时下弦杆(钢管)还处于弹性状态。

从图 4-21 可以看出,混凝土开裂前,试验梁混凝土顶板的最大主应变方向均与试验梁纵轴向构成接近 45°的夹角,最大主应变方向则与顶板裂缝开展方向形成接近 90°的夹角,说明混凝土顶板处于纯剪受力状态。

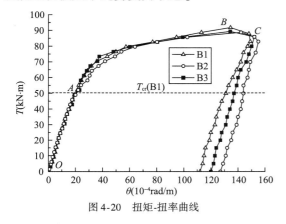

图 4-20　扭矩-扭率曲线　　　　　图 4-21　跨中截面顶板扭矩-主应变方向对比

图 4-22 示出了 3 根试验梁跨中截面顶板中点主应变随扭矩变化对比曲线。可以看出,3 根试验梁扭矩-主应变曲线基本一致,在试验梁顶板开裂前,试验梁顶板混凝土的两主应变均呈对称发展,对应试验梁顶板最大主应变与试验梁纵轴向构成接近45°夹角的结论。

图 4-23 为 3 根试验梁顶板钢筋扭矩-应变对比曲线。可以看出,在混凝土开裂前,试验梁的箍筋和纵筋的应变都很小;当混凝土开裂后,所有钢筋参与受力共同抵抗扭矩。3 根试验梁顶板钢筋均达到屈服,部分钢筋进入强化段,钢筋应变急剧增大,试验梁均因裂缝过宽而破坏。

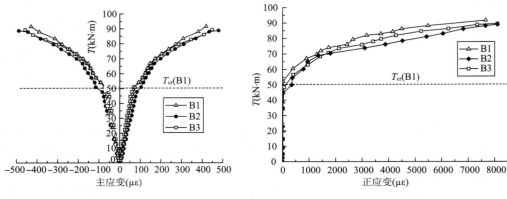

图 4-22 跨中截面顶板扭矩-主应变对比   图 4-23 跨中截面顶板钢筋扭矩-正应变对比

图 4-24 为 3 根试验梁跨中截面处扭矩-波形钢腹板主应变对比曲线。可以看出,3 根试验梁腹板扭矩-主应变曲线基本一致,试验梁在达到开裂扭矩 T_{cr} 前,钢腹板扭矩-主应变曲线呈线性关系,开裂之后两者呈非线性关系。

图 4-25 为 3 根试验梁下弦杆(钢管)扭矩-剪应变对比曲线。可以看出,在受扭初期阶段,各试验梁的扭矩-剪应变均呈线性发展。3 根试验梁下弦杆(钢管)扭矩-剪应变曲线基本一致,仅试验梁 B2 下弦杆(钢管)剪应变略大于试验梁 B1、B3,弦杆(钢管)均未屈服。

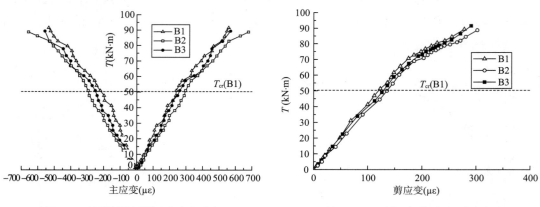

图 4-24 波形钢腹板扭矩-主应变对比   图 4-25 下弦杆(钢管)扭矩-剪应变

图 4-26 为试验梁下弦杆(钢管)平联扭矩-正(主)应变对比曲线。其中图 4-26a)为试验梁 B1、B2 桁式平联曲线,两试验梁各平联的扭矩-正应变曲线在顶板开裂前基本为直线关系,

且各平联的应变值几乎相同,平联未屈服。图 4-26b)为试验梁 B3 的扭矩-主应变曲线,同图 4-26a),在未达到开裂扭矩 $T_{cr}=48.5$kN·m 之前,钢平联底板的应变基本呈线性关系,钢底板未屈服。

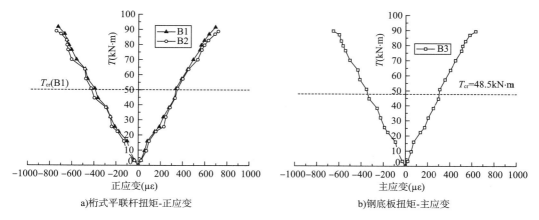

a)桁式平联杆扭矩-正应变　　b)钢底板扭矩-主应变

图 4-26　平联扭矩-正(主)应变

4.7　本章小结

(1)进行了多弦杆组合梁改良结构箱梁抗扭承载力缩尺模型试验,该试验梁下弦钢管填充混凝土且弦杆间为桁式平联连接。试验结果表明:混凝土顶板首先出现斜向裂缝,裂缝与混凝土主拉应变垂直,顶板裂缝呈斜向开展,裂缝方向与主梁纵轴线约成 45°;当顶板出现宽度较大的斜向裂缝且钢筋受拉屈服时,组合箱受扭破坏。

(2)对 3 根抗扭承载力试验梁的试验结果对比表明:3 根试验梁具有相同的扭转破坏现象;下弦杆(钢管)采用桁式平联连接形式形成的组合梁截面可等效为闭口箱形截面;下弦钢管填充混凝土对组合梁截面抗扭刚度和抗扭承载力有一定贡献。

第5章

CHAPTER 5

多弦杆组合梁改良结构箱梁复合弯扭试验

为研究波形钢腹板-钢管混凝土组合梁在复合弯扭作用下的受力性能,本章设计并制作了 5 根波形钢腹板-钢管混凝土组合梁试验模型,对比分析了 15kN·m、35kN·m、49kN·m、60kN·m 和 75kN·m 不同初始扭矩作用对波形钢腹板-钢管混凝土组合梁极限抗弯承载能力、应变分布规律、变形规律、破坏模式等受力性能的影响。

5.1 试验模型设计与制作

5.1.1 试验模型设计

5.1.1.1 整体布置

为满足试验加载设备条件,以马峦山公园 1 号桥左幅为原型,按 1:8 的缩尺比例进行弯扭试验梁的设计。缩尺后的弯扭试验梁如图 5-1 所示。试验梁总长为 5.3m,截面梁高 0.35m。混凝土面板宽 1.265m,为能合理排布顶板钢筋及便于支模,将混凝土面板的横截面设计为中间厚 0.07m、两边厚 0.05m 的矩形截面。

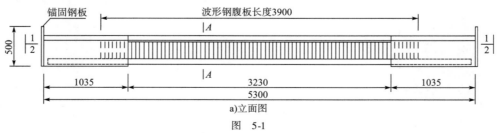

a)立面图

图 5-1

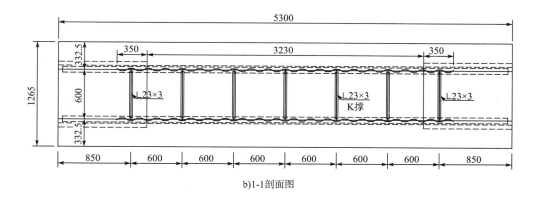

b) 1-1剖面图

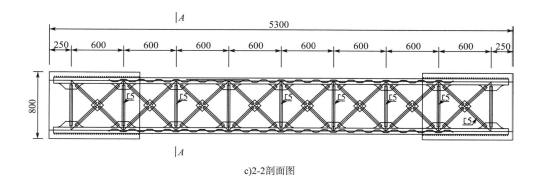

c) 2-2剖面图

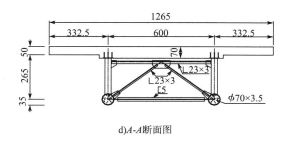

d) A-A断面图

图 5-1 弯扭试验梁一般构造(尺寸单位:mm)

下弦钢管采用管内填充 C30 混凝土的 $\phi 70 \times 4$mm 无缝钢管(径厚比为 17.5)。如图 5-1b)和图 5-1c)所示,两根下弦钢管通过横撑连接,横撑由[8 双槽钢组成的下平联和斜杆组成。第一道平联距端部横梁 25cm,平联的间距均为 0.6m,共计 9 道。箱内平联通过 X 撑连接,共计 8 对。K 撑的顶部平联及斜腹杆均由 $2 \times \llcorner 23 \times 3$ 双角钢及节点板焊接拼装而成,底平联由 $2 \times [5$ 双槽钢及节点板焊接拼装而成。

如图 5-2 所示,波形钢腹板的斜板与平板的夹角为 31°,板厚 2.5mm,板高 197.5mm,波形钢腹板的标准段长 216mm,波高 27.5mm,伸入端部混凝土的腹板为开孔钢板,波形钢腹板是在平钢板的基础上由专业的金属加工机器制成。

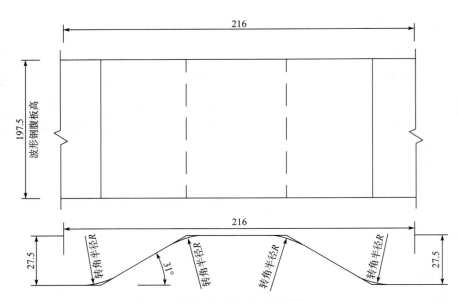

图 5-2　波形钢腹板标准段(尺寸单位:mm)

试验梁一端为固定端,另一端能绕纵梁中心轴自由转动。为避免两端部混凝土因为应力集中而出现破坏的现象,并为使扭矩能够有效传递到组合梁整个截面,在试验模型两端各设计一段长 1035mm 的实心段。在试验梁两端均焊接一块形心在同一水平线上的钢板(500mm × 500mm × 30mm),以满足试验装置对加载的要求。为使钢板与试验梁有效连接,在钢板与混凝土接触的一面焊接长度为 100mm、弯折成 L 形的带肋钢筋,间距 100mm,将其与端部混凝土浇筑为一体。

相关文献研究表明,1:8 缩尺后波形钢腹板-钢管混凝土组合梁开裂扭矩和极限扭矩分别为 $50.2kN·m$ 和 $91.6kN·m$。为了解扭矩对该种组合梁抗弯承载力的影响,共制作 5 根一样的模型构件,试验梁 B1、B2 取比开裂扭矩小的扭矩值 $15kN·m$ 和 $35kN·m$,试验梁 B3 取开裂扭矩 $50.2kN·m$,试验梁 B4、B5 取大于开裂扭矩的扭矩值 $60kN·m$ 和 $75kN·m$。试验梁参数详见表 5-1。

试验梁参数表　　　　　　　　　　　表 5-1

序号	试验梁编号	截面高度 h（mm）	截面宽度 b（mm）	下弦钢管 $d×t$(mm)	扭矩（kN·m）
1	B1	350	1265	70×4	15.0
2	B2	350	1265	70×4	35.0
3	B3	350	1265	70×4	50.2
4	B4	350	1265	70×4	60.0
5	B5	350	1265	70×4	75.0

5.1.1.2　钢筋布置

试验模型顶板及两实心端部的钢筋布置如图 5-3 所示。

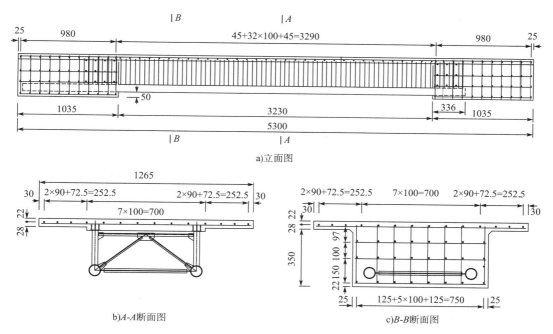

图 5-3 试验梁构造配筋(尺寸单位:mm)

5.1.1.3 焊钉布置

将位于模型梁两端部区域的波形钢腹板对称开孔,并将钢筋穿入其中以加强钢腹板与端部混凝土间的联系;位于两端部区域的下弦钢管密实布置焊钉,以增强其与端部混凝土的连接。

图 5-4 所示为模型梁中的焊钉在纵桥向上的分布;焊钉分为两排,间距均为 7.5cm。因市场上没有 φ3.5(直接缩尺的尺寸)的焊钉,故选购尺寸较为接近的 φ5 焊钉。

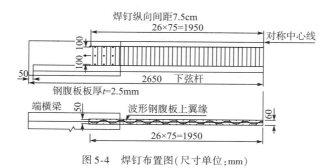

图 5-4 焊钉布置图(尺寸单位:mm)

5.1.1.4 材料特性

下弦钢管的钢材牌号为 Q235C,材料特性根据《金属材料 拉伸试验 第 1 部分:室温试验方法》(GB/T 228.1—2010)的规定测定,测得钢管屈服强度为 $f_y = 240$MPa,极限抗拉强度为 $f_u = 420$MPa,泊松比为 0.3,钢管的弹性模量为 $E_s = 2.05 \times 10^5$MPa,剪切模量为 $G_s = 7.88 \times 10^4$MPa。

波形钢腹板的屈服强度为 $f_y = 250\text{MPa}$,极限抗拉强度为 $f_u = 435\text{MPa}$,泊松比为 0.3,弹性模量为 $E_s = 2.04 \times 10^5 \text{MPa}$。

普通钢筋采用 R235,屈服强度为 $f_y = 245\text{MPa}$,极限抗拉强度为 $f_u = 300.6\text{MPa}$,泊松比为 0.3,弹性模量为 $E_s = 2.04 \times 10^5 \text{MPa}$,剪切模量为 $G_s = 3.30 \times 10^4 \text{MPa}$。

试验梁采用的混凝土为 C30 商品混凝土。按照《普通混凝土力学性能试验方法标准》(GB/T 50081—2002)要求,取同一批混凝土测定混凝土强度,测得混凝土立方体抗压强度标准值为 $f_{cu,k} = 30.1\text{MPa}$,混凝土轴心抗压强度标准值为 $f_{ck} = 20.5\text{MPa}$,抗拉强度标准值为 $f_{tk} = 2.03\text{MPa}$,泊松比为 0.2,混凝土弹性模量为 $E_c = 3.05 \times 10^4 \text{MPa}$,剪切模量为 $G_c = 1.27 \times 10^4 \text{MPa}$。

5.1.2 试验梁制作

共计完成 5 根试验梁,试验梁采用现场焊接和浇筑的方法。试验梁中的钢构件,如无缝钢管、槽钢、平钢板等材料,可从市场购买,然后在试验管预制场进行切割、焊接等加工。波形钢腹板由平钢板按照图纸的设计加工弯折而成,随后将无缝钢管和底部由槽钢组成的平联通过节点板焊接加工形成一体,然后将两片波形钢腹板与无缝钢管焊接成一体,接着将由槽钢和节点板拼成的 K 撑焊接在波形钢腹板的内部,紧接着将一块平钢板焊接在波形钢腹板的上边缘,加工过程中应注意确保波形钢腹板与各组成部件焊接良好,避免因存在连续焊缝的原因导致钢构件的初始应力偏小,最后在波形腹板上边缘的平钢板上焊接栓钉以形成全部的钢骨架。

将形成一体的钢结构吊起并倾斜一定角度(约 80°),完成管内混凝土浇筑,浇筑所用混凝土为 C30 商品混凝土。浇筑时应及时排出钢管内夹杂的气泡,以保证钢管内混凝土的密实性。最后浇筑试验梁的混凝土顶板及两个实心端与钢板间混凝土。表 5-2 为试验梁的具体制作流程,图 5-5 所示为试验梁各个组成部分在加工制作时的照片。

试验梁制作流程表　　　　表 5-2

主要内容	分项工作
准备工作	预制场场地清理
	钢结构部件定制
钢结构	下弦钢管与底平联焊接
	波形钢腹板与下弦钢管焊接
	K 撑与波形钢腹板焊接
	上翼缘板与波形钢腹板焊接
	焊接焊钉
管内混凝土	管内混凝土浇筑、振捣
支模板	顶模、端头模板制作
绑扎钢筋	顶板和端部钢筋绑扎
混凝土顶板	浇筑混凝土顶板及端部
成型	养护 28d 后拆除模板,试验梁制作完成

a) 波形钢腹板制作

b) 钢结构焊接成型

c) 浇筑下弦钢管混凝土

d) 搭设木模

e) 绑扎钢筋

f) 浇筑顶板和端部混凝土

图 5-5 试验梁制作过程

5.2 试验加载与测点布置

5.2.1 试验加载

5.2.1.1 加载装置

弯扭试验的加载装置由福州大学土木工程国家级实验教学示范中心设计的扭转试验机和MTS系统共同组成。加载装置示意如图5-6a)~图5-6d)所示,扭转试验机由固定装置、加载装置和反力测试装置三部分组成。将待试验的试验梁一端嵌入固定卡槽内,另一端嵌固在扇形板卡槽内。加载采用扇形扭臂加载形式,即利用拉压千斤顶张拉,经地锚滑轮布置在扇形板凹槽的钢丝,令扇形板转动来实现施加扭矩。采用开孔钢板将试验梁端部箍固到扭转试验机的加载端和固定端,并在两者间接触面涂抹二硫化钼润滑以减小摩擦。弯矩的施加由MTS液压伺服加载作动器及反力架共同作用完成,如图5-6a)所示。弯扭试验加载装置如图5-7所示。

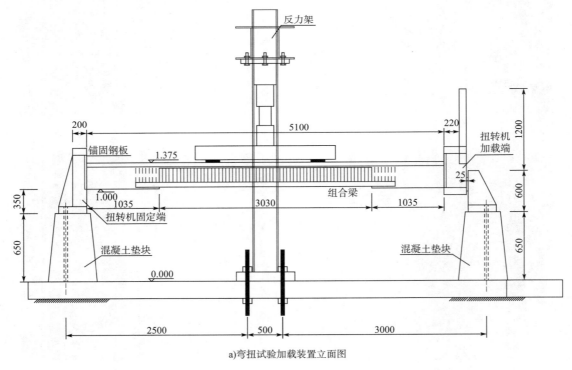

a)弯扭试验加载装置立面图

图 5-6

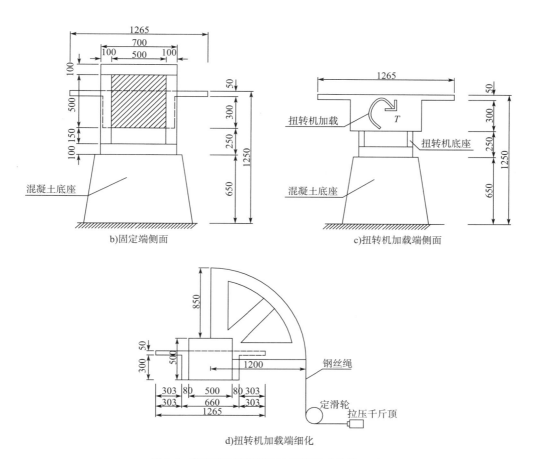

b) 固定端侧面

c) 扭转机加载端侧面

d) 扭转机加载端细化

图 5-6 弯扭试验加载装置尺寸图(尺寸单位:mm)

a) 扭转端

b) 反力测试装置

图 5-7

c) 固定端

d) MTS液压伺服加载作动器及反力架

e) 加载装置整体

图 5-7 弯扭试验加载装置

5.2.1.2 加载制度

5 根梁的加载方式基本一致，首先使用扭转机进行扭矩的分级施加，待扭矩施加到 5 个设定值以后再进行弯矩的施加。

如图 5-8 所示，扭矩加载前分配梁与作动器通过高强螺栓连接后上升 70~80mm，扭矩以 2.5kN·m 为增加量进行缓慢分级加载，在各级扭矩施加 3~5min 后且显示器中读数稳定时进行数据采集；接近破坏时，加载和应变采集均改为慢速连续进行。

扭矩加完后，分配梁与作动器缓慢降下直至一端贴紧混凝土顶板上的钢支座但不受力，弯矩加载过程中保持扭矩不变。弯矩的施加采用 100t 的 MTS 液压伺服加载作动器，作动器与设计的分配梁通过螺栓连接，钢支座中心间距

图 5-8 弯扭试验加载准备工作

1.5m 进而在试验梁中形成一段 1.5m 的试验段。为了确保试验的安全性和稳定性,弯矩加载过程也分级进行,MTS 液压伺服加载作动器以每级 2mm 的位移为增加量。梁处在弹性阶段时,在集中力 P 施加 2min 后且显示器读数稳定时采集数据;梁进入弹塑性阶段时,因为荷载无法稳定较长时间,故在显示器读数稳定后立即采样。

5.2.2 测点布置

5.2.2.1 应变测点

为研究试验梁在弯扭作用下的整体受力性能和内力(应力)分布规律,进行了试验梁的应变、转角和跨中挠度的测试。

首先,进行三个截面(跨中截面和相邻两截面)的应变测量(图 5-9a);每个测点处电阻应变片均采用应变花的形式,以测量下弦杆、混凝土顶板和波形钢腹板等部件的空间受力状态。主应变、主应变方向和主应力根据应变摩尔圆和胡克定律求得。应变片具体设置为:

(1)顶板:测点布置如图 5-9b)A-A 断面所示,在顶板顶布置 5 片应变花,顶板底布置 2 片应变花用于量测顶板混凝土应变。

(2)腹板:沿高度方向均匀布置 3 片应变花,如图 5-9a)和图 5-9b)断面所示,用以量测波形钢腹板剪应变和主应变。

(3)下弦杆:测点布置如图 5-9b)所示,下弦杆顶部、中部和底部设置应变花。

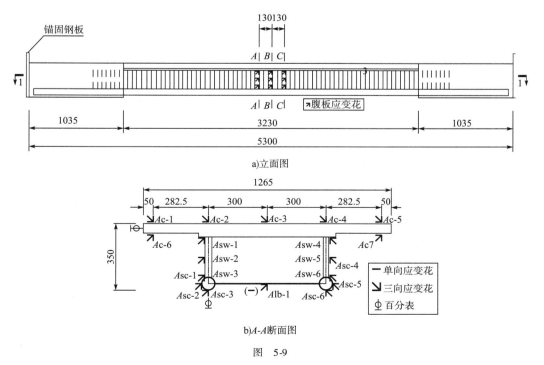

图 5-9

(4)平联杆(板):对于试验梁,采用桁式平联,测点布置如图5-9c)所示,每根布置1片应变片,以量测平联杆的轴向应变;对于下弦杆,采用钢板连接,在混凝土顶板中间相应位置的底板布置1片应变花,如图5-9b)A-A断面所示。

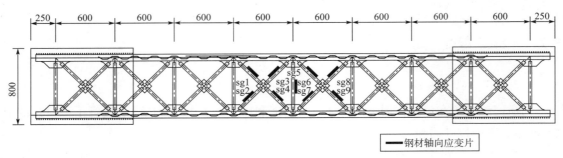

c)1-1剖面图

图5-9 截面测点布置(尺寸单位:mm)

波形钢腹板和下弦杆共布置36组三向应变花(108片);混凝土桥面板上共布置21组三向应变花,共63片。

除底平联(9片)应变片外,其余每个测点的编号均表示成 $n\text{-}m$ 的形式,n 代表所测试的断面,m 代表某个测试断面上的一个测点号,以 $A\text{-}A$ 截面为例,每一测试断面的测点号 m 如图5-9b)所示,顶板混凝土编号为 $Ac\text{-}m$;腹板编号为 $Asw\text{-}m$;下弦杆编号为 $Asc\text{-}m$。例如 $Ac\text{-}5$ 表示 $A\text{-}A$ 测试断面顶板混凝土第5个应变测点;$Asw\text{-}5$ 表示 $A\text{-}A$ 测试断面腹板第5个应变测点;$Asc\text{-}2$ 表示 $A\text{-}A$ 测试断面下弦杆第2个应变测点。

在试验梁进行试验前,首先在混凝土桥面板上表面用墨斗弹出 $10cm \times 10cm$ 网格,以方便观察试验过程中裂缝出现的位置及其发展趋势,波形钢腹板和底部钢管采用型号为 $B \times 120\text{-}3AA$ 的电阻应变片,混凝土用 $5mm \times 100mm$ 的纸基应变片。实际具体应变测点布设如图5-10所示。

a)波形钢腹板

b)下弦钢管

图 5-10

c)混凝土桥面板底面

d)混凝土桥面板顶面

图 5-10 应变测点布设

5.2.2.2 位移测点

扭转角是弯扭试验的重要指标,本弯扭试验采用图 5-11a)所示仪器进行弧度测量。在端部的圆钢管上有三道刻痕标记,其底部的三道刻痕上分别焊接有螺母,将钢丝线的一端绕扎固定在螺母上,钢丝线绕钢管一圈后将另一端与铅垂绕扎固结,并在三个铅垂的底部均安装百分表,加载时可通过采集系统直接读取铅垂位移的变化值并存入计算机,扭转角可由式(5-1)换算得到。

$$\Delta\theta = \frac{\Delta l}{r} \tag{5-1}$$

式中:$\Delta\theta$——扭转角(rad);

Δl——铅垂位移变化量;

r——圆钢管的半径。

另外,利用 6 个位移计测量试验梁跨中及跨中左右两侧 130mm 位置处的挠度,如图 5-11b)所示。

a)百分表

b)位移计

图 5-11 弯扭试验加载装置仪器现场图

试验数据可通过 RJ45 静态测试分析软件进行自动采集,采集的数据会直接以 Excel 的形式被存入计算机,还可通过笔记本电脑对整个试验过程中的模型梁的跨中挠度和扭矩-转角及模型梁各测点的应变等进行监测,采集数据 8000~9000 次。

5.3 试验结果与分析

在试验前,预先对 5 根波形钢腹板-钢管混凝土组合梁试加载,消除试验梁边界缝隙,并调试测试仪器与加载设备等。正式加载过程中,扭矩和弯矩的试验梁均采用分级加载方式。在进入弹塑性阶段之前,每级扭矩和弯矩均需 2min 持荷后进行数据采集;进入弹塑性阶段后,由于试验梁开裂、钢材屈服后,扭矩和弯矩通常无法长时间维持,因此,在位移计和应变读数稳定后立即进行采样;临近破坏时则放慢加载速率,并使用连续采样的方式对位移和应变值进行采集,试验在试验梁加载至破坏时停止。在加载过程中实时观测混凝土桥面板、下弦杆和波形钢腹板的开裂、屈服变形等试验现象,并做好相关记录。

5.3.1 破坏模式及特征

5.3.1.1 试验梁 B1(扭矩为 15kN·m)

实际加载值与计划加载值对比见图 5-12。开始加载时,按每级 1kN·m 的扭矩分级加载至 15kN·m 试验扭矩,在该纯扭过程中,试验梁 B1 混凝土桥面板表面尚未出现裂缝,下弦杆和波形钢腹板也未发现屈服变形,此外试验梁 B1 绕纵轴线方向的扭转变形也不明显。当扭矩达到试验扭矩后,保持该值不变,随后按每级 8kN 的集中力分级加载。当集中力达到 280kN 时,混凝土桥面板底面跨中位置开始出现横桥向裂缝,随着集中力的增加,混凝土桥面板底面裂缝数量不断增多,并向两侧支点扩展,见图 5-13。当集中力达到 496kN 时,混凝土桥面板底面裂缝宽度增长迅速,试验梁 B1 竖向变形较大,下弦杆出现明显屈服变形,承载能力下降,破坏模式呈现弯型破坏。

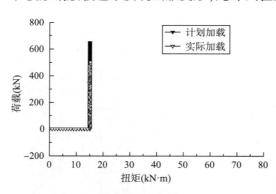

图 5-12 试验梁 B1 加载扭矩-荷载曲线

5.3.1.2 试验梁 B2(扭矩为 35kN·m)

实际加载值与计划加载值对比见图 5-14。开始加载时,按每级 1kN·m 的扭矩分级加载至 35kN·m 试验扭矩,在该纯扭过程中,与试验梁 B1 相比,试验梁 B2 虽然混凝土桥面板表面也尚未出现裂缝,下弦杆和波形钢腹板也未发现屈服变形,但是试验梁 B2 绕纵轴线方向的扭转变形有所增大。当扭矩达到试验扭矩后,保持该值不变,随后按每级 8kN 的集中力分级加载。当集中力达到 288kN 后,混凝土桥面板底面扩展规律与试验梁 B1 相类似,见图 5-15。当集中力达到 544kN 时,试验梁 B2 竖向变形较大,下弦杆出现明显屈服变形,承载能力下降,破坏模式呈现为弯型破坏。与试验梁 B1 相比,试验梁 B2 开裂弯矩和极限弯矩均有适当提高。

图 5-13　试验梁 B1 破坏时混凝土桥面板裂缝发展情况

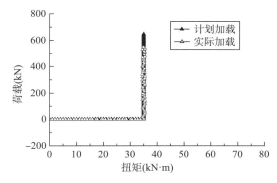

图 5-14　试验梁 B2 加载扭矩-荷载曲线

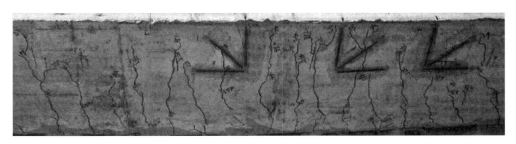

图 5-15　试验梁 B2 破坏时混凝土桥面板裂缝发展情况

5.3.1.3　试验梁 B3(扭矩为 49kN·m)

实际加载值与计划加载值对比见图 5-16。开始加载时,按每级 1kN·m 的扭矩分级加载至 50.2kN·m 试验扭矩,在该纯扭过程中,当扭矩增加至 49kN·m 时,试验梁 B3 混凝土桥面板顶面中部出现细微的斜向裂缝,裂缝与试验梁 B3 纵轴线方向约成 41°夹角,随着扭矩的增加,斜向裂纹朝两侧横桥向方向扩展,跨度也有所增加,见图 5-17a)。试验梁 B3 的开裂扭矩误差小于 3%,说明两者很接近,即波形钢腹板-钢管混凝土组合梁的开裂扭矩可取为 49kN·m。当扭矩达

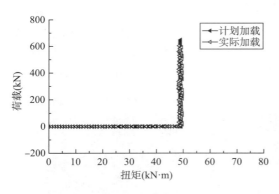

图 5-16 试验梁 B3 加载扭矩-荷载曲线

到试验扭矩后,保持该值不变,随后按每级 8kN 的集中力分级加载。当集中力达到 320kN 后,混凝土桥面板底面开始出现横向裂缝,在继续增加集中力过程中,裂缝除了具有与试验梁 B1、B2 相类似扩展规律外,裂缝在扩展过程中也出现了较多的分支裂缝,见图 5-17b)。当集中力达到 592kN 时,试验梁 B3 竖向变形较大,下弦杆出现明显屈服变形,承载能力开始下降,破坏模式呈现弯型破坏。与试验梁 B1、B2 相比,试验梁 B3 的开裂弯矩和极限弯矩均有进一步的提高。

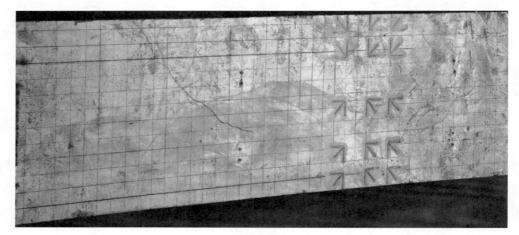

a)顶面

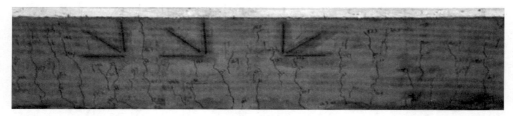

b)底面

图 5-17 试验梁 B3 破坏时混凝土桥面板裂缝发展情况

5.3.1.4 试验梁 B4(扭矩为 60kN·m)

实际加载值与计划加载值对比见图 5-18。开始加载时,按每级 1kN·m 的扭矩分级加载至 60kN·m 试验扭矩,在该纯扭过程中,当扭矩尚未到 49kN·m 时,混凝土桥面板的上表面未见有斜向裂缝,但随着扭矩的不断增加,斜向裂缝开始不断出现。当扭矩达到 60kN·m 时,与试验梁 B3 相比,试验梁 B4 的斜向裂缝数量、宽度和分布范围明显增多,整体绕纵轴线方向的扭转变形明显,但是此时的下弦杆和波形钢腹板也未发现屈服变形,斜向裂缝具体分布见

图5-19a)。当扭矩达到试验扭矩后,保持该值不变,随后按每级8kN的集中力分级加载。当集中力达到296kN后,混凝土桥面板底面开始出现横向裂缝,在继续增加集中力过程中,裂缝扩展规律与试验梁B3相类似,但是裂缝在扩展过程中分支扩展现象更加明显,见图5-19b)。当集中力达到560kN时,试验梁B4竖向变形较大,下弦杆出现明显屈服变形,承载能力开始下降,破坏模式呈现为弯型破坏。与试验梁B3相比,试验梁B4的开裂弯矩和极限弯矩均出现下降,说明当扭矩超过开裂扭矩后,扭矩不利于波形钢腹板-钢管混凝土组合梁弯矩的提高。

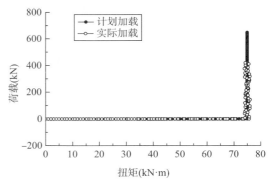

图5-18 试验梁B4加载扭矩-荷载曲线

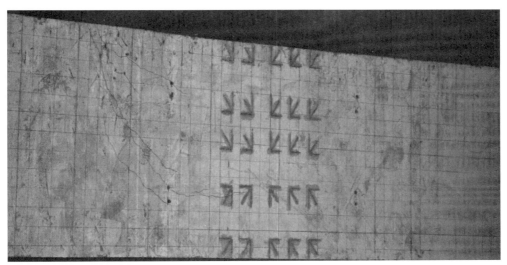

a)顶面

b)底面

图5-19 试验梁B4破坏时混凝土桥面板裂缝发展情况

5.3.1.5 试验梁B5(扭矩为75kN·m)

实际加载值与计划加载值对比见图5-20。开始加载时,按每级1kN·m的扭矩分级加载至75kN·m试验扭矩,在该纯扭过程中,当扭矩尚未到49kN·m时,混凝土桥面板的上表面未见有斜向裂缝,但随着扭矩的不断增加,斜向裂缝开始不断出现;当扭矩达到75kN·m时,试验梁B5混凝土桥面板的斜向裂缝数量、宽度较大,长度基本贯穿整个横断面,且分布范围也基本占混凝土桥面板顶面面积的95%以上,整体绕纵轴线方向的扭转变形非常明显,斜向裂缝具体分布见图5-21a)。当扭矩达到试验扭矩后,保持该值不变,随后按每级8kN的集中力分级加载。当集中力达到128kN后,与试验梁B4相比,混凝土桥面板底面不再出现横向裂缝,而是与纵轴线呈一定角度开裂,随着集中力的增加,斜向裂缝的扩展不仅出现分支扩展,且宽度和长度增长迅速,裂缝最终扩展范围占梁长度的86%左右,具体裂缝分布见图5-21b)。当集中力达到408kN时,试验梁B5竖向变形和绕纵轴线方向的扭转变形明显(图5-22)。下弦杆出现明显屈服变形,承载能力开始下降,破坏模式呈现

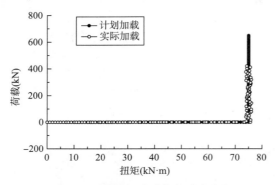

图5-20 试验梁B5加载扭矩-荷载曲线

为扭型破坏。与试验梁B4相比,试验梁B5的开裂弯矩和极限弯矩均进一步下降。

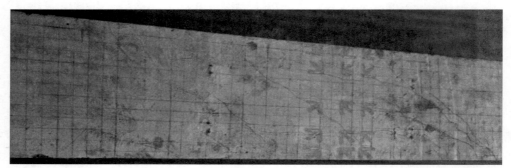

a)顶面

b)底面

图5-21 试验梁B5破坏时混凝土桥面板裂缝发展情况

综上可知,试验梁B1~B4的破坏模式为弯型破坏,而试验梁B5的破坏模式为扭型破坏,说明弯扭比不同会影响波形钢腹板-钢管混凝土组合梁的破坏模式。此外,上述5个试验梁的开裂弯矩和极限弯矩大小均为B3 > B4 > B2 > B1 > B5,由此说明,当扭矩不超过开裂扭矩时,

随着扭矩的增加,波形钢腹板-钢管混凝土组合梁开裂弯矩和极限弯矩不断提高;而当扭矩超过开裂扭矩后,波形钢腹板-钢管混凝土组合梁开裂弯矩和极限弯矩随着扭矩的增加而下降。

5.3.2 纯扭阶段受力性能

图 5-23、图 5-24 分别为试验梁 B1～B5 共 5 根波形钢腹板-钢管混凝土组合试验梁的扭矩-扭率曲线和扭矩-应变曲线。由图 5-23、图 5-24 可以看出,在波形钢腹板-钢管混凝土组合试验梁的纯扭阶段,在扭矩荷载作用下扭矩-扭率曲线和扭矩-应变曲线同试验过程均可以划分为弹性、弹塑性和塑性 3 个阶段。

图 5-22　试验梁 B5 实际变形

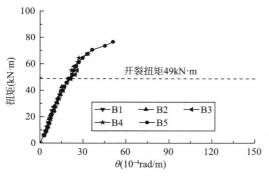

图 5-23　试验梁扭矩-转角曲线

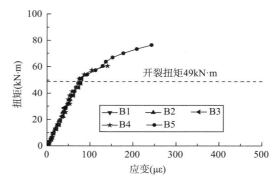

图 5-24　试验梁扭矩-应变曲线

(1)弹性阶段:如图 5-23、图 5-24 所示,对于 5 根波形钢腹板-钢管混凝土组合试验梁而言,在扭矩不大于 49kN·m 时,扭率和混凝土桥面板应变基本随扭矩的增大呈线性增长,且 5 根试验梁在弹性阶段的扭矩-扭率曲线和扭矩-应变曲线基本重合,说明 5 根试验梁的加工质量、加工误差很小,可以进行试验结果对比,能够真实反映试验目的。

(2)弹塑性阶段:当扭矩超过 49kN·m 后,波形钢腹板-钢管混凝土组合试验梁在扭矩作用下,混凝土桥面板产生斜向裂缝。随着扭矩的增大,扭率和混凝土桥面板应变随扭矩的增大呈非线性增长,但是该阶段波形钢腹板-钢管混凝土组合试验梁扭转刚度尚未出现急剧下降。相比而言,波形钢腹板-钢管混凝土组合试验梁在纯扭过程中的弹塑性阶段相对较短。

(3)塑性阶段:随着弹塑性阶段的扭矩进一步增加,混凝土桥面板上表面的斜向裂缝数量、宽度及长度急剧增加,组合试验梁的整体绕纵轴线方向的扭转变形也随之迅速增长,此阶段波形钢腹板-钢管混凝土组合试验梁扭转刚度下降明显。

由于试验梁 B1、B2 在纯扭阶段混凝土桥面板尚未发生开裂,因而图 5-25 仅给出了试验梁 B3、B4 和 B5 跨中截面混凝土桥面板顶面最大主应变方向倾角-扭矩曲线。从图 5-25 可以看

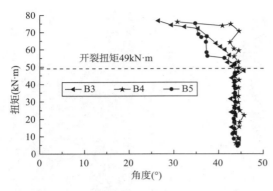

图5-25 试验梁跨中截面顶板扭矩-主应变方向

出,3个试验梁在小于开裂扭矩前,主应变方向倾角约为43°。

5.3.3 复合弯扭阶段受力性能

5.3.3.1 荷载-挠度关系

对5根波形钢腹板-钢管混凝土组合试验梁的复合弯扭试验的全过程进行观测(主要观测钢管底缘的应变及试验梁的跨中挠度),整个复合弯扭试验过程控制良好。

图5-26、图5-27为不同扭矩荷载工况下,波形钢腹板-钢管混凝土组合梁跨中荷载-挠度曲线和跨中位置下弦杆荷载-应变曲线,试验梁最终破坏以整体挠度超过计算跨径的1/50,即挠度达到64.6mm。由图5-26和图5-27可以看出,在复合弯扭阶段,波形钢腹板-钢管混凝土组合梁表现出良好的承载能力和延性,且虽然5根波形钢腹板-钢管混凝土组合梁具有相同材料、几何尺寸,但是由于承受了不同大小的扭矩,使得开裂荷载和极限荷载也不同,5根波形钢腹板-钢管混凝土组合梁的开裂荷载和极限荷载分别见图5-28、图5-29。由图5-28、图5-29可以看出,开裂荷载和极限荷载均不随扭矩增减呈线性变化,而表现为:当扭矩不超过开裂扭矩时,开裂荷载和极限荷载随扭矩的增大而增大,此时扭矩的作用能够提升波形钢腹板-钢管混凝土组合梁的抗弯承载能力;当扭矩超过开裂扭矩时,开裂荷载和极限荷载随扭矩的增大而减小,此时扭矩的作用会削弱钢腹板-钢管混凝土组合梁的抗弯承载能力,且扭矩越大抗弯承载能力下降越快。

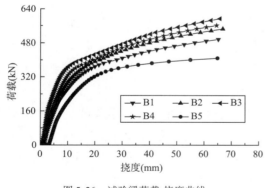

图5-26 试验梁荷载-挠度曲线

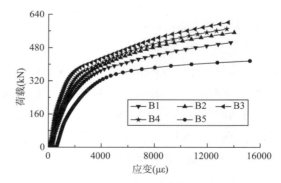

图5-27 试验梁荷载-应变曲线

5.3.3.2 截面纵向应变

图5-30为波形钢腹板-钢管混凝土组合试验梁跨中截面混凝土桥面板、波形钢腹板及下弦杆的测点应变在分级荷载下沿着组合梁梁高方向分布的纵向应变图,其中虚线为不考虑波形钢腹板测点纵向应变分布。

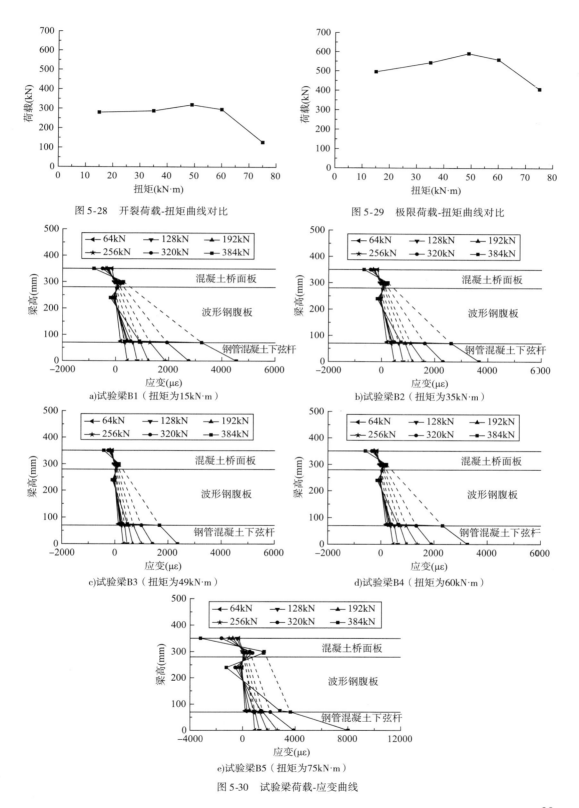

图 5-28　开裂荷载-扭矩曲线对比

图 5-29　极限荷载-扭矩曲线对比

a) 试验梁B1（扭矩为15kN·m）

b) 试验梁B2（扭矩为35kN·m）

c) 试验梁B3（扭矩为49kN·m）

d) 试验梁B4（扭矩为60kN·m）

e) 试验梁B5（扭矩为75kN·m）

图 5-30　试验梁荷载-应变曲线

从图 5-30 可以看出,波形钢腹板纵向应力很小,说明波形钢腹板以传递剪力为主,并不影响"拟平截面假定"。且当扭矩荷载不超过 60kN·m 时,在复合弯扭荷载作用时,波形钢腹板-钢管混凝土组合试验梁基本满足"拟平截面假定";但当扭矩荷载超过 60kN·m 后,由于混凝土桥面板出现了较多的斜向裂缝,因而在复合弯扭荷载作用时,波形钢腹板-钢管混凝土组合试验梁不满足"拟平截面假定",这也是扭矩荷载超过 60kN·m 后,波形钢腹板-钢管混凝土组合试验梁抗弯承载能力快速下降的重要原因之一。

5.4 本章小结

本章进行了波形钢腹板-钢管混凝土组合梁弯扭试验研究,内容主要包括波形钢腹板-钢管混凝土组合梁缩尺试验模型设计、制作,挠度与应变测点的布置、加载方式的设计、5 根模型梁加载,并进行了 5 根梁的试验结果对比与分析。主要得到以下结论:

(1)当初始扭矩分别为 15kN·m、35kN·m、49kN·m、60kN·m 和 75kN·m 时,试验模型的开裂荷载分别为 280kN、288kN、320kN、296kN 和 128kN,极限荷载分别为 496kN、544kN、592kN、560kN 和 408kN。由此说明,当扭矩不超过开裂扭矩 49kN·m 时,随着扭矩的增加,波形钢腹板-钢管混凝土组合梁开裂荷载和极限荷载不断提高;而当扭矩超过开裂扭矩后,波形钢腹板-钢管混凝土组合梁开裂荷载和极限荷载随着扭矩的增加而下降。

(2)扭矩为 15~60kN·m 时,试验模型的破坏模式为弯型破坏,扭矩为 75kN·m 时,试验模型的破坏模式为扭型破坏,说明不同初始扭矩会影响波形钢腹板-钢管混凝土组合梁的破坏模式。

(3)在波形钢腹板-钢管混凝土组合试验梁的纯扭阶段,在扭矩荷载作用下,扭矩-扭率曲线和扭矩-应变曲线同试验过程均可以划分为弹性、弹塑性和塑性三个阶段。

(4)在复合弯扭荷载作用下,当扭矩荷载不超过 60kN·m 时波形钢腹板-钢管混凝土组合试验梁基本满足"拟平截面假定";但当扭矩荷载超过 60kN·m 后,由于混凝土桥面板出现了较多的斜向裂缝,波形钢腹板-钢管混凝土组合试验梁不满足"拟平截面假定",这也是扭矩荷载超过 60kN·m 后,波形钢腹板-钢管混凝土组合试验梁抗弯承载能力快速下降的重要原因之一。

多弦杆组合梁改良结构箱梁疲劳性能试验

根据深圳马峦山 1 号桥的设计图纸以及相关规范,进行了波形钢腹板-桁式弦杆组合梁缩尺试验梁的设计、制作及疲劳荷载试验,并对波形钢腹板-桁式弦杆组合梁疲劳试验结果进行了分析,明确了波形钢腹板-桁式弦杆组合梁的疲劳性能。

6.1 试验模型设计与制作

6.1.1 试验模型设计

以左幅简支跨组合梁为工程背景,考虑试验目的及现场试验操作的可行性,根据模型试验的几何相似理论进行试验梁设计。试验梁设计主要思路如下:

(1)由于试验室场地受限,足尺模型试验梁无法实施;

(2)基于试验室设备的限值要求,试验梁按 1∶5 的比例进行缩尺;

(3)本章研究对象为波形钢腹板与下弦杆(钢管)连接焊缝处的疲劳性能,即本章只做单肢弦杆(钢管)-试验梁就能满足疲劳试验要求,但考虑试验梁加载过程中挠度过大,不能满足 MTS 液压伺服加载作动器的限值要求,故最终试验梁只能改为双肢弦杆(钢管)-试验梁。

将实桥左幅按 1∶5 的比例进行缩尺,试验梁尺寸与所用材料与多弦杆组合简支梁相同,具体可见 2.1 节内容。

为了研究下弦钢管内填充混凝土与否对波形钢腹板-桁式弦杆组合梁疲劳性能的影响,共制作了两根试验梁,分别为空钢管-试验梁和钢管混凝土-试验梁。两根试验梁几何参数均相同(表 6-1),唯一的区别在于试验梁中下弦钢管是否填充混凝土。下文中将下弦钢管未灌注混凝土的波形钢腹板-桁式弦杆组合试验梁简称空钢管-试验梁,将下弦钢管灌注混凝土的波形钢腹板-桁式弦杆组合试验梁简称钢管混凝土-试验梁。

表 6-1 试验梁尺寸表

试验梁类型	弦管类型	梁长 L (mm)	梁高 h (mm)	梁宽 b (mm)	钢管 $d \times t$ (mm)
空钢管-试验梁	不填充混凝土	8984	560	2080	146×6
钢管混凝土-试验梁	填充混凝土	8984	560	2080	146×6

6.1.2 试验模型制作

本试验共计完成两根试验梁,试验梁采用现场焊接和浇筑,制作流程见图 6-1,试验梁的制作过程详见图 6-2。

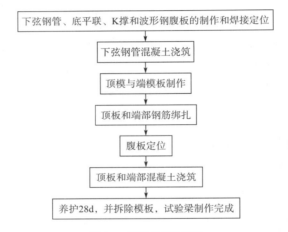

图 6-1 试验梁制作流程

a)下弦钢管连接平联的制作

b)波形钢腹板与下弦钢管连接

图 6-2

c) K撑的制作与连接

d) 栓钉连接件的制作

e) 下弦钢管混凝土浇筑

f) 制作混凝土顶板模板

g) 绑扎顶板钢筋

h) 顶板混凝土浇筑

图 6-2 试验梁制作过程

6.1.3 材料特性

根据《公路钢筋混凝土及预应力混凝土桥涵设计规范》(JTG D62—2004)规定,试验梁的顶板混凝土以及下弦钢管内混凝土均采用强度等级为 C50 的普通混凝土,其中下弦钢管内混凝土由于考虑混凝土流动性而采用同等强度细石混凝土,保证强度变化对结构影响不大。依据《普通混凝土力学性能试验方法标准》(GB/T 50081—2002)的要求,为了测得试验中顶板混凝土的立方体抗压强度和弹性模量,在顶板混凝土浇筑时采用同批次的混凝土制作 3 个标准立方体试块和 3 个棱柱体标准试块,并于试验梁相同环境中养护 28d 后进行材性试验。试验得到顶板混凝土平均立方体抗压强度为 $f_{cu}=53$ MPa,平均弹性模量为 $E=3.98\times10^4$ MPa。

试验梁中所涉及的钢结构包括钢管、波形钢腹板和横向联系所采用的型钢均为 Q235 钢材,参照《金属材料 拉伸试验 第 1 部分:室温试验方法》(GB/T 228.1—2010)中的规定,取与试验相同相应钢材制作 3 个标准拉伸试件,进行钢材拉伸试验,实际测得钢管的平均屈服强度为 342MPa,平均极限抗拉强度为 486MPa,平均弹性模量为 2.02×10^5 MPa;波形钢腹板的平均屈服强度为 319MPa,平均极限抗拉强度为 419MPa,平均弹性模量为 1.99×10^5 MPa。

6.2 试验加载方案

6.2.1 疲劳荷载的确定

6.2.1.1 实桥(左幅简支跨组合梁桥)整体计算

采用桥梁专用软件 midas Civil 进行全桥整体分析计算。根据结构的受力特点,支点截面采用混凝土实心梁结构进行模拟,其他截面离散为混凝土顶板、钢翼缘板、波形钢腹板、下弦钢管混凝土、钢管横向联系等结构截面,其中下弦钢管混凝土采用共用节点双单元法进行模拟,可细分为下弦钢管与下弦钢管内混凝土两种单元,这些结构构件均采用梁单元进行模拟;采用弹性连接中的刚性连接来模拟波形钢腹板与混凝土顶板、下弦钢管之间、钢管横向联系与下弦钢管之间的连接;采用弹性连接的一般连接模拟支座。杆系有限元模型共 1666 个单元、1101 个节点,见图 6-3、图 6-4。

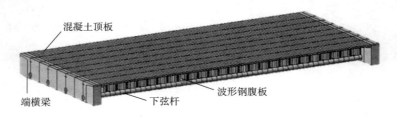

图 6-3 实桥有限元模型

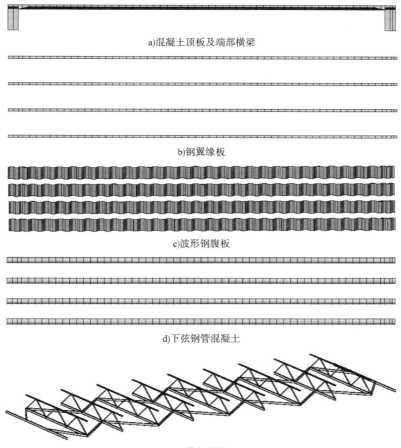

图 6-4 实桥各部件示意图

6.2.1.2 杆系模型计算结果与试验值的对比分析

基于对实桥左幅(简支跨组合梁)进行抗弯性能的试验研究,故将杆系有限元模型计算结果与实桥左幅(简支跨组合梁)抗弯性能试验所得到的结果进行对比分析,并示于表 6-2。由表 6-2 可得,在恒载 + 活载组合作用下,两者应力(跨中处)最大偏差率均小于 8%,这表明杆系有限元模型能正确模拟结构的整体受力性能。

实体有限元模型和杆系有限元模型计算结果   表 6-2

项目(跨中处)		杆系模型	试验值(简支梁)	误差
下弦钢管正应力(MPa)	上缘	127.5	118.6	8%
	下缘	173.2	164.5	5%
波形钢腹板剪应力(MPa)		25.87	27.76	7%
混凝土顶板应力(MPa)		-6.86	-5.92	8%

6.2.1.3 疲劳荷载计算

根据《公路钢结构桥梁设计规范》(JTG D64—2015)第5.5.2条规定,疲劳荷载计算模型Ⅰ采用等效的车道荷载进行计算,见图6-5。其中P_k和q_k按公路—Ⅰ级车道荷载标准取值,相关系数按《公路桥涵设计通用规范》(JTG D60—2015)的相关规定选用。

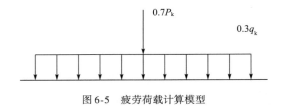

图6-5 疲劳荷载计算模型

通过全桥空间杆系有限元模型计算,活载作用下腹板与下弦杆连接焊缝处的最大应力幅值位于跨中处,达33.59MPa。对于选出的疲劳试验对象为腹板与下弦杆连接焊缝处的最大应力幅,按损伤等效原则,并考虑多车道效应及缩尺比例,确定试验疲劳荷载。

$$\Delta\sigma_{E2} = (1+\Delta\phi)\cdot\gamma\cdot(\sigma_{pmax}-\sigma_{pmin}) \tag{6-1}$$

式中:$\Delta\sigma_{E2}$——200万次等效应力幅值;

γ——损伤等效系数,按《公路钢结构桥梁设计规范》(JTG D64—2015)进行取值计算。

根据等效原理以及整个设计基准期内的荷载及循环次数,按式(6-1),可计算得到腹板与下弦杆连接焊缝处200万次等效应力幅值为67.18MPa,基于试验梁的尺寸以及疲劳加载方案,可得对应200万次等效荷载幅值为300kN。

6.2.2 试验加载系统

采用500kN MTS液压伺服加载作动器,加载频率最高为5Hz,作动器长度达2780mm。其中MTS 500kN伺服加载系统的试验性能为:最大拉力500kN,最大压力500kN;由于加载越大,MTS伺服加载系统能提供的出力频率越小,或者加载频率越高,MTS伺服加载系统能提供的出力越小,因此本试验采用2.5Hz。

本试验采用MTS伺服加载系统对试验梁施加竖向荷载进行疲劳加载。此加载方式能够使试验模型各部件的受力状态接近实际桥梁中的受力状态,且加载较为容易,如图6-6~图6-10所示。MTS伺服加载系统作用位置位于试验梁的跨中位置。

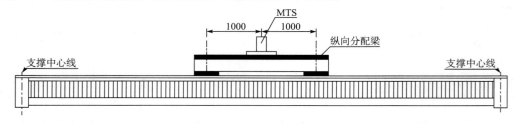

图6-6 加载立面图(尺寸单位:mm)

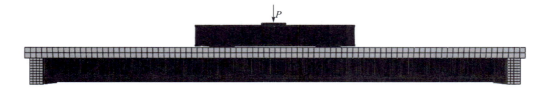

图 6-7 加载立面三维图

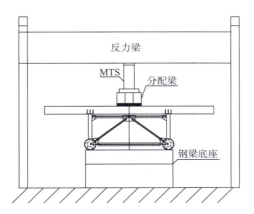

图 6-8 加载断面图

图 6-9 实际加载照片(1)

图 6-10 实际加载照片(2)

6.2.3 静力加载方案

为了确保试验梁在加载过程中处于整体受力状态,当加载系统安装完毕后,要进行一个预加载试验,荷载值 $P_{预}$ 为 50kN,之后再进行静力加载,静力试验分 7 级加载,荷载为 0→50kN→

100kN→150kN→200kN→250kN→300kN→350kN,然后按原级卸载,加载后稳定5min后读数,观察并记录在每个荷载步作用下主要测点的应变值和挠度值。

6.2.4 疲劳加载方案

由6.2.1可知,试验梁的疲劳荷载幅值为300kN;考虑疲劳试验过程中试验梁整个结构要处于弹性阶段,故设定疲劳下限值为50kN,疲劳上限值为350kN;为了保证试验能够安全顺利进行,加载频率应不超过3Hz,故在试验中疲劳荷载采用常幅正弦波荷载,加载频率采用2.5Hz,疲劳荷载下限值为50kN,上限值为350kN,疲劳荷载幅300kN;试验加载的循环次数为加至模型疲劳破坏或循环200万次。

(1)疲劳试验开始前,应通过相关检测手段对试验模型梁中各个部件或连接处焊缝进行无损检测,确保加工质量及焊接质量满足设计要求。

(2)疲劳试验前和试验过程中(每隔40万次,停机一次)都要进行静载试验,分析静载所得关键测点的应力是否发生变化,并对研究关键部位区域进行无损检测,当出现疲劳裂纹后,检测的频率要加大。

(3)试验梁在疲劳加载过程中,由于结构损伤,其本构关系会发生一定的变化,故每隔40万次就要进行一次静力测试。具体静力加载方案见6.2.3小节。

6.3 试验测点布置

6.3.1 变形测点布置

结构位移是反映整体结构性能的重要参数之一。试验梁在疲劳荷载作用下的挠度变形由沿试验梁纵向加载点及跨中布置的位移计测得,具体在试验梁左右两根钢管底缘的 $L/4$ 截面、$L/2$ 截面及 $3L/4$ 截面处布设挠度位移计,共6个位移计,编号分别为W1~W6,如图6-11所示。

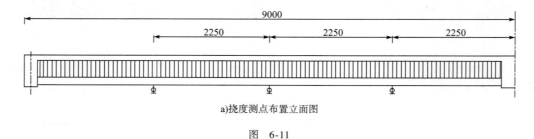

a)挠度测点布置立面图

图 6-11

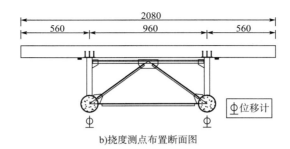

b)挠度测点布置断面图

图 6-11 挠度测点布置图(尺寸单位:mm)

6.3.2 应变测点布置

由于本书所研究的结构中波形钢腹板与下弦杆(钢管)是采用空间几何形状不规则的焊缝进行连接的,且焊缝形状和焊缝初始缺陷均会对热点应力产生影响,因此直接将焊缝焊趾处测得的应力作为本书所研究对象的热点应力是不合理的。目前,多数学者较为支持的热点应力主要有两种,分别是 Van Wingerde 推荐将垂直于焊缝的外推结构应力作为热点应力,而 Den 则建议将考虑节点几何参数影响,并沿着焊缝的最大主应力作为热点应力。参考对比管节点与普通波形钢腹板工字梁疲劳破坏的研究成果可知,两者裂纹开展均以张开型 I 裂纹占主导,即裂纹张开方向与焊缝长度方向垂直,这一试验现象表明前者所定义的热点应力更符合结构的受力状态。除此之外,Van Wingerde 对热点应力的定义也为国际焊接学会(IIW)、国际管结构发展与研究委员会(CIDECT)等所采用。为此,本书所研究的腹板与下弦杆(钢管)连接焊缝处疲劳试验采用前者定义的热点应力。

图 6-12 给出了 CIDECT 对热点应力插值区间的要求。其中 $L_{r,min} \sim L_{r,max}$ 范围内为插值区间。为了在插值区间进行插值,在满足 CIDECT 规定的插值区间的前提下,结合应变片供应商的工艺水平,定制了梯度应变片(图 6-13)。梯度应变片为基底尺寸为 4mm×8mm、间距为 2mm 的单向梯度应变片,图 6-13 所示的箭头方向为梯度应变片所测的应变梯度方向。

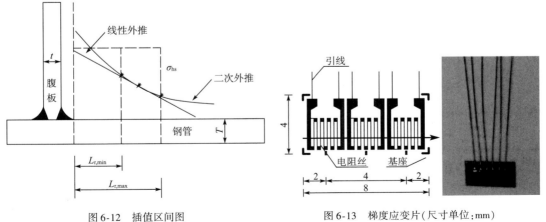

图 6-12 插值区间图　　　　　图 6-13 梯度应变片(尺寸单位:mm)

为测得试验梁施加反复荷载时,波形钢腹板和下弦杆(钢管)连接焊缝处热点应力沿纵向的变化规律,进而研究不同热点应力对连接焊缝处疲劳性能的影响,本试验拟在以下截面处布设应变测点(图6-14a);根据波形钢腹板和下弦杆(钢管)的受力特点,在跨中以及加载点附近区域内波形钢腹板与下弦杆(钢管)连接焊缝处[靠近腹板过渡段及倾斜段中部位置对应的下弦杆(钢管)顶缘]均布置梯度应变片。试验梁共有9个应变测试截面,波形钢腹板和下弦杆(钢管)均布置应变花和梯度应变片。试验梁中每个测点编号均表示成 $Xn\text{-}m$ 的形式,X 代表测试断面,n 代表测试部件,m 代表某一测试断面上的测点号,以 $Z\text{-}Z$ 截面为例,每一测试断面的测点号 m 如图6-14c)所示,腹板编号为 $Zf\text{-}m$;下弦杆(钢管)编号为 $Zgt\text{-}m$ 和 $Zgh\text{-}m$。例如,$Zf\text{-}1$ 表示 $Z\text{-}Z$ 测试断面腹板第1个应变测点;$Zgt\text{-}1$ 表示 $Z\text{-}Z$ 测试断面下弦杆(钢管)第1个梯度应变测点,$Zgh\text{-}1$ 表示 $Z\text{-}Z$ 测试断面下弦杆(钢管)第1个应变花测点。横桥向位置一致的其他截面测点号 m 均与 $Z\text{-}Z$ 截面的相同。

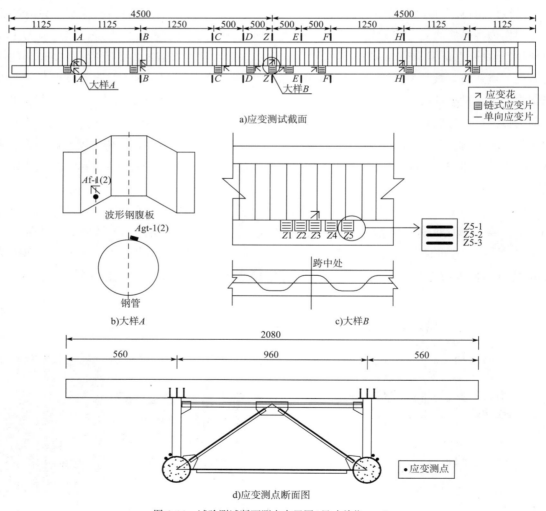

图6-14 试验测试断面测点布置图(尺寸单位:mm)

由图 6-14、图 6-15 所示,应变片具体布置为:

(1)波形钢腹板:如图 6-14b)所示,在腹板下缘处(倾斜段和直线段)布置 14 组应变花,共 42 片。

(2)下弦杆(钢管):如图 6-14c)所示,在下弦杆(钢管)顶缘布置 40 组梯度应变片,共 120 片,在跨中区域和剪跨区域的下弦杆(钢管)顶缘布置 16 组应变花,共 48 片。

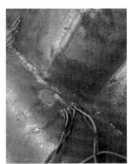

a)整体布置照片　　　　　　　　b)局部布置照片

图 6-15　试验梁测点布置图

6.4　试验梁焊缝初始缺陷测试

钢构件的疲劳破坏可分为三个阶段,即裂纹的萌生、扩展和断裂。疲劳的裂纹起源往往产生于焊缝的初始缺陷,故波形钢腹板-钢管混凝土桁式弦杆组合梁中波形钢腹板与下弦杆(钢管)的连接处焊缝中可能存在肉眼无法看到的初始缺陷,如有咬边、夹渣、未焊透以及微裂纹等。为了排除初始缺陷对疲劳试验结果产生的影响,在试验开始前,需对波形钢腹板与下弦杆(钢管)的连接处焊缝进行初始缺陷检测。本试验采用先进钢结构无损检测设备——相控阵扫描成像检测系统中的 TKY 焊缝检测模块,对波形钢腹板与下弦杆(钢管)的连接处焊缝进行无损检测,如图 6-16 所示。由于波形钢腹板与下弦杆(钢管)的连接处焊缝成空间曲线,曲率及方向不断发生变化,且初始缺陷通常是非常微小,在焊缝检测中容易漏检,故相控阵扫描成像检测探头选用 5MHz-0.5×8 阵元搭配 36 楔块形成的 8 晶片线型阵列。

a)TKY焊缝检测模块　　　　　　　　b)相控阵探头

图 6-16　相控阵扫描成像检测系统

为了能够准确地对试验梁中初始缺陷进行定量和定性分析,在检测前需要对相控阵扫描成像检测系统进行测试,确保检测设备处于正常状态。根据《无损检测 超声检测 相控阵超声检测方法》(GB/T 32563—2016),相控阵扫描成像检测系统的测试需采用校准试块和模拟试块,且模拟试块需满足以下两个条件:

①缺陷类型和位置需具有代表性,其中位置应包括焊缝内部、内表面和外表面;

②模拟试块的材质、几何尺寸及焊接工艺等必须与实际检测的工件保持一致或者相近。

此外,校准试块采用《无损检测 超声检测 相控阵超声检测方法》(GB/T 32563—2016)规定的CSK-ⅠA试块,而根据节点试验模型几何尺寸和力学行为,模拟试块缺陷统计见表6-3,缺陷扫查、分布示于图6-17、图6-18。

模拟试块缺陷统计　　　　　　　　表6-3

序号	从0点沿焊缝点方向距离(mm) (波形钢腹板的波长)	指示长度(mm)	缺陷类型
①	25	10	坡口未熔合
②	80	8	焊趾裂纹
③	110	8	坡口未熔合
④	160	8	坡口未熔合
⑤	200	8	焊趾裂纹
⑥	295	10	焊趾裂纹

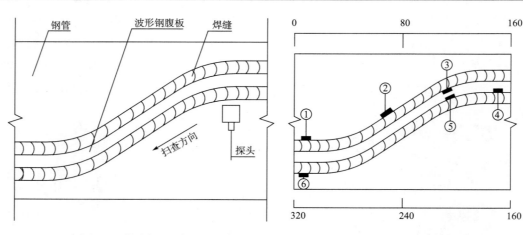

图6-17　缺陷扫查示意图　　　　图6-18　模拟试块缺陷分布(单位:mm)

通过对波形钢腹板与下弦杆(钢管)的连接焊缝处各位置进行无损检测,检测结果如图6-19所示。由图6-19可知,两试验梁各部位均不存在模拟试块中典型缺陷或其他缺陷。

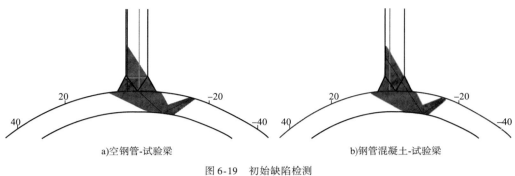

a) 空钢管-试验梁　　　　　　　　　　b) 钢管混凝土-试验梁

图 6-19　初始缺陷检测

6.5　静力试验结果分析

6.5.1　应变测试结果分析

6.5.1.1　应力集中系数

对于焊接接头的节点疲劳性能,常用热点应力集中系数来表征。所研究试验梁中腹板与下弦杆(钢管)连接焊缝处的热点应力集中系数为 $K_\mathrm{t}=\sigma_\mathrm{hot}/\sigma_\mathrm{n}$,其中,$\sigma_\mathrm{hot}$ 为通过梯度应变片实测值外推得到的下弦杆(钢管)顶缘焊趾处的应力最大值;σ_n 为相同加载条件下名义应力值,可通过材料力学计算得到。图 6-20 表示获得腹板与下弦杆(钢管)连接焊趾处热点应力集中系数的步骤。

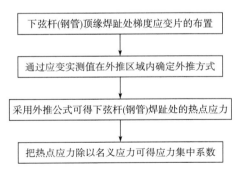

图 6-20　获得应力集中系数的步骤

(1) 空钢管-试验梁。

在疲劳加载前,对空钢管-试验梁进行应变测试。空钢管-试验梁底缘两根钢管,分别标记为左侧和右侧,波形钢腹板与钢管中应变测点编号见 6.3.2 小节。图 6-21 表示初始静载时下弦钢管上缘焊缝附近沿纵桥向的应变分布情况。从图 6-21 可知,在初始静载作用下,波形钢腹板与下弦钢管连接焊缝处的最大应变出现在跨中 Z3 测点,而 Z3 测点位于空钢管-试验梁中波形钢腹板斜直线和圆曲线的交点处下弦钢管上缘附近。此外,空钢管-试验梁左右两侧的应变基本相等,最大误差率为 7.11%,即空钢管-试验梁受力左右两侧对称,结构合理,能真实反映连接焊缝处的疲劳破坏状态。为了方便比较,下文取应变值略大的右侧下弦钢管测点进行分析。

图 6-22、图 6-23 分别为空钢管-试验梁在初始静载作用下跨中测点 $Z3$ 和加载处测点 D 的应变-荷载曲线,图 6-24 给出了 Z-Z 测试断面对应波形钢腹板上测点 Zf 的应变-荷载曲线,以上测点位置均如 6.3.2 小节所示。图 6-22、图 6-23 表明,在疲劳试验开始前,测点的应变随荷载增加呈线性递增,这表明腹板与下弦钢管连接焊缝处在疲劳试验前处于弹性阶段,满足疲劳试验的前提条件。此外,由图 6-24 可知,空钢管-试验梁中波形钢腹板正应变和环向应变方向上的力很小,基本只承受剪力。因此,空钢管-试验梁底缘的正应变基本由钢管来承受的,波形钢腹板组合梁中几乎可忽略波形钢腹板的弯曲刚度与轴向刚度对结构的影响,对于波形钢腹板-桁式弦杆组合梁结构,可认为其波形钢腹板-管节点疲劳强度主要由下弦钢管顶缘上的应力集中程度决定。为此,波形钢腹板与下弦钢管连接焊缝处钢管上缘附近区域与本节所要关注的研究测点相对应。

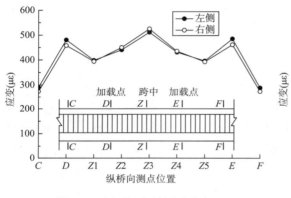

图 6-21 空钢管-试验梁应变分布　　　图 6-22 下弦钢管顶缘 $Z3$ 测点应变-荷载曲线

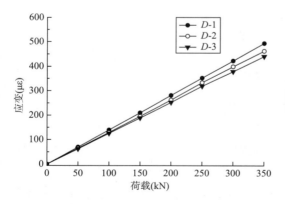
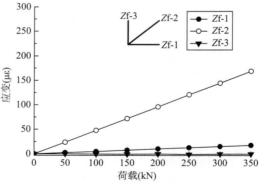

图 6-23 下弦钢管顶缘 D 测点应变-荷载曲线　　　图 6-24 波形钢腹板 Zf 测点应变-荷载曲线

(2) 钢管混凝土-试验梁。

在疲劳加载前,对钢管混凝土-试验梁进行应变测试。钢管混凝土-试验梁底缘两根钢管,分别标记为左侧和右侧,波形钢腹板与下弦杆中应变测点编号如 6.3.2 小节所示。图 6-25 表示了在初始静载作用下,沿纵桥向下弦杆上缘焊缝附近的应变分布情况。从图 6-25 可看出,初始静载作用下波形钢腹板与下弦杆连接焊缝处的最大应变出现在跨中 Z3 测点和加载支点附近,而 Z3 测点位于钢管混凝土-试验梁中波形钢腹板斜直线和圆曲线的交点处钢管上缘附近,且钢管混凝土-试验梁左右两侧的应变基本相等,最大误差率为 6.21%,即钢管混凝土-试验梁能真实反映连接焊缝处的疲劳破坏状态。为了方便比较,下文取应变值略大的右侧下弦杆测点进行分析。

图 6-26 和图 6-27 分别为钢管混凝土-试验梁在初始静载作用下跨中测点 Z3 和加载处测点 D 的应变-荷载曲线,图 6-28 给出了 Z-Z 测试断面对应波形钢腹板上测点 Zf 的应变-荷载曲线,以上测点位置均如 6.3.2 小节所示。图 6-26 ~ 图 6-28 表明,在疲劳试验开始前,测点的应变随荷载增加呈线性递增,这表明波形钢腹板与下弦杆连接焊缝处在疲劳试验前均处于弹性阶段,满足疲劳试验的前提条件。

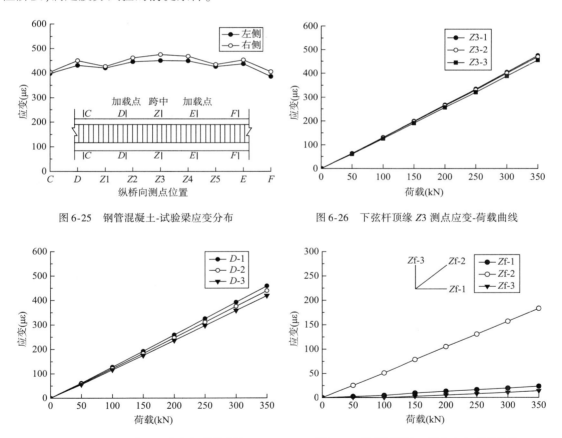

图 6-25 钢管混凝土-试验梁应变分布

图 6-26 下弦杆顶缘 Z3 测点应变-荷载曲线

图 6-27 下弦杆顶缘 D 测点应变-荷载曲线

图 6-28 波形钢腹板 Zf 测点应变-荷载曲线

初始静力加载阶段的各主要测点应变均由梯度应变片测得。基于上述分析可知,空钢管-试验梁和钢管混凝土-试验梁的最大热点应变均位于跨中区域,即在 $P = 350\text{kN}$ 荷载作用下,空钢管-试验梁和钢管混凝土-试验梁的跨中应变测点 Z 示于图 6-29,其中横坐标为梯度应变片基底上的单向应变片编号。由图 6-29 可知,测点梯度应变大致呈线性变化,且线性外推所得下弦杆(钢管)与腹板连接焊缝附近热点应变略小于二次外推所得热点应变,两者差值均小于 5.84%。故考虑结构安全和外推便捷,热点应力采用线性外推求解。

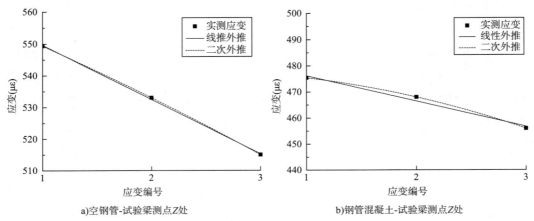

图 6-29　外推方法对比

综上所述,空钢管-试验梁和钢管混凝土-试验梁中腹板与下弦杆(钢管)连接焊缝处的热点应力集中系数示于表 6-4。

热点应力集中系数　　　　　　　　　　表 6-4

试验梁类别	名义应力幅(MPa)	热点应力幅(MPa)	热点应力集中系数 K_t
空钢管-试验梁	83.1	112.9	1.36
钢管混凝土-试验梁	67.2	82.7	1.23

由表 6-4 可知,较空钢管-试验梁而言,在等荷载幅作用下,钢管混凝土-试验梁的热点应力集中系数降低了 10.6%。这表明钢管混凝土-试验梁中下弦钢管填充了混凝土,下弦杆的径向刚度得到很大的提高,下弦杆的变形受到很大的限制,使钢管混凝土-试验梁中腹板与下弦杆连接焊缝处的节点应力出现重分布,从而使得沿桥跨方向的应力分布更均匀,热点应力集中系数也明显降低,疲劳性能得到一定的改善。

6.5.1.2　应变随加载次数变化规律

(1)空钢管-试验梁。

在疲劳试验加载阶段均进行了不同循环次数后的静力测试,取主要特征测点(Z 测点和 D 测点)应变测试结果示于图 6-30。由图 6-30 可知,疲劳试验全过程可大致分为 0~126.6 万次、126.6 万~129.8 万次和 129.8 万~132.4 万次三个阶段。

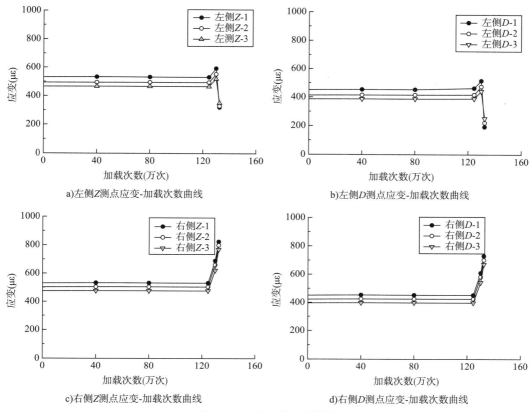

图 6-30 应变-加载次数曲线

第一阶段,各应变的连线基本呈现为一条水平线,即此疲劳加载阶段结构尚未发生疲劳开裂,空钢管-试验梁左右侧钢管上缘的应变大致相等,结构整体受力对称。

在疲劳加载的第二阶段,部分测点的应变随循环次数的增加而逐渐发生变化,具体表现为跨中处测点 Z 和加载点处测点 D 的拉应变随着循环次数的增加而逐渐变大,虽然此阶段的测点应变发生了较大变化,但是特征测点的应变梯度(垂直于焊趾处附近的下弦钢管应变)仍接近线性梯度变化;空钢管-试验梁左右侧的应变变化规律一样,但增幅不一样,左右侧增幅相差 21.2%。当疲劳加载进行到第三阶段时,此时左右侧钢管上缘的特征测点应变值变化趋势不一。左侧钢管上缘的特征测点应变值不仅随着循环次数的增加而急剧下降,且应变梯度不再表现为水平线性变化,特别是跨中附近的特征测点应变值由最大值变为最小值。而右侧钢管上缘的特征测点应变值不仅随循环次数的增加呈现上升趋势,而且增长速度不断加大。其主要原因是左侧钢管跨中附近已出现疲劳开裂,不但阻碍了左侧钢管的纵向应力流,而且使空钢管-试验梁整体刚度下降,结构应力重分布,使得右侧钢管上缘应力迅速增大,故空钢管-试验梁的疲劳裂纹发生在左侧钢管,且位于跨中附近。

(2)钢管混凝土-试验梁。

在疲劳试验加载阶段均进行了不同循环次数后的静力测试,其部分特征测点(Z 测点和 D

测点)应变测试结果示于图6-31。由图6-31可知,疲劳试验全过程可分大致分为0～204.5万次、204.5万～210.5万次和210.5万～214.2万次三个阶段。在204.5万次之前,各应变的连线基本呈现为一条水平线,即此疲劳加载阶段波形钢腹板与下弦杆连接焊缝处尚未发生疲劳开裂,钢管混凝土-试验梁左右侧下弦杆顶缘的应变大致相等,结构整体受力对称。

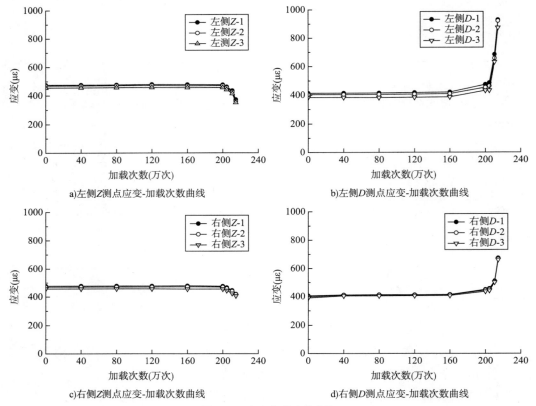

图6-31 应变-加载次数曲线

当荷载循环次数在204.5万～214.2万次之间,左右侧下弦杆顶缘的应变连线是一条折线,对比特征测点Z和D应变值变化趋势以及幅度的不同,D测点应变在204.5万～214.2万次之间发生急剧上升,而Z测点应变在204.5万～214.2万次之间发生急剧下降,且增速不断加大。其主要原因是下弦杆与腹板的连接焊缝处萌生疲劳裂纹,阻碍了下弦杆顶缘的纵向应力流,从而使开裂附近的测点应变发生突变,故可推断出下弦杆与腹板的连接焊缝处疲劳开裂点在测点D点附近。

6.5.2 挠度测试结果分析

6.5.2.1 空钢管-试验梁

从图6-32可看出,空钢管-试验梁在初始静载作用下,左右两侧的跨中挠度几乎相等,这表明试验梁是整体受力的,左右两侧相对称,与理论一致。此外,初始静载条件下,跨中挠度随荷载基本呈线性变化,即疲劳加载开始前,试验梁整体均处于弹性,满足疲劳试验的前提条件。

图 6-33 为空钢管-试验梁在疲劳试验中不同循环荷载作用阶段(荷载循环次数分别为 0、40 万次、80 万次、120 万次以及 132.4 万次)时静载各阶段的挠度变化量-荷载步曲线,其中挠度表示试验梁的跨中挠度。由图 6-33 表明,疲劳加载阶段,荷载循环次数在 120 万次内荷载步与挠度变化量的关系基本重合,这表明试验梁的整体刚度基本保持不变;当荷载循环次数累计达到 132.4 万次,其跨中挠度增幅基本在 29% 左右,且跨中挠度增量达到 2.39mm。其主要原因是此时疲劳裂纹已沿垂直于正应力方向转动,贯穿焊缝并扩展至整个钢管,形成统一的断口,导致试验梁整体刚度下降。

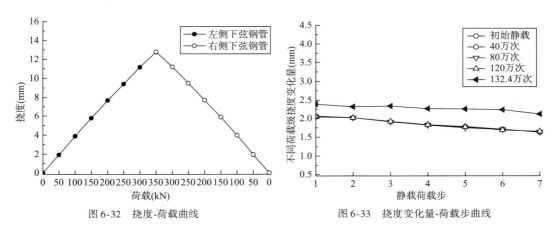

图 6-32 挠度-荷载曲线   图 6-33 挠度变化量-荷载步曲线

6.5.2.2 钢管混凝土-试验梁

图 6-34 给出了钢管混凝土-试验梁在初始静载作用下跨中挠度-荷载曲线。从图 6-34 可知,跨中挠度随荷载增加呈线性变化,这表明疲劳试验开始前,试验梁整体均处于弹性阶段,即疲劳加载满足疲劳试验的前提条件;此外,试验梁左右两侧的跨中挠度几乎相等,这表明试验梁是整体受力的,左右两侧相对称,与理论相一致。

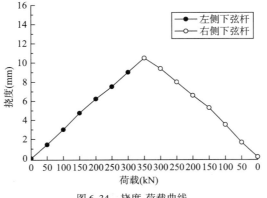

图 6-34 挠度-荷载曲线

图 6-35 为钢管混凝土-试验梁在疲劳试验中不同循环荷载作用阶段（荷载循环次数分别为 0、40 万次、80 万次、120 万次、160 万次、200 万次以及 214.2 万次）时静载各阶段的荷载步-挠度变化量曲线，其中挠度表示试验梁的跨中挠度。由图 6-35 表明，疲劳加载阶段，荷载循环次数在 200 万次内挠度-变化量的关系基本重合，这表明试验梁的整体刚度基本保持不变；当荷载循环次数累计达到 214.2 万次时，其跨中挠度的变化量增幅达 11%，其主要原因是此时疲劳裂纹已萌生，且扩展至整个钢管，导致试验梁整体刚度下降。

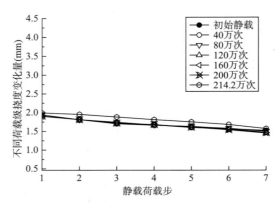

图 6-35　挠度变化量-荷载步曲线

6.6　疲劳试验结果分析

6.6.1　空钢管-试验梁应变全过程演化规律

疲劳试验加载过程中采用动态测试分析系统实时跟踪记录了波形钢腹板与下弦钢管连接焊缝处附近各测点应变变化情况，截取特征测点并示于图 6-36。

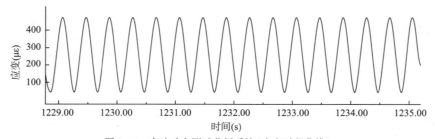

图 6-36　高速动态测试分析系统（应变时程曲线）

为了使得应变测试分析结果更为直观，图 6-37、图 6-38 给出了疲劳加载过程中最大疲劳荷载 P_{max} = 350kN 对应的动应变随循环次数的变化情况。

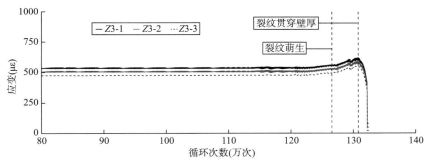

图 6-37 左侧跨中附近处动应变曲线(特征点 Z)

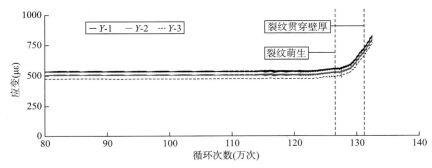

图 6-38 右侧跨中附近处动应变曲线(特征点 Y)

由图 6-37 和图 6-38 可知,波形钢腹板与下弦钢管连接焊缝处的疲劳破坏大体上可以分为疲劳裂纹萌生阶段、疲劳裂纹扩展阶段和疲劳破坏阶段,对应的疲劳荷载循环次数分别约为 126.6 万次前、126.6 万 ~ 129.8 万次和 129.8 万 ~ 132.4 万次。

约 126.6 万次前,空钢管-试验梁的测点动应变不随荷载循环加载次数的增加而出现明显变化,基本保持一条水平线,这说明空钢管-试验梁的疲劳寿命大部分集中于疲劳裂纹的萌生阶段。

在 126.6 万 ~ 129.8 万次循环加载阶段,波形钢腹板与下弦钢管连接焊缝处的特征测点 Z 和测点 Y 的应变在 126.6 万次以后开始随着循环次数的增加而增大,且在 127.8 万次后特征测点应力增幅明显;当循环次数达到 129.8 万次时,空钢管-试验梁左侧钢管测点 Z 出现"断层式"突变,其主要原因是波形钢腹板与下弦钢管连接焊缝处钢管顶缘附近出现疲劳裂纹,且裂纹沿着壁厚方向扩展。

当循环次数达到 129.8 万次后,空钢管-试验梁左右侧钢管特征应变呈现不同的变化趋势,左侧钢管率先进入疲劳破坏阶段。当荷载循环次数达到 131.2 万次时,特征测点 Z 出现反弯点且动应变值随循环次数的增加而急剧减小,这说明疲劳裂纹已贯穿钢管壁厚;空钢管-试验梁右侧钢管特征测点 Y 应变值则随着循环次数的增加而呈现上升态势,特别在循环次数达到 132.4 万次后,其增长率达 25.6%,其主要原因是空钢管-试验梁左侧钢管出现疲劳破坏后,应力进行重分布,导致右侧钢管整体应力明显增大。

6.6.2 钢管混凝土-试验梁应变全过程演化规律

为了使得应变测试分析结果更为直观,图 6-39 和图 6-40 给出了疲劳加载过程中最大疲劳荷载 $P_{max}=350$ kN 对应的动应变随循环次数的变化情况。其中特征点 Z 和特征点 Y 分别表示钢管混凝土-试验梁发生疲劳破坏位置附近钢管顶缘的应变。由图 6-39、图 6-40 可知,波形钢腹板与下弦杆连接焊缝处的疲劳破坏大体可以分为疲劳裂纹萌生阶段、疲劳裂纹扩展阶段和疲劳破坏阶段,对应的疲劳荷载循环次数分别为 204.5 万次前,204.5 万~210.5 万次和 210.5 万~214.2 万次。

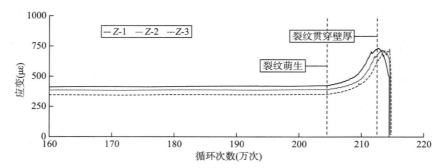

图 6-39 左侧跨中附近处动应变曲线(特征点 Z)

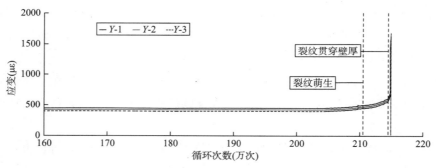

图 6-40 右侧跨中附近处动应变曲线(特征点 Y)

约 204.5 万次前,钢管混凝土-试验梁的测点动应变基本保持一条水平线,这说明钢管混凝土-试验梁的疲劳寿命大部分集中于疲劳裂纹的萌生阶段。

当荷载循环次数处于 204.5 万~210.5 万次时,腹板与下弦杆连接焊缝处特征测点 Z 和 Y 的应变发生突变,左右侧钢管的特征应变随循环次数的增加而缓慢增大,但左侧钢管顶缘应变的增幅明显大于右侧,说明此时疲劳裂纹位于左侧钢管顶缘附近,且正在稳定扩展;当循环次数增至 210.5 万次时,左右侧钢管顶缘的应变再次发生突变,左侧钢管顶缘应变增幅急剧变大,这表明腹板与钢管混凝土连接焊缝处的裂纹已进入不稳定扩展阶段;右侧钢管顶缘应变出现小幅剧增,这说明右侧钢管顶缘附近也萌生微小的疲劳裂纹。

当循环次数达到 212.6 万次时,左侧钢管顶缘的应变率先出现反弯点,之后便急剧下降,且增速不断加大。其主要原因是此时疲劳裂纹已贯穿壁厚,且正沿钢管环向发展,形成统一的断口。当循环次数达到214.2万次时,右侧钢管顶缘应变突变至1532με,随后应变迅速减小。其主要原因是钢管混凝土-试验梁左侧钢管混凝土出现疲劳破坏后,应力进行重分布,右侧钢管整体应力明显增大,导致右侧钢管顶缘附近的疲劳裂纹迅速贯穿壁厚,同左侧钢管疲劳破坏形式一样,正沿钢管环向发展,形成统一的断口。

纵观空钢管-试验梁和钢管混凝土-试验梁中腹板与下弦钢管(杆)连接焊缝处疲劳寿命的破坏状态、裂纹开展规律和刚度变化可以看出,腹板与下弦钢管(杆)连接焊缝处疲劳裂纹萌生阶段荷载循环作用次数分别约占总循环次数的94.8%和95.5%,这表明两者的疲劳寿命大部分集中于疲劳裂纹的萌生阶段;在等荷载幅作用下,空钢管-试验梁最终破坏的循环次数 N_1 为132.4万次,而钢管混凝土-试验梁最终破坏的循环次数 N_2 为214.2万次。由此表明钢管混凝土-试验梁的疲劳寿命比空钢管-试验梁的疲劳寿命提高约61%。

6.7 试验梁疲劳破坏表观现象

6.7.1 空钢管-试验梁

在疲劳试验过程中,空钢管-试验梁所观察到的疲劳破坏主要发生于跨中纯弯段波形钢腹板倾斜段与圆曲线交会部位的焊趾处附近,并贯穿钢管壁厚,形成统一的断口。空钢管-试验梁的破坏形式示于图6-41、图6-42。

图6-41 空钢管-试验梁破坏形式(焊趾处)

由图6-41、图6-42可知,从断口裂纹的走向分析,空钢管-试验梁的裂纹几乎是垂直于正应力的张开型裂纹,即Ⅰ形裂纹。这一破坏现象与焊接波形钢腹板工字梁的典型疲劳破坏模式相类似,具有代表性。其主要原因是波形钢腹板中直斜腹板相交处由于存在夹角,导致其对纵向应力流产生阻碍,进而使得该位置存在较大的应力集中。本次试验产生疲劳破坏的位置也是位于这部分区域,这也验证了以应变突变为指标来判断空钢管-试验梁产生疲劳破坏是可行的。

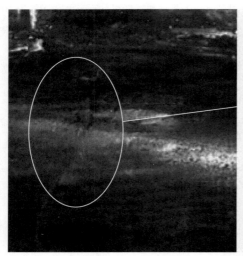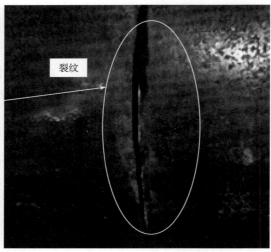

图 6-42　空钢管-试验梁破坏形式(钢管处)

6.7.2　钢管混凝土-试验梁

钢管混凝土-试验梁按试验加载方案进行疲劳试验,在214.2万次时首次出现疲劳破坏,其破坏位置位于跨中纯弯段波形钢腹板与下弦杆连接焊缝处斜腹板与直腹板的相交处附近,并贯穿壁厚,沿钢管环向发展,形成统一的断口。钢管混凝土-试验梁的破坏形式示于图6-43～图6-45。由图6-43～图6-45可知,同空钢管-试验梁的破坏模式一样,该破坏形式属于Ⅰ形裂纹。此外,从图6-45中可发现,钢管混凝土-试验梁左右侧钢管破坏的位置和模式都一样,可判断钢管混凝土-试验梁左右侧整体受力,结构合理。因产生疲劳破坏的位置也是应力集中的区域,故本次疲劳试验以应变突变为指标来判断钢管混凝土-试验梁产生疲劳破坏是可行的。从疲劳破坏现象分析可知,钢管混凝土-试验梁和空钢管-试验梁疲劳破坏模式和路径相同,为同一类型的焊接钢结构。

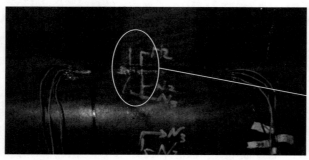

图 6-43　钢管混凝土-试验梁破坏形式(钢管与腹板连接焊缝处)

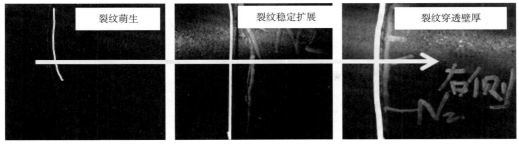

图 6-44 钢管混凝土-试验梁疲劳破坏历程

图 6-45 钢管混凝土-试验梁疲劳破坏形式（左右侧下弦杆处）

6.8 波形钢腹板-桁式弦杆组合梁疲劳性能分析

对于波形钢腹板-桁式弦杆组合梁而言，在腹板与下弦钢管连接焊缝处焊趾附近，会有局部高应力出现，可能会产生疲劳损伤。而这种桥梁结构的板-管节点连接形式，目前现有规范中还未对此疲劳细节进行规定。为此，本节首先基于构造分类法，对该结构波形钢腹板与下弦钢管连接焊缝处的疲劳性能进行定性分析；其次，基于热点应力法，得到该结构波形钢腹板与下弦钢管连接焊缝处的疲劳强度 S-N 曲线；最后开展实桥的抗疲劳设计与验算。

6.8.1 基于构造分类法的板-管节点疲劳性能定性分析

疲劳破坏是钢结构焊接接头破坏的主要形式，通常是由受拉应力幅循环作用产生的。对于本书研究的新型波形钢腹板-桁式弦杆组合梁结构而言，波形钢腹板与下弦钢管的连接形式实际上可认为是一种 T 形接头。

在 T 形焊接接头中，主应力方向与焊缝方向的关系对应力集中程度影响很大。对于仅受弯作用的普通平腹板工字梁而言，平腹板与受拉钢盖板连接的节点焊缝方向与钢盖板上的正应力方向相同，此时纵向应力流均匀通畅，焊趾处的应力集中程度最低；对于节点焊缝方向同应力方向相垂直的节点连接形式,由于纵向应力流被严重阻碍,使得焊趾处的应力集中程度最高。对于仅受弯作用的波形钢腹板工字梁,受拉钢盖板与波形钢腹板的连接处节点焊缝方向与应力方向有一定的角度,由于波形钢腹板在转角处通过圆曲线连接,故应力流在转角处有一定的平缓过渡,即普通波形钢腹板工字钢梁的应力集中程度介于两者之间。由此可知,波形钢腹板工字梁的疲劳强度是高于应力方向与焊缝方向相垂直的连接节点,低于受弯矩作用的普通平腹板工字梁。但由于现有规范中没有明确定义板-管节点构造的疲劳细节,故不能直接求出此类结构容许应力幅。

王清远、王志宇等通过大量疲劳试验证明,根据倾斜角度 θ 位于 30°、45°、60°之间,波形钢腹板与平钢板连接焊缝处的疲劳细节强度属于《钢结构设计规范》(GB 50017—2003)中 3~5 类。徐升桥、彭岚平等开展了板-管节点的疲劳试验研究,试验表明板-管节点构造的疲劳细节为 102MPa,这属于《钢结构设计规范》(GB 50017—2003)中 4 类。王丽、张玉玲等进行钢管混凝土板-管节点疲劳试验以及有限元分析,掌握了板-管节点的疲劳性能,得出板-管节点构造的疲劳细节为 83.7MPa,这属于《钢结构设计规范》(GB 50017—2003)中 5 类。我国《公路钢结构桥梁设计规范》(JTG D64—2015)中附表 C 对于板-管节点的疲劳细节类别为 70,这属于《钢结构设计规范》(GB 50017—2003)中 6 类。

综上所述,在不考虑焊接工艺对构件连接焊缝处应力集中程度的影响,波形钢腹板与下弦钢管的连接构造,即表 6-5 中节点构造 d)的疲劳细节分类处在 3~6 类之间。确定波形钢腹板与下弦钢管的连接构造的疲劳细节分类(表 6-6)后,可根据表 6-7 确定容许应力幅。

节点的应力方向与焊缝方向的关系　　　　　　表 6-5

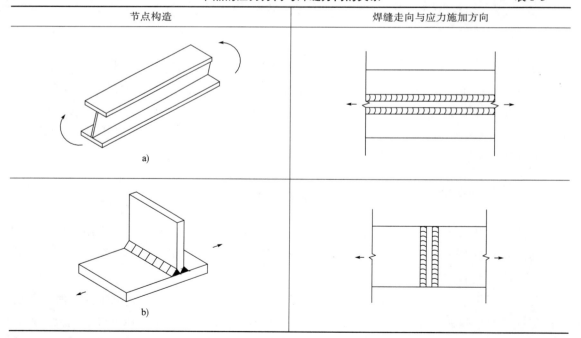

续上表

节点构造	焊缝走向与应力施加方向
c)	
d)	

现有规范或论文对疲劳细节 $\Delta\sigma/2 \times 10^6$ 次取值（单位：MPa）　　　　表6-6

节点构造	规范或论文	容许应力幅 $\Delta\sigma$	类别 [《钢结构设计规范》 （GB 50017—2003）]
a)	《钢结构设计规范》（GB 50017—2003）	103～144	2～4类
b)	国际焊接学会 XIII-1127-03 标准	80～100	5～6类
c)	《波形钢板焊接连接件的疲劳试验研究及寿命评估》 （王志宇、王清远等）	—	3～5类
板-管连接	《铁路桥梁钢管混凝土结构疲劳设计与试验研究》（徐升桥、彭岚平等）	102	4类
板-管连接	《加载波形对钢桥典型构造细节疲劳性能的影响》（王丽、张玉玲等）	83.7	5类
板-管连接	《公路钢结构桥梁设计规范》（JTG D64—2015）	70	6类

容许应力幅（2×10^6 次）（单位：MPa）　　　　表6-7

构件与连接类别	1	2	3	4	5	6	7	8
$\Delta\sigma(2 \times 10^6)$	176	144	118	103	90	78	69	59

6.8.2　基于热点应力法的波形钢腹板-空钢管节点疲劳寿命预测

6.8.2.1　热点应力法的基本原理

所谓热点应力法，也称为几何应力法。几何应力是指考虑了连接焊缝处焊趾几何构造或几何尺寸突变引起的应力集中效应,但不考虑焊缝形状引起的局部高峰应力影响,通常采用外推法得到。本书研究对象的节点构造细节属于板-管节点构造。由于热点应力的值不包含非结构性应力峰值部分,故不能直接从有限元模型中获取,而应该通过提取有限元模型的应力值进行内插计算得到。国际焊接学会(IIW)、美国石油学会(API)、国际管结构发展与研究委员会(CIDECT)、挪威船级社(DNV)等均推荐采用外推法对此类结构进行疲劳寿命估算。通过热点应力法来估算构件的疲劳寿命,其主要步骤见图6-46。

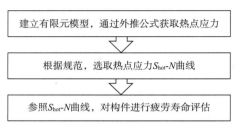

图6-46 热点应力法求解步骤

6.8.2.2 表面外推热点应力求解

所谓热点应力法的表面外推法是指分别提取距离焊趾一定距离处参考点的表面应力,再通过外推计算公式计算所得到的热点应力。由此可知,为了精确求解结构的热点应力,确定外推点的位置就显得尤其重要,即此结构的外推点位置既要忽略缺口应力的影响,又必须尽可能靠近焊趾,方能真实反映结构应力集中。故由6.5节可知,热点应力采用线性外推,其外推方法示于表6-8。

热点应力的外推方法 表6-8

规范	外推点	外推公式
ABS 和 DNV	$0.5t/1.5t$	$\sigma_{hs} = 1.5t\sigma_{0.5t} - 0.5t\sigma_{1.5t}$
IIW	$0.4t/1.0t$	$\sigma_{hs} = 1.67t\sigma_{0.4t} - 0.67t\sigma_{1.0t}$

注:1. t-钢管的壁厚;σ_{hs}-热点应力;$\sigma_{0.4t}$、$\sigma_{0.5t}$、$\sigma_{1.0t}$、$\sigma_{1.5t}$-距离焊趾处$0.4t$、$0.5t$、$1.0t$、$1.5t$处的应力。
2. ABS 为美国船级社。

本书采用试验和有限元分析分别获得了波形钢腹板与空钢管焊缝处的热点应力,并且两种方法所求得结果得到相互验证。由于试验梁的有限元模型采用壳单元进行模拟,故偏保守取两个壳单元相交处的疲劳细节位置作为本文要计算的热点,并将疲劳荷载作用下的热点应力幅值示于表6-9。

热点应力幅值 表6-9

规范/试验数据	空钢管试验梁 σ_{hs}（MPa）	对应热点应力集中系数 K_1	钢管混凝土试验梁 σ_{hs}（MPa）	对应热点应力集中系数 K_2
ABS 和 DNV	114.9	1.39	84.8	1.26
IIW	118.2	1.42	85.1	1.27
试验值	112.9	1.36	82.7	1.23

6.8.2.3 热点应力 S-N 曲线的节点疲劳寿命预测

空钢管-试验梁中下弦钢管与腹板连接焊缝处,其接头形式属于焊接接头,故在焊接构件中,通常采用式(6-2)S-N 曲线进行疲劳寿命预测,本书研究对象也采用式(6-2)进行计算。

$$\sigma^m N = C \tag{6-2}$$

式中:m、C——疲劳试验得到的参数;

N——疲劳荷载循环次数。

对式(6-3)等号两边取对数,得:

$$\lg N = (\lg C - m \lg \sigma) \tag{6-3}$$

空钢管-试验梁中波形钢腹板与钢管连接焊缝处的节点构造,目前尚未有相关规范或者机构给出对应的 S-N 曲线。再者,本书研究对象腹板与下弦钢管连接处的节点构造属于板-管节点,又根据节点处应力集中系数分析可知,其参数变化趋势与管节点类似。为此,对于一定的热点应力幅,波形钢腹板与下弦钢管的连接焊缝处的节点疲劳寿命可参照管结构所选用的 S-N 曲线来预测。故本书通过美国焊接学会(AWS)、国际焊接学会(IIW)、美国石油学会(API)、国际管结构发展与研究委员会(CIDECT)、挪威船级社(DNV)等机构采用的相关曲线来进行疲劳寿命预测,即采用 σ_{hs}-N 曲线来预测空钢管-试验梁的疲劳寿命。

美国焊接学会(AWS)和美国石油学会(API)采用的是相同的 S-N 曲线,其表达式为:

$$N = 2 \times 10^6 \cdot \left(\frac{\Delta\sigma}{79}\right)^{-3.74} \tag{6-4}$$

挪威船级社(DNV)的 S-N 曲线表达式为:

$$\lg \Delta\sigma_{r,hs} = \frac{1}{3}(12.164 - \lg N) \tag{6-5}$$

国际管结构发展与研究委员会(CIDECT)的 S-N 曲线表达式为:

$$\begin{cases} \lg \Delta\sigma_{r,hs} = \frac{1}{3}(12.476 - \lg N) + 0.06 \cdot \lg N \cdot \lg \left(\frac{16}{t}\right) & (1 \times 10^3 < N < 1 \times 10^6) \\ \lg \Delta\sigma_{r,hs} = \frac{1}{3}(16.327 - \lg N) + 0.402 \cdot \lg N \cdot \lg \left(\frac{16}{t}\right) & (5 \times 10^6 < N < 1 \times 10^8) \end{cases} \tag{6-6}$$

式(6-6)中在循环次数 $1 \times 10^3 < N < 1 \times 10^6$ 范围内,S-N 曲线的斜率为 $m = -3$;而在 $5 \times 10^6 < N < 1 \times 10^8$ 范围内,S-N 曲线的斜率为 $m = -5$,此段曲线验算变幅疲劳。

国际焊接学会(IIW)的 S-N 曲线表达式为:

$$N = 2 \times 10^6 \cdot \left(\frac{100}{\Delta\sigma}\right)^3 \tag{6-7}$$

将以上各机构提出的 S-N 曲线汇总于图 6-47,把各规范计算的疲劳寿命结果与试验结果进行对比,并示于表 6-10。由表 6-10 可知,与空钢管-试验梁疲劳寿命相接近的 S-N 曲线为国际焊接学会(IIW)所提出的 S-N 曲线,误差仅在 8% 左右。因此,空钢管-试验梁中腹板与下弦钢管连接焊缝处的节点疲劳强度可用国际焊接学会(IIW)的 S-N 曲线来预测,且有一定的安全富余。

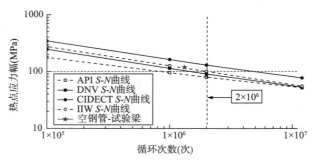

图 6-47　S-N 曲线（空钢管-试验梁）

各规范疲劳寿命计算结果与试验结果对比　　　　　　表 6-10

规范/机构	预测寿命（万次）	实际寿命（万次）	误差（%）
AWS 和 API	44.60	132.4	66
DNV	88.79	132.4	33
CIDECT	602.86	132.4	−355
IIW	121.72	132.4	8

6.8.3　基于热点应力法的波形钢腹板-钢管混凝土节点疲劳寿命预测

据以往众多学者的试验和研究成果可知，在规定的范围内，同种类型的焊接钢结构，其疲劳 S-N 曲线表达式中斜率 m 是相同的，所不同的仅是其在双对数坐标轴上的截距，即如果能通过试验预测出 S-N 曲线的斜率 m，再求得曲线上某一点，就可得到该结构的疲劳 S-N 曲线，此方法被称为"一点法"。本书空钢管-试验梁和钢管混凝土-试验梁中腹板与下弦钢管（杆）连接焊缝处的节点构造属焊接接头，且两者的破坏模式以及疲劳裂纹走向相同，不同的仅仅是钢管混凝土-试验梁中下弦钢管填充混凝土，改善了节点刚度，提高了结构的疲劳寿命。因此，对于钢管混凝土-试验梁中腹板与下弦杆连接焊缝处的节点来说，其 S-N 曲线可通过疲劳试验，并结合上节建议的空钢管 S-N 曲线，采用"一点法"对空钢管-试验梁中腹板与下弦钢管连接焊缝处的节点疲劳 S-N 曲线进行修正得到。

由上小节可知，空钢管-试验梁的疲劳寿命可用 IIW 中对应疲劳类别为 100 的 S-N 曲线来估算，即其 S-N 曲线斜率为 3。前文提及钢管混凝土-试验梁和空钢管-试验梁为同一类型的焊接钢结构，故本书对钢管混凝土-试验梁的疲劳 S-N 曲线斜率也取值为 $m=3$。根据本小节可知，把钢管混凝土的热点应力幅与对应的疲劳寿命代入 S-N 曲线对数表达式中，可得钢管混凝土-试验梁的疲劳 S-N 曲线修正公式为：

$$\lg\Delta\sigma_{r,hs} = \frac{1}{3}(12.128 - \lg N) \tag{6-8}$$

将各国规范与本书预测的疲劳 S-N 曲线示于图 6-48。从图 6-48 可知，钢管混凝土-试验梁通过一点法所得到的 S-N 曲线在 API 和 DNV 曲线的上侧，但在 IIW 和 CIDECT 曲线的下侧。即同一热点应力水平下,本书钢管混凝土-试验梁的疲劳寿命高于 API 和 DNV 曲线所计算出的疲劳寿命,但比 IIW 和 CIDECT 曲线所计算出的疲劳寿命低。这说明在相同的热点应力幅作用下,钢管混凝土-试验梁中波形钢腹板与下弦杆连接焊缝处的节点疲劳寿命低于空钢管-试验梁中波形钢腹板与下弦钢管连接焊缝处的节点疲劳寿命,故空钢管-试验梁所得到的腹板与下弦钢管连接焊缝处的 $S\text{-}N$ 曲线不适用钢管混凝土-试验梁所在节点的 $S\text{-}N$ 曲线。为此,对于钢管混凝土-试验梁中腹板与下弦杆连接焊缝处的疲劳寿命需要通过式(6-8)进行计算,且公式计算结果具有一定的富余度。

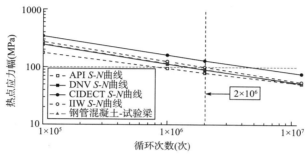

图 6-48 $S\text{-}N$ 曲线(钢管混凝土-试验梁)

6.9 本章小结

本章以深圳马峦山 1 号桥左幅简支跨组合梁为研究对象,进行了 1∶5 波形钢腹板-桁式弦杆组合梁缩尺试验梁的疲劳荷载试验,得到了波形钢腹板-桁式弦杆组合梁疲劳性能;基于构造分类法定性分析了波形钢腹板-桁式弦杆组合梁的疲劳性能,基于热点应力法预测了波形钢腹板-空钢管及波形钢腹板-钢管混凝土焊接节点的疲劳寿命,并进行了波形钢腹板-钢管混凝土桁式弦杆组合梁实桥的抗疲劳验算。主要研究结论如下:

(1)静力试验结果表明:空钢管-试验梁与钢管混凝土-试验梁左右两侧弦杆的应变均基本相等,说明试验模型加载合理;测点的应变随荷载增加呈线性递增,表明腹板与下弦钢管(杆)连接焊缝处在疲劳试验前处于弹性阶段,满足疲劳试验的前提条件。

(2)空钢管-试验梁与钢管混凝土-试验梁中波形钢腹板与下弦钢管(杆)连接焊缝处的最大应力出现在跨中,且位于空钢管-试验梁中波形钢腹板斜直线和圆曲线的交点处钢管上缘附近;下弦钢管与波形钢腹板连接焊缝附近热点应力可采用线性外推求解。

(3)空钢管-试验梁下弦钢管与波形钢腹板连接焊缝处应力集中系数是 1.36。因钢管混凝土-试验梁中下弦钢管填充了混凝土,提高了下弦杆的径向刚度,使得钢管混凝土-试验梁中腹板与下弦杆连接焊缝处的应力沿桥跨方向分布更均匀,钢管混凝土-试验梁的应力集中系数为 1.23,较空钢管-试验梁降低了 10.6%。

（4）空钢管-试验梁腹板与下弦钢管连接焊缝处疲劳裂纹的萌生、扩展和破坏阶段分别对应加载次数为 0~126.6 万次、126.6 万~129.8 万次和 129.8 万~132.4 万次；钢管混凝土-试验梁腹板与下弦杆连接焊缝处疲劳裂纹的萌生、扩展和破坏阶段分别对应加载次数为 0~204.5 万次、204.5 万~210.5 万次和 210.5 万~214.2 万次；由于钢管混凝土-试验梁中下弦钢管填充了混凝土，下弦杆的径向刚度得到很大的加强，从而使得腹板与下弦杆连接焊缝处的节点刚度提高，延缓了试验梁疲劳破坏，疲劳寿命由空钢管-试验梁的 132.4 万次提高到 214.2 万次，疲劳寿命可提高约 61%。

（5）钢管混凝土-试验梁和空钢管-试验梁疲劳破坏路径和模式相同，疲劳破坏均起于跨中应力最大的直腹板与斜腹板相交处附近钢管顶缘的焊趾处，最终因下弦钢管出现垂直于正应力方向的 I 形裂纹而破坏。

（6）基于构造分类法对波形钢腹板-桁式弦杆组合梁桥中波形钢腹板与下弦钢管连接焊缝节点的定性分析表明：在忽略焊接质量、材料缺陷等因素对连接焊缝处应力集中程度影响的前提下，波形钢腹板与下弦钢管的焊接节点构造的疲劳细节分类为 3~6 类。

（7）基于热点应力法，通过空钢管-试验梁疲劳寿命与各现行规范中 $S\text{-}N$ 曲线的对比分析表明：可用 IIW 的 $S\text{-}N$ 曲线预测波形钢腹板-空钢管及波形钢腹板-钢管混凝土焊接节点的疲劳寿命，且有一定的安全富余。

（8）基于空钢管-试验梁及钢管混凝土-试验梁缩尺模型试验结果，采用"一点法"得到波形钢腹板-钢管混凝土桁式弦杆组合梁桥中腹板与下弦杆连接焊缝的疲劳 $S\text{-}N$ 曲线，为实际工程预估该类结构的疲劳寿命提供参考。

（9）采用名义应力法和热点应力法分别对实桥进行抗疲劳验算，验算结果表明：深圳马峦山 1 号桥——波形钢腹板-钢管混凝土桁式弦杆组合梁桥中腹板与下弦杆连接焊缝在设计荷载作用下能够满足抗疲劳设计要求，且具有一定富余度。

第7章

试验模型精细化有限元分析

本章采用ABAQUS有限元分析软件分别对试验梁进行数值模拟分析,验证有限元模型的适用性与精确性;为分析截面各部件对全截面抗弯承载力的贡献度,采用该有限元模型进行参数分析;同时分析组合梁抗扭刚度和抗扭承载力主要影响参数;最后研究参数变化对连续梁结构的影响,并指出合理的取值范围。

7.1 简支梁抗弯性能有限元模型

7.1.1 材料的本构关系

7.1.1.1 素混凝土模型

对于普通钢筋混凝土构件,采用Attard(1996)提出的模型进行混凝土单轴受压模拟,其数学表达式如下:

$$Y = \frac{AX + BX^2}{1 + CX + DX^2} \tag{7-1}$$

式中,$Y = \sigma_c/f_c$;$X = \varepsilon_c/\varepsilon_{co}$;$f_c$、$\varepsilon_{co}$分别为混凝土圆柱体抗压强度和峰值应变。

$$\varepsilon_{co} = \frac{4.26 f_c}{E_c \sqrt[4]{f_c}} \tag{7-2}$$

当$0 \leq \varepsilon_c \leq \varepsilon_{co}$时,$A = \dfrac{E_c \varepsilon_{co}}{f_c}$,$B = \dfrac{(A-1)^2}{0.55} - 1$,$C = A - 2$,$D = B + 1$;

当$\varepsilon_c > \varepsilon_{co}$时,$A = \dfrac{f_{ic}(\varepsilon_{ic} - \varepsilon_{co})^2}{\varepsilon_{ic}\varepsilon_{co}(f_c - f_{ic})}$,$B = 0$,$C = A - 2$,$D = 1$。

E_c 为混凝土弹性模量, f_{ic} 和 ε_{ic} 为混凝土应力-应变关系曲线下降段的反弯点对应的应力和应变值, 按下式确定:

$$\frac{f_{ic}}{f_c} = 1.41 - 0.17\ln f_c \tag{7-3}$$

$$\frac{\varepsilon_{ic}}{\varepsilon_{co}} = 2.5 - 0.3\ln f_c \tag{7-4}$$

7.1.1.2 钢管内混凝土模型

对于下弦钢管内混凝土, 采用清华大学韩林海教授提出的核心混凝土本构关系模型, 其单轴受压应力-应变关系表达式如下:

$$y = \begin{cases} 2 \cdot x - x^2 & (x \leqslant 1) \\ \dfrac{x}{\beta \cdot (x-1)^\eta + x} & (x > 1) \end{cases} \tag{7-5}$$

$$\eta = \begin{cases} 2 & (圆钢管混凝土) \\ 1.6 + \dfrac{1.5}{x} & (方钢管混凝土) \end{cases}$$

$$\beta = \begin{cases} (2.36 \times 10^{-5})^{[0.25+(\xi-0.5)^7]} f_c^{0.5} 0.5 \geqslant 0.12 & (圆钢管混凝土) \\ \dfrac{f_c^{0.1}}{1.2\sqrt{1+\xi}} & (方钢管混凝土) \end{cases}$$

式中, $x = \dfrac{\varepsilon}{\varepsilon_o}$; $y = \dfrac{\sigma}{\sigma_o}$; $\delta_o = f_c$; $\varepsilon_o = \varepsilon_c + 800 \cdot \xi^{0.2} \times 10^{-6}$, ξ 为约束效应系数; $\varepsilon_c = (1300 + 12.5 \cdot f_c) \times 10^{-6}$。

建立有限元模型时, 混凝土弹性模量按公式 $E_c = 4730\sqrt{f_c}$ (MPa) (f_c 为核心混凝土圆柱体抗压强度, 以 MPa 计)计算。弹性阶段的混凝土泊松比取 0.2。

7.1.1.3 混凝土受拉软化考虑

当混凝土受拉时, 有必要对混凝土受拉软化性能进行定义。有限元软件 ABAQUS 中有三种方法定义混凝土的受拉软化性能:①采用混凝土受拉应力-应变关系;②采用混凝土应力-裂缝宽度关系;③采用混凝土能量破坏准则来考虑混凝土受拉软化性能, 即应力-断裂能关系。混凝土能量破坏准则是以脆性破坏的概念为基础, 把材料开裂的单位面积当作参数, 因此, 不是用应力-裂缝宽度关系来描述混凝土的脆性性能, 而是用应力-断裂能关系来反映混凝土的脆性性能。混凝土受拉软化模型如图 7-1 所示, 该模型假定混凝土开裂后应力线性减小。本书采用该模型来模拟混凝土受拉软化性能。在有限元模拟时, 采用应力-断裂能关系规定混凝土的受拉软化性能比其他两种方法更容易收敛。

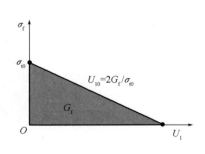

图 7-1 混凝土受拉软化模型

图 7-1 中, G_f 为混凝土的断裂能(单位面积内产生一条连

续裂缝所需的能量值),σ_{t0}为混凝土的破坏应力,当混凝土抗压强度f_c取 20MPa 时,破坏能 G_f 为 40N/m;当混凝土抗压强度 f_c 取 40MPa 时,破坏能 G_f 取 120N/m,中间采用线性插值计算。混凝土的破坏应力(σ_{t0})的抗拉强度计算公式确定,其表达式如下:

$$\sigma_{t0} = 0.26 \times (1.5 f_{tk})^{2/3} \tag{7-6}$$

7.1.1.4 钢筋和钢板应力-应变关系模型

ABAQUS 有限元软件中提供了典型的金属塑性模型,其特点如下:

① 使用 Mises 屈服面和 Hill 屈服面相关的塑性流动,分别描述各向同性和各向异性材料的屈服;

② 能应用于碰撞分析、金属成型分析和一般的倒塌分析。

在模拟桥梁中钢材的弹塑性性能时,通常采用有限元软件 ABAQUS 中提供的等向弹塑性模型,钢材满足 von Mises 屈服准则。在有限元模拟中,钢筋和钢板的本构关系均采用理想弹塑性模型,其弹性模量取 2.06×10^5 MPa,钢材泊松比取 0.3。

7.1.2 有限元模型的建立

试验梁的有限元计算模型采用 ABAQUS 软件建立,单元网格划分、加载方式和边界条件如图 7-2 所示。混凝土采用八节点减缩积分格式实体单元(C3D8R)模拟;下弦杆、波形钢腹板、K 撑和桁式平联采用四节点减缩积分格式的壳单元(S4R)模拟;混凝土中钢筋采用 TRUSS 单元来模拟,忽略钢筋单元与混凝土单元之间滑移,采用 embeded 命令"嵌入"混凝土中;同时忽略波形钢腹板与顶板、下弦杆之间的滑移,用 Tie 命令模拟。

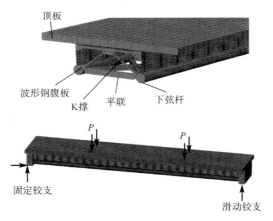

图 7-2 组合箱梁有限元模型

7.1.3 与试验结果的对比

将有限元计算得到的全过程荷载-位移曲线、应力-应变曲线与抗弯性能试验测得的数据进行比较,以验证有限元模型的准确性,为后续相关参数分析奠定良好基础。

7.1.3.1 荷载-变形曲线

试验梁试验测得和有限元计算得 $L/2$ 处荷载-挠度曲线和弯矩-曲率曲线分别如图 7-3、图 7-4 所示,二者曲线变化趋势相同且几乎贴合,吻合良好。在弹性阶段,试验梁荷载-挠度曲线均呈线性增长;当荷载达到极限荷载的 57% 后,试验梁进入塑性阶段,下弦杆全截面屈服,试验梁挠度快速增长,结构的延性和稳定性能优越。

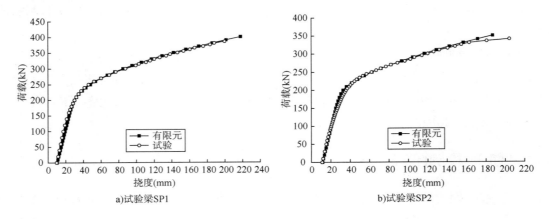

图 7-3 $L/2$ 处荷载-挠度曲线

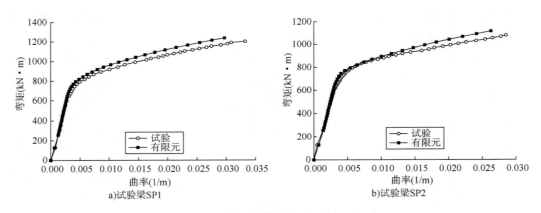

图 7-4 $L/2$ 处弯矩-曲率曲线

7.1.3.2 荷载-应变曲线

由试验梁试验和有限元计算得到 $L/2$ 处顶板顶缘的荷载-纵向应变曲线,如图 7-5 所示。在弹性阶段,两曲线几乎重合,曲线最大误差不超过 5%;进入塑性阶段后,两曲线增长速率均加快,最大误差值在增大,但发展趋势保持一致。

图 7-6 为由试验和有限元模型计算得到的试验梁 $L/2$ 处下弦杆下缘的荷载-应变曲线。两者应变随荷载的发展规律基本相同,两曲线吻合良好。

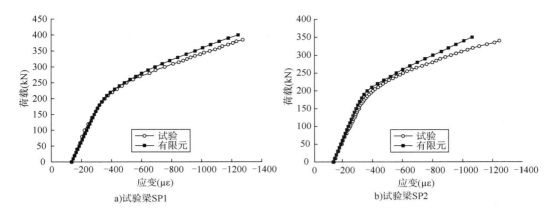

图 7-5 跨中截面顶板顶缘荷载-应变曲线

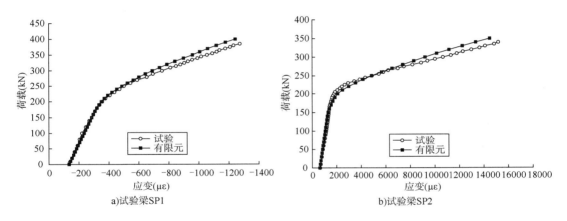

图 7-6 跨中截面下弦杆下缘荷载-应变曲线

由有限元计算得到试验梁 $L/2$ 处截面纵向应变沿梁高分布的规律如图 7-7 所示。由图 7-7 可知,仅考虑混凝土顶板及下弦杆应变,而忽略波形钢腹板应变,其截面纵向应变基本符合"平截面假定"。

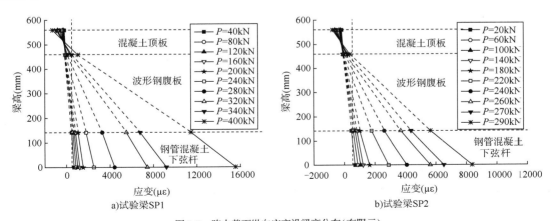

图 7-7 跨中截面纵向应变沿梁高分布(有限元)

如图7-8所示,由试验得到的试验梁 $L/2$ 处波形钢腹板纵向正应变沿梁高分布的规律与试验结果基本一致。与下弦杆应变值相比,波形钢腹板弹性阶段应变值明显要小很多,且沿梁高变化也较小,波形钢腹板抗弯贡献较小。由于波形钢腹板的褶皱效应,考虑波形钢腹板后的截面变形不符合平截面假定,但顶板和下弦杆纵向应变基本符合"拟平截面假定"。

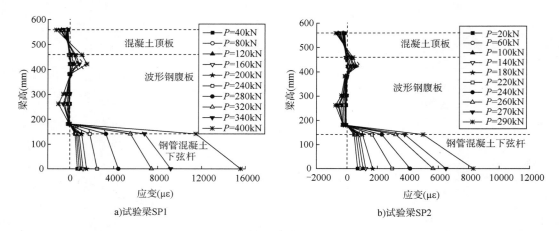

图7-8 跨中截面波形钢腹板纵向应变沿梁高分布(试验)

7.1.4 抗弯工作机理

利用上述有限元模型,从荷载-挠度全过程关系、跨中截面在特征点处的应力应变分布等方面着手,进行多弦杆组合梁改良结构箱梁桥抗弯工作机理分析。

7.1.4.1 荷载-挠度全过程分析

为深入研究多弦杆组合梁改良结构箱梁受弯性能及其工作机理,下面以试验梁为实例,利用上述有限元分析模型对其在竖向荷载作用下受力全过程进行分析。

结合以上试验和有限元分析,可将图7-9所示试验梁弯矩-位移曲线分为以下三个阶段:

(1)弹性阶段(OA、OA')。

当荷载 P 分别在 0~130kN 和 0~150kN 范围内,两试验梁处于弹性阶段,整个截面均参与受力,试验梁的荷载-挠度关系基本呈线性正比关系且挠度值较小,主梁竖向挠度随荷载增大而呈线性增大,整个截面的受力接近线弹性。此时试验梁截面抗弯刚度大,试验梁混凝土顶板和下弦钢管(杆)的应力均与截面弯矩呈线性正比关系。

图7-9中 A、A' 点为试验梁截面达到弹性与塑性的临界状态点,此时截面下弦钢管(杆)的下边缘纵向应变达到钢材的比例应变($\varepsilon_s = \varepsilon_p$),其对应的临界点弯矩值为弹性弯矩 M_p。此时混凝土顶板全截面受压,且混凝土顶板顶缘纵向压应变未达到峰值压应变 ε_0,由试验及有限元结果分析可知,试验梁 M_p/M_u 均约为 0.36,此时跨中截面最大挠度均约为计算跨径的 1/380。

(2) 弹塑性阶段(AB、$A'B'$)。

当荷载 P 分别加至 130kN 和 150kN（A、A'点值），试验梁的荷载-挠度关系不再呈现弹性关系，而进入弹塑性阶段；中性轴逐渐上移，试验梁挠度随竖向荷载 P 的增加而呈非线性增加，试验梁截面抗弯刚度减小，且下弦钢管（杆）逐渐屈服，此时试验梁跨中截面最大挠度仍不太大。

图 7-9 中 B、B' 点为下弦钢管（杆）基本完全进入塑性状态，此时跨中截面下弦钢管（杆）上表面纵向应变达到钢材的屈服应变时（$\varepsilon_{s\text{-}up} = \varepsilon_y$），相应弯矩值称为塑性弯矩 M_y。此时，混凝土顶板外侧边缘纵向压应变也还未达到混凝土的峰值压应变 ε_0，顶板混凝土全截面受压。由试验及有限元结果分析可知，两试验梁 M_y/M_u 在 0.57 左右，此时跨中截面最大挠度约为计算跨径的 1/270 和 1/230。

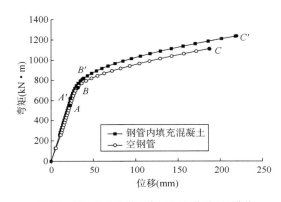

图 7-9　试验梁 $L/2$ 截面弯矩（M）-位移（Δ）曲线

(3) 塑性阶段(BC、$B'C'$)。

荷载 P 分别继续增加至 200kN 和 230kN 时（B、B'点值），试验梁挠曲变形迅速增长，跨中挠度不断增大，中性轴不断上移。截面的抗弯承载力达到塑性弯矩之后，荷载增长缓慢，结构进入强化段，试验梁截面抗弯刚度迅速变小；试验梁挠度值在其抗弯承载力基本维持不变的情况下而快速增大，试验梁延性良好。

图 7-9 中，荷载 P 分别增加到 350kN 和 400kN（C、C'点值），试验梁进入破坏阶段，跨中截面下弦钢管的下表面纵向最大应变达到钢材的极限应变 ε_u，相应弯矩值称为极限弯矩 M_u。此时，混凝土顶板外侧边缘纵向压应变已达到混凝土的峰值压应变 ε_0，但还未达到混凝土的极限压应变 ε_{cu}，顶板底缘出现受拉现象。此时，跨中截面最大挠度分别约为计算跨径的 1/47 和 1/40。

7.1.4.2　特征点应力、应变分析

深入分析试验梁在受力全过程中混凝土顶板、下弦钢管（杆）、下弦钢管内混凝土、波形钢腹板、桁式平联和 K 撑等各构件的应力发展和分布情况，对该组合梁抗弯受力性能和工作原理的了解有进一步提升。下面以下弦钢管填充混凝土试验梁 SP1 为例，分析其受力全过程。

跨中截面混凝土顶板纵向应力分布如图 7-10 所示。在 A、B 点，跨中混凝土顶板处于完全受压状态，最大压应力为 -15.9MPa，最小压应力为 -0.94MPa；进入塑性阶段后，下弦杆达到

屈服,截面的塑性区域不断发展;当达到 C 点时,顶板下缘出现拉应力,且拉应力达到开裂状态。图 7-11 为 1/2 支点至跨中处顺桥向混凝土顶板纵向应力分布图。从图 7-11a)中的 A、B 点纵向应力可以看出,除梁端有局部受拉现象外,其余顶板顶部都处于受压状态,局部受拉主要是由于顶板刚度突变引起,顶板顶部压应力最大发生在加载处;从图 7-11b)中的 A、B 点纵向应力可以看出,顶板底部只有应力集中点和跨中局部区域处于受拉状态;从图 7-11a)、b)中的 C 点纵向应力可以看出,顶板底部很大一部分区域处于受拉状态,顶板顶部最大压应力为 47.3MPa,最大拉应力达 5.05MPa。

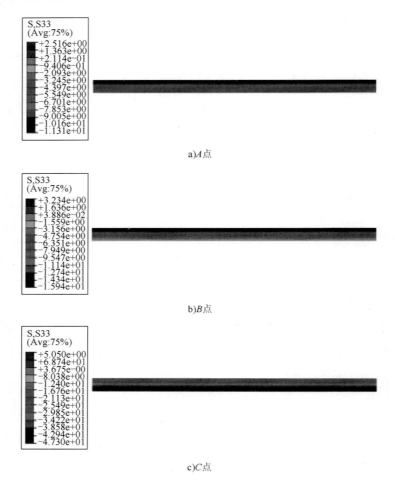

图 7-10　跨中截面混凝土顶板纵向应力分布(单位:MPa)

下弦杆纵向应力分布如图 7-12 所示,在 A 点,纯弯段范围内,下弦钢管处于屈服的临界点,达到 B 点时已经完全屈服,从 B、C 点,随着变形的发展,钢管维持屈服状态不变,塑性性能明显。

1/2 支点至跨中下弦钢管内混凝土纵向应力分布如图 7-13 所示。可以看出,在 A、B 点时,钢管内混凝土处于受拉状态,最大拉应力为 8.28MPa;在 C 点时,只有极少部分钢管内混凝土受压,其余部分混凝土受拉,最大拉应力为 8.93MPa,最大压应力为 -16.3MPa。

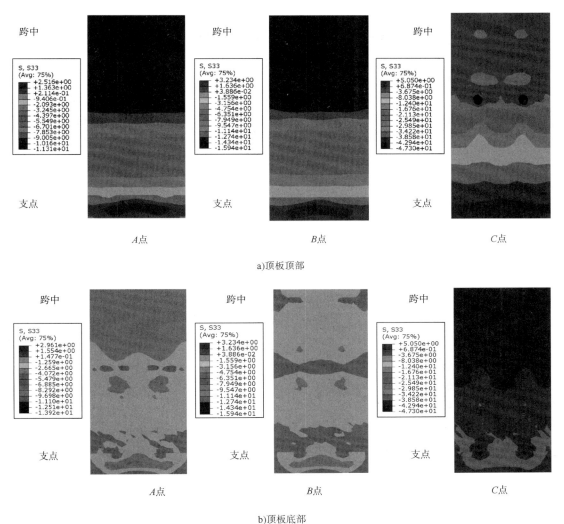

图 7-11 1/2 支点至跨中混凝土顶板纵向应力分布(单位:MPa)

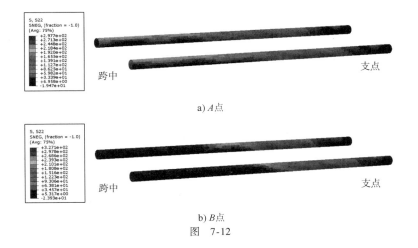

图 7-12

c) C 点

图 7-12　1/2 支点至跨中下弦杆纵向应力分布（单位：MPa）

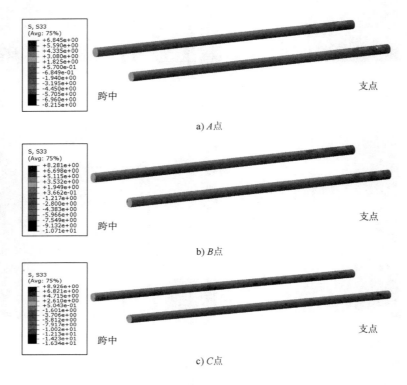

a) A 点

b) B 点

c) C 点

图 7-13　1/2 支点至跨中下弦钢管内混凝土纵向应力分布（单位：MPa）

1/2 支点至跨中波形钢腹板剪应力分布如图 7-14 所示。在纯弯段内，除受拉区与底板相连接处外，波形钢腹板的剪应力均较小；在弯剪段范围内，剪应力大小分布较为均匀，且沿梁高方向均匀分布。

1/2 支点至跨中波形钢腹板 Mises 应力分布如图 7-15 所示。在 A 点时，Mises 应力最大出现在弯剪段内，最大应力值为 148.8MPa。随着变形发展，纯弯段范围内腹板底缘逐渐进入塑性区，C 点时，腹板底缘已进入屈服状态。

1/2 支点至跨中波形钢腹板正应力分布如图 7-16 所示。在 A、B 点时，腹板大部分区域的正应力较小，最大拉应力出现在腹板底缘极小区域范围内，说明此时波形钢腹板参与受弯的程度不大，其受力较接近理想状态。在 C 点时，波形钢腹板承受的弯矩增大，腹板底缘的最大拉应力达到396.4MPa,且应力值较大的区域面积明显增大,这部分区域已经进入屈服状态,说明波形钢腹板参与受弯的程度进一步增大。

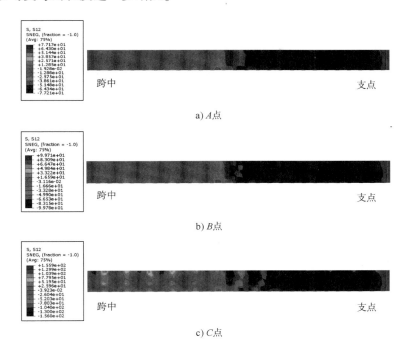

图 7-14　1/2 支点至跨中波形钢腹板剪应力分布(单位:MPa)

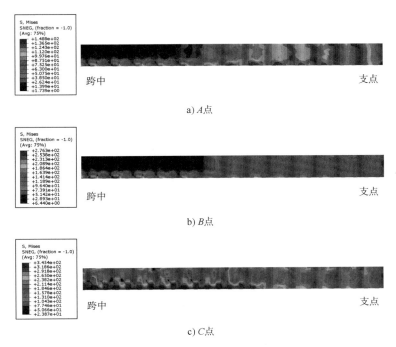

图 7-15　1/2 支点至跨中波形钢腹板 Mises 应力分布图(单位:MPa)

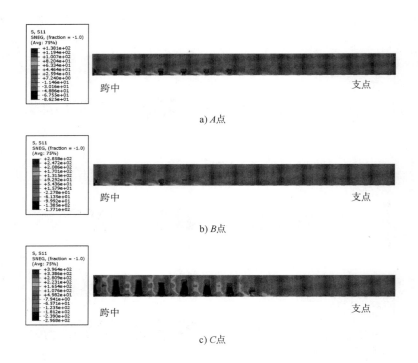

图7-16 1/2支点至跨中波形钢腹板正应力分布(单位:MPa)

1/2跨中桁式平联正应力分布如图7-17所示。桁式平联斜杆的正应力较大,最大应力值达到276.2MPa,承担一定的弯矩作用,而横撑的纵向应力很小,最大应力值仅为12.8MPa,可以忽略不计。从 A 点到 C 点,随着变形的发展,平联斜杆的纵向应力逐渐加大,最大应力值从125.2MPa 增加到276.2MPa,即参与受弯的程度增加。

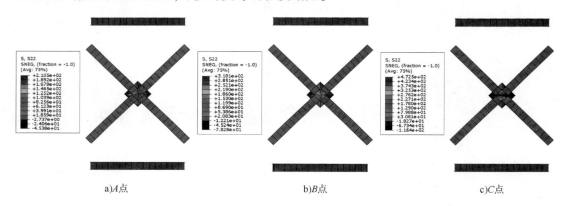

图7-17 跨中平联纵向应力分布(单位:MPa)

跨中竖向 K 撑 Mises 应力分布如图7-18所示。从图7-18可以看出,在 A、B、C 点上 K 撑的应力都很小,C 点时,大部分区域的应力值均小于26.1MPa,主要是由于试验梁对称加载,横向变形较小的缘故,K 撑不参与抗弯作用。

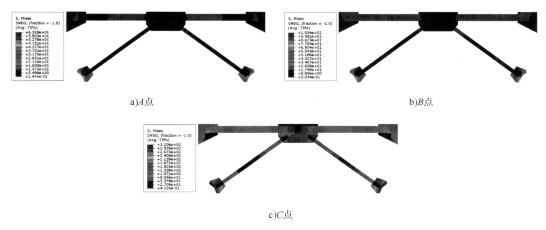

a) A 点　　　　b) B 点

c) C 点

图 7-18　跨中竖向 K 撑 Mises 应力分布(单位:MPa)

7.1.5　主要影响因素分析

7.1.5.1　抗弯刚度

本节主要研究下弦钢管内填混凝土对多弦杆组合梁改良结构箱梁抗弯刚度的影响,故取影响因素包括下弦钢管是否填充混凝土、下弦钢管内混凝土强度等级和下弦钢管含钢率。

(1) 下弦钢管是否填充混凝土。

由有限元计算得到试验梁 SP1、SP2 的弯矩-曲率曲线,如图 7-19 所示。可以看出,保持其他参数不变,下弦钢管填充混凝土一定程度上能提高组合梁抗弯承载力及截面抗弯刚度。试验梁 SP1 弯矩-曲率曲线中 A 点(组合梁跨中截面达到弹性与弹塑性临界状态)对应的弹性抗弯刚度 $EI_t = 222560.7 \text{kN} \cdot \text{m}$,试验梁 SP2 弯矩-曲率曲线中 A' 点对应的弹性抗弯刚度 $EI_{ht} = 201859.0 \text{kN} \cdot \text{m}$。下弦钢管内填充混凝土有利于提高组合梁截面抗弯刚度,提高值约为 10%。

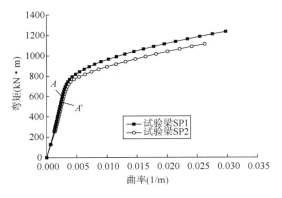

图 7-19　弯矩-曲率曲线

(2) 下弦钢管内混凝土强度等级。

图 7-20 为试验梁 SP1 下弦钢管内混凝土强度等级分别为 C30、C40、C50 和 C60 时,试验

梁跨中截面曲率随弯矩变化的曲线。保持其他参数不变,随管内混凝土强度等级的增加,试验梁跨中截面的弯矩-曲率曲线的变化很小。可见,组合梁下弦钢管内混凝土的强度等级对截面抗弯刚度的影响非常小。

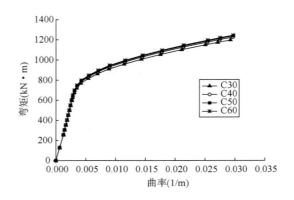

图 7-20　混凝土强度等级跨中截面弯矩-曲率曲线

（3）下弦钢管含钢率。

保持其他条件不变,通过改变试验梁 SP1 下弦钢管的壁厚研究含钢率 ρ_s 对该组合梁抗弯刚度的影响规律。将不同含钢率的下弦钢管填充混凝土组合梁的弹性抗弯刚度与相应的下弦钢管为空钢管组合梁的弹性抗弯刚度进行比较,图 7-21 给出了组合梁下弦钢管含钢率分别为 10%、15%、20%、25% 和 30% 时,下弦钢管填充混凝土组合梁与相应的下弦钢管为空钢管组合梁跨中截面的弯矩-曲率曲线。可以看出,组合梁抗弯刚度随着下弦钢管含钢率的增大而增大,下弦钢管含钢率是影响组合梁截面抗弯刚度的重要参数。

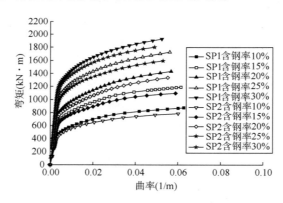

图 7-21　含钢率跨中截面弯矩-曲率曲线

根据不同含钢率的下弦钢管填充混凝土组合梁及其相应的下弦钢管为空钢管组合梁的弯矩-曲率曲线,可得到不同含钢率下的试验梁 SP1 的截面抗弯刚度(组合梁跨中截面达到弹性与弹塑性临界状态对应的截面抗弯刚度)及相应的试验梁 SP2 的截面抗弯刚度,计算结果见表 7-1。

有限元计算的不同含钢率下组合梁的抗弯刚度值 表 7-1

含钢率(%)	试验梁编号	$EI(\mathrm{N}\cdot\mathrm{m}^2)$
10	SP1(填)	147907.7
10	SP2(空)	136513.1
15	SP1(填)	204834.1
15	SP2(空)	187270.5
20	SP1(填)	246926.5
20	SP2(空)	226445.1
25	SP1(填)	305970.0
25	SP2(空)	280430.1
30	SP1(填)	346778.2
30	SP2(空)	317103.2

7.1.5.2 抗弯承载力

多弦杆组合梁改良结构箱梁抗弯承载力的影响因素包括下弦钢管内混凝土强度等级、混凝土顶板与下弦钢管强度比(β_c)、高跨比(h/l)、高宽比(h/b)、波形钢腹板高厚比(h_w/t_w)和有无桁式平联。为便于分析,定义 k_M 为该组合梁抗弯承载力与 $N_{ut}h_0$ 的比值:

$$k_M = \frac{M_{uc}}{N_{ut}h_0} \tag{7-7}$$

式中:M_{uc}——下弦钢管填充混凝土的多弦杆组合梁改良结构箱梁的极限弯矩;

N_{ut}——下弦钢管混凝土的极限抗拉承载力;

h_0——截面有效高度(顶板受压区中心与下弦钢管中心距离)。

为了研究相关参数对该组合箱梁极限弯矩 M_{uc} 的影响规律,本节通过分析不同参数变化对 k_M 的影响来确定影响 M_{uc} 的主导因素,为实桥设计和理论分析提供一定的计算依据。其中本节所涉及的参数均取自下弦钢管填充混凝土试验梁模型。

(1)下弦钢管内混凝土强度等级。

下弦钢管填充不同强度等级混凝土的试验梁跨中截面挠度随弯矩变化的曲线如图 7-22 所示。可以看出,在其他条件一定的情况下,随着填充混凝土强度等级的增加,试验梁跨中截面的弯矩-挠度曲线的变化很小。图 7-23 给出了在其他条件相同的情况下,仅改变下弦钢管内填混凝土强度等级时试验梁的 k_M 值,k_M 值基本在 1.3~1.32 范围内,变化很小,说明组合梁抗弯极限承载力的大小与下弦钢管内混凝土强度等级几乎无关。

(2)混凝土顶板与下弦杆的强度比(β_c)。

正弯矩作用下,同时忽略波形钢腹板的抗弯能力,可将多弦杆组合梁改良结构箱梁中受压区顶板(简称上弦)等同于普通钢筋混凝土梁的受压区,将组合梁受拉区下弦杆(简称下弦)等同于普通钢筋混凝土梁的纵向受拉钢筋。因此,若下弦强度太低则组合梁属于少筋梁,设计要求难以满足;若下弦强度太高则组合梁属于超筋梁。对于超筋梁,其结构延性差,破坏形态属脆性破坏,未能充分发挥材料作用,故在设计过程中合理设置该类组合梁的上弦和下弦强度比非常重要。为方便分析,提出上下弦强度比 β_c,即顶板受压承载力与下弦钢管受拉承载力的比值:

$$\beta_c = \frac{N_{uc}}{N_{ut}} \tag{7-8}$$

式中:N_{uc}——受压区混凝土顶板(上弦)的极限抗压承载力;

N_{ut}——下弦杆极限抗拉承载力。

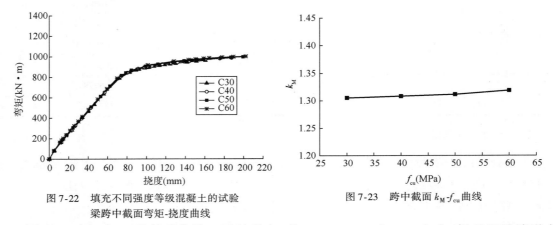

图 7-22　填充不同强度等级混凝土的试验梁跨中截面弯矩-挠度曲线

图 7-23　跨中截面 k_M-f_{cu} 曲线

图 7-24 为 β_c 与 k_M 的关系曲线。可以看出,当 $\beta_c \geq 1.3$,k_M 在 1.3 左右;但此后继续增大 β_c,k_M 基本维持不变;而当 $\beta_c < 1.3$ 时,k_M 迅速降低到 1.3 以下。这说明适当增大上下弦强度比可以提高截面的抗弯承载力,但过大增加上下弦强度比对组合梁抗弯承载力基本没有贡献,未能充分发挥材料作用。

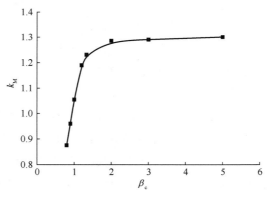

图 7-24　β_c-k_M 关系曲线

组合梁的合理设计应为适筋梁,即具有良好结构延性。可用延性系数来表示结构的延性,即结构在破坏阶段表现出的变形能力。用 η 定义组合箱梁的位移延性系数,具体公式如下:

$$\eta = \frac{u_u}{u_y} \tag{7-9}$$

式中:u_u——极限弯矩 M_u 时,组合箱梁跨中截面对应的挠度值;

u_y——塑性弯矩 M_y 时,组合箱梁跨中截面对应的挠度值。

从图 7-25 可以看出,多弦杆组合梁改良结构箱梁的延性系数 η 随着上下弦强度比 β_c 的增大而增大。因此,合理设置上下弦强度比,可以使组合梁有良好的延性。

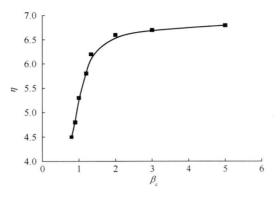

图 7-25　β_c-η 关系曲线

(3) 高跨比(h/l)。

图 7-26 为多弦杆组合梁改良结构箱梁不同高跨比(h/l)和组合梁抗弯承载力系数 k_M 的影响规律曲线。可以看出,随着高跨比(h/l)的增大,k_M 基本维持在 1.3 左右,变化不大。也就是说,当组合梁的高跨比(h/l)在 0.033~0.1 范围时,组合梁抗弯承载力系数 k_M 基本为 1.3,说明组合梁在此高跨比范围内,截面设计合理,材料性能基本得到充分发挥。

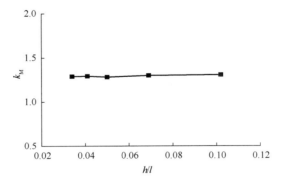

图 7-26　高跨比(h/l)-k_M 的关系曲线

(4) 高宽比(h/b)。

图 7-27 为多弦杆组合梁改良结构箱梁不同高宽比(h/b)对组合梁抗弯承载力系数 k_M 的影响规律曲线。可以看出,当多弦杆组合梁改良结构箱梁高宽比(h/b)从 0.17 变化到 0.7,k_M 基本维持在 1.3 左右,变化很小。由于组合梁抗弯承载力系数 k_M 与组合梁的极限弯矩(M_{uc})及截面有效高度(h_0)均有关系,改变组合梁的高宽比(h/b),使得组合梁的极限弯矩及截面有效高度均产生变化,故组合梁抗弯承载力系数 k_M 反而没有明显变化。因此可以认为,对于截面设计合理的组合箱梁,其抗弯极限承载力系数的大小受截面高宽比的影响很小。

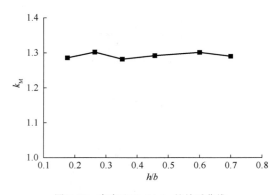

图 7-27 高宽比(h/b)-k_M 的关系曲线

(5)桁式平联。

图 7-28 为有平联和无平联多弦杆组合梁改良结构箱梁的跨中截面弯矩-挠度曲线。可以看出,桁式平联在整个试验梁的受力过程中起到了一定的作用,即承担了一定的弯矩。为了分析该组合梁的平联参与受弯的情况,定义 κ 为平联承受的截面弯矩与 $N_{ut}h_0$ 的比值:

$$\kappa = \frac{M_b}{N_{ut}h_0} \tag{7-10}$$

式中:M_b——桁式平联承受的截面弯矩;

N_{ut}——下弦杆的极限抗拉承载力;

h_0——截面有效高度(顶板受压区中心与下弦钢管中心距离)。

M_b 可以根据图 7-28 计算两种组合梁的弯矩差值得到,因此,试验梁的 κ 取值为 0.106。

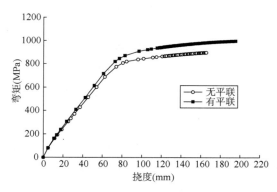

图 7-28 试验梁跨中弯矩-挠度曲线

定义 k'_M 为塑性阶段多弦杆组合梁改良结构箱梁抗弯承载力 M_{uc} 与分别考虑下弦杆和桁式平联抗弯($N_{ut}h_0 + M_b$)的比值:

$$k'_M = \frac{M_{uc}}{N_{ut}h_0 + M_b} \tag{7-11}$$

由式(7-7)可知,不考虑波形钢腹板和桁式平联抗弯而仅考虑下弦杆参与抗弯时,k_M 计算值为 1.28,同时考虑下弦杆、波形钢腹板和桁式平联参与抗弯,由式(7-11)计算得,k'_M 为

1.03。桁式平联参与抗弯比例为 8%，修正后的 k'_M 值接近 1.0，说明在抗弯过程中波形钢腹板和桁式平联都承担了一定的弯矩。

7.2 连续梁抗弯性能有限元模型

7.2.1 有限元模型的建立

为了与 1∶5 缩尺的模型试验进行对比分析，其中材料的本构关系同简支梁抗弯性能模型，且能将试验结果反映到实桥结构，建立两跨实体有限元计算模型，如图 7-29 所示。

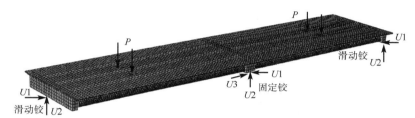

a)试验有限元模型及边界模拟示意图

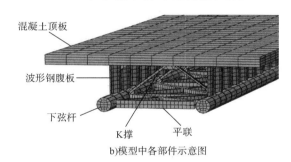

b)模型中各部件示意图

图 7-29　连续梁的实体有限元计算模型

有限元模型中，下弦钢管、波形钢腹板、横撑及平联采用 4 节点减缩积分一般壳单元（S4R），混凝土顶板、横梁及预应力锚固齿块采用 8 节点六面体减缩积分实体单元（C3D8R），钢筋和预应力钢束采用 2 节点三维桁架单元（T3D2）来模拟，钢筋（预应力钢束）单元与混凝土单元之间采用 embed 约束"嵌入"混凝土单元中，忽略钢筋和混凝土之间的滑移，其余部件采用绑定（tie）相互连接。

关于边界条件，中支座采用固定铰支边界形式（$U1 = U2 = U3 = 0$），边支座采用滑动铰接边界形式（$U1 = U2 = 0$）。

施加荷载包括结构自重、钢束预拉力及模拟试验加载的压力荷载，其中，结构自重采用重力（Gravity）施加，荷载根据抗弯试验加载方式采用面压力（Pressure）施加，钢束预拉力采用预定义场（Predefined Field）通过降温法施加。

7.2.2 与试验结果的对比

7.2.2.1 整体受力分析

通过计算得到 $L/4$ 截面和 $L/2$ 截面处荷载-挠度关系的有限元结果,并与试验结果同时绘制于图 7-30 和图 7-31 进行比较。

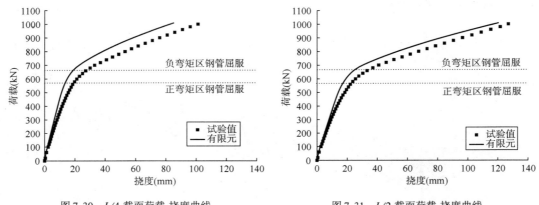

图 7-30　$L/4$ 截面荷载-挠度曲线　　　图 7-31　$L/2$ 截面荷载-挠度曲线

可以看出,在结构受力全过程中,二者在 $L/4$ 截面和 $L/2$ 截面上,均保持相同的增长趋势,说明有限元模型可以较好地展现主梁的实际受力状态。在加载至正弯矩区钢管屈服前(荷载为 570kN),$L/4$ 截面和 $L/2$ 截面挠度均呈线性变化;当负弯矩区钢管开始屈服(荷载为 670kN),$L/4$ 截面和 $L/2$ 截面刚度显著降低,挠度迅速增长。但结构进入破坏阶段后,结构仍能够承受 25%~30% 的极限荷载,试验梁和有限元模型均表现出较好的延性。当结构发生破坏时,主梁最大变形在 $L/2$ 截面处,经有限元计算得到的此截面最大挠度为 12.02cm,试验得到此截面最大挠度为 12.69cm,两者比为 1∶1.06,有限元计算结果与试验结果相近。

7.2.2.2 连续梁负弯矩区

(1)下弦钢管。

负弯矩区 E1 截面有限元计算得到的和试验测得的钢管底缘荷载-应变曲线如图 7-32 所示,二者在加载全程中增长趋势和应变数值基本相同,说明采用有限元计算方法可精确得到负弯矩区钢管底缘的应变。负弯矩区 E1 截面钢管底缘在有限元计算中发生屈服时荷载为 645kN,而试验中当荷载达到 670kN 时钢管下缘屈服,有限元得到的荷载和实测荷载的比值为 0.96∶1,二者差值为 4%。在加载后期有限元结果和试验加载结果的差值有所加大,但二者增长趋势相近。

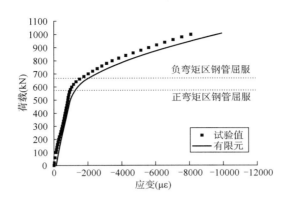

图 7-32　下弦钢管底缘荷载-应变曲线

(2) 混凝土顶板。

图 7-33 为负弯矩区 E1 测试截面的混凝土顶板顶缘荷载-应变曲线,在不同的受力状态下,采用有限元计算方法均可较准确地体现试验梁在外荷载作用下负弯矩区顶板顶缘的应变变化。在混凝土顶板开裂前,有限元计算得到的应变与试验实测应变不仅趋势一致,而且数值相近;顶板顶缘裂缝出现后,二者差值增大但增长趋势基本相同;在负弯矩区钢管屈服后,结构开始进入破坏阶段,二者应变增长速率明显加快。当结构破坏时,有限元计算得到的混凝土顶板顶缘最大应变为 2399$\mu\varepsilon$,试验得到的混凝土顶板顶缘最大应变为 2337$\mu\varepsilon$,二者比为 1∶0.97,两者相差 3%,有限元计算结果与试验结果相近。

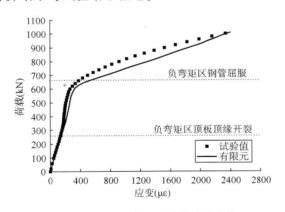

图 7-33　混凝土顶板顶缘荷载-应变曲线

(3) 普通钢筋。

负弯矩区 E1 截面的普通钢筋通过有限元计算得到的荷载-应变曲线与试验实际测得的曲线绘制于图 7-34。通过对二者曲线的比较可知,在顶板顶缘出现裂缝之前,截面处于弹性工作状态,此时两条曲线吻合良好;在弹塑性受力阶段,二者数值相近且趋势一致;在下弦钢管屈服后不久,普通钢筋也进入屈服状态,此时两者差值增大。但总体上有限元计算方法在普通钢筋屈服前分析其应变值及变化规律还是可靠的。

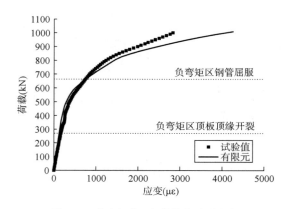

图 7-34 负弯矩普通钢筋荷载-应变曲线

(4) 波形钢腹板。

图 7-35 中绘制出了由有限元计算得到的负弯矩区 E1 截面上各测点沿梁高方向的纵向应变分布规律。与试验实测结果相似,在加载初期,截面上各测点应变基本处于同一直线上,说明此时有限元计算中主梁的变形也满足"拟平截面假定",波形钢腹板的应变值明显小于顶板与下弦钢管的数值,表明有限元计算中波形钢腹板对主梁抗弯承载能力的贡献很小。随着荷载的不断增大,顶板和下弦钢管上各点的应变增长速率明显高于波形钢腹板。当有限元模型中荷载达到 907.2kN 时,下弦钢管上除顶缘外基本已经屈服,此时顶板顶缘裂缝快速发展并向底缘发展,截面上各点纵向应变值已完全偏离直线方向;虽然波形钢腹板纵向应变也出现一定的增长,但依然远小于下弦钢管的应变值,故在主梁各受力阶段的抗弯承载能力计算中,在保证计算结果有效合理的前提下,均可不考虑波形钢腹板的抗弯刚度。

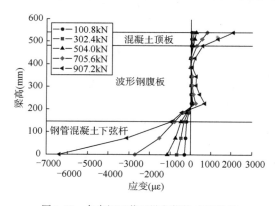

图 7-35 负弯矩区截面纵向荷载-应变曲线

7.2.2.3 连续梁正弯矩区

(1) 下弦钢管。

正弯矩区 B2 截面下弦钢管应变的有限元计算结果和试验实测结果绘制于图 7-36 中。在主梁弹性和弹塑性阶段,二者趋势相同数值相近。有限元模型中荷载达到 585kN 时,试验中荷载达到570kN时,相应钢管底缘应变达到屈服应变,有限元结果与试验结果比值为1.03:1。随着正、负弯矩区下弦钢管均进入屈服状态后,钢管底缘应变增长加快,直至结构破坏。

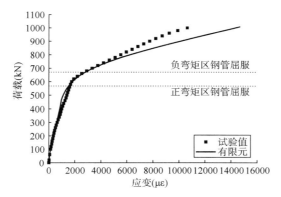

图7-36 正弯矩区下弦钢管底缘荷载-应变曲线

(2)混凝土顶板。

图7-37为正弯矩区内B2截面顶板顶缘的荷载-应变曲线。在顶板底缘裂缝出现前,二者增长趋势相同,应变值差值相对较小。裂缝出现后顶板刚度降低,荷载-应变曲线开始出现转折,随着裂缝分布范围增大,裂缝的数量和尺寸的发展,有限元结果开始逐渐偏离试验实测值,但增长趋势保持一致。

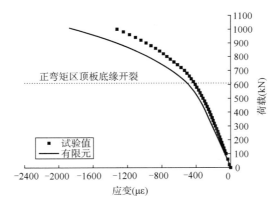

图7-37 混凝土顶板顶缘荷载-应变曲线

(3)波形钢腹板。

如图7-38所示,可以看出,波形钢腹板的纵向应变正弯矩区截面与负弯矩区截面沿梁高变化规律相同,在弹性阶段截面变形符合"拟平截面假定"且可不考虑波形钢腹板对抗弯承载能力的贡献。但相比于负弯矩钢管,正弯矩下弦钢管塑性发展较早,当荷载达到907.2kN时,下弦钢管全截面已进入塑性状态,顶板底缘裂缝已开展至顶板侧面,波形钢腹板与钢管、顶板底缘交接处纵向应变相对较大,其余位置纵向应变仍明显小于顶板和下弦钢管。由有限元计算分析可知,模型梁正弯矩区B2截面上各点纵向应变沿梁高分布的规律与试验实测结果基本相同。

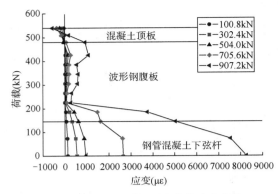

图 7-38 正弯矩区截面纵向荷载-应变曲线

7.2.3 主要设计参数分析

为了深入了解波形钢腹板-钢管混凝土桁式弦杆连续梁的受力性能,需对组合梁中几个典型的结构参数进行分析。在前述有限元模型基础上,以管内混凝土填充范围、梁高、钢管壁厚、波形钢腹板板厚为参数,研究参数变化对结构的影响,并指出合理的取值范围。各参数的具体变化阈值如下所述:

下弦钢管混凝土填充范围以全长范围填充混凝土为参照,考虑仅负弯矩区域填充混凝土,以及下弦钢管完全不填充两种情况;梁高变化(以腹板高度变化控制)以试验梁梁高560mm(腹板高316mm)为参照,设置梁高460~860mm(腹板高216~616mm),以每级梁高增加100mm进行分析;下弦钢管壁厚以试验6mm壁厚为参照,设置壁厚为4~14mm,以每级壁厚增加2mm进行分析;波形钢腹板板厚以试验4mm板厚为参照,设置板厚为3~6mm,以每级板厚增加1mm进行分析。

由有限元计算结果与试验实测结果的对比可知,结构的荷载-挠度曲线、荷载-应变曲线在进入破坏阶段后依然保持稳定的单调增长趋势,在试验加载范围内和有限元模型破坏前不存在有效的极值荷载;另外考虑到工程实践中在保证结构承载能力达到要求的同时,还需要控制主梁挠度值以符合运营和舒适性的要求,因此定义极限承载力为挠度达到计算跨径的1/150[对于模型梁,为8872/150 = 59.1(mm);对于实桥两跨模型,为44936/150 = 299.6(mm)]时对应的荷载,使得模型中各参数在变化前后有比较的依据。

7.2.3.1 下弦钢管填充混凝土的范围

为了解下弦钢管填充混凝土的范围对组合梁刚度和承载能力的影响,对以下3种填充情况进行分析比较:全长不填充混凝土、仅负弯矩区填充混凝土、钢管全长范围内填充混凝土。

试验梁负弯矩区域的定义为:当试验荷载为100kN时,混凝土顶板顶缘应变为拉应变的范围。混凝土顶板顶缘应变分布如图7-39所示,可以看出,负弯矩区域位于中横梁左、右两侧各2.5m的范围内。

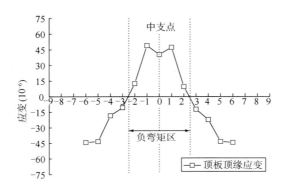

图 7-39 负弯矩区域的确定

由图 7-40 可以看出,三个连续梁在加载初期处在弹性工作状态,其中下弦钢管不填充混凝土的模型梁截面刚度最小,且明显小于全部填充和仅负弯矩区填充的情况,而全部填充的截面刚度略大于负弯矩区填充的情况。当荷载增加到 405kN 时,不填充混凝土的模型梁首先进入弹塑性状态,在此荷载下各模型梁之间的挠度比值为(以下比值均为全部填充∶仅负弯矩填充∶不填充)0.81∶0.84∶1。随着荷载逐渐增大,正、负弯矩区钢管先后屈服,三个模型梁最终达到抗弯承载能力,三者承载能力比值为 1.23∶1.19∶1。

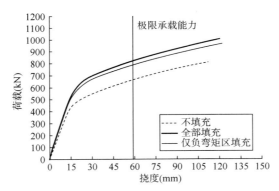

图 7-40 不同下弦钢管混凝土填充范围下 $L/2$ 截面挠度变化

以下通过分析截面形心高度和截面刚度,研究下弦钢管是否填充混凝土对实桥结构的影响。

(1)截面下弦钢管填充混凝土时:计算截面的等效方式如图 7-41 所示,组合梁中波形钢腹板的纵向刚度相对其他部件来说很小,仅考虑顶板和下弦钢管混凝土对刚度的贡献。

组合截面形心位置:

$$y_{b1} = \frac{\sum E_i A_i y_i}{\sum E_i A_i} = \frac{E_{板} A_{板} y_1 + E_{管混凝土} A_{管混凝土} y_2 + E_{管} A_{管} y_3}{E_{板} A_{板} + E_{管混凝土} A_{管混凝土} + E_{管} A_{管}} \tag{7-12}$$

式中:E_i——顶板或下弦钢管混凝土的弹性模量;

A_i——顶板或下弦钢管混凝土的截面面积;

y_i——顶板或下弦钢管混凝土至钢管底缘的距离。

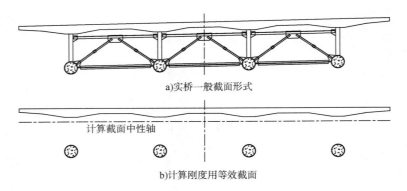

图 7-41　等效计算截面示意图(填充混凝土时)

组合截面抗弯刚度：

$$EI_总 = \sum E_i I_i + \sum E_i A_i (y_i - \bar{y})^2$$
$$= E_板 I_板 + E_板 A_板 (y_1 - \bar{y})^2 + E_管 I_管 + E_管 A_管 (y_2 - \bar{y})^2 +$$
$$E_{管混凝土} I_{管混凝土} + E_{管混凝土} A_{管混凝土} (y_3 - \bar{y})^2 \tag{7-13}$$

式中：I_i——顶板或下弦钢管混凝土相对自身形心轴的惯性矩。

组合截面形心位置(距钢管底缘距离)及组合截面抗弯刚度通过式(7-12)和式(7-13)计算，由计算结果可知，组合截面形心位置距混凝土顶板顶缘为 $y_{u1} = 2800 - 2037.2 = 762.8(\mathrm{mm})$，整体截面的抗弯刚度为 $3.3271 \times 10^{17} \mathrm{N \cdot mm^2}$。

组合截面换算抗弯刚度按照下弦杆为钢管混凝土的组合截面进行计算，如式(7-14)所示。

$$(EI)_0 = (E_{sc}A_{sc} + E_s A_d \cos^3\alpha) y_t^2 + E_c (A_c y_c^2 + \phi_b I_c) \tag{7-14}$$

其中，$E_{sc}A_{sc}$ 为混凝土对截面刚度的贡献值；$E_s A_d \cos^3\alpha$ 为底平联斜撑对截面刚度的贡献值；y_b 为下弦杆合力作用点到中性轴的距离，可按式(7-12)换算得到；A_c 为顶板有效截面面积；y_u 为顶板合力作用点到中性轴的距离，可按式(7-12)换算得到；ϕ_b 为有效宽度比。

(2)截面下弦钢管不填充混凝土时：同样按照下弦钢管填充混凝土的情况计算，等效计算截面如图 7-42 所示。

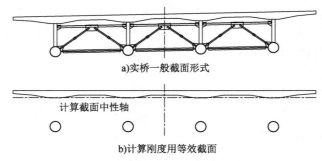

图 7-42　等效计算截面示意图(不填充混凝土时)

组合截面形心位置：

$$y_{b2} = \frac{\sum E_i A_i y_i}{\sum E_i A_i} = \frac{E_{板} A_{板} y_1 + E_{管} A_{管} y_2}{E_{板} A_{板} + E_{管} A_{管}} \quad (7-15)$$

组合截面抗弯刚度：

$$EI_{总} = \sum E_i I_i + \sum E_i A_i (y_i - \bar{y})^2$$
$$= E_{顶板} I_{顶板} + E_{顶板} A_{顶板} (y_1 - \bar{y})^2 + E_{钢管} I_{钢管} + E_{钢管} A_{钢管} (y_2 - \bar{y})^2 \quad (7-16)$$

组合截面的形心位置及抗弯刚度通过式(7-15)、式(7-16)计算，由计算结果可知，组合截面形心位置距混凝土顶板顶缘为 $y_{u2} = 2800 - 2325.7 = 474.3 (\text{mm})$，整体截面的抗弯刚度为 $1.9028 \times 10^{17} \text{N} \cdot \text{mm}^2$，组合截面换算刚度为 $1.4517 \times 10^{17} \text{N} \cdot \text{mm}^2$。

组合截面换算抗弯刚度按照下弦钢管为空钢管的组合截面进行计算，如式(7-17)所示。

$$(EI)_0 = (E_s A_s + E_s A_d \cos^3 \alpha) y_t^2 + E_c (A_c y_c^2 + \phi_b I_c) \quad (7-17)$$

截面计算结果汇总于表7-2。通过以上两种截面形心位置和截面刚度的计算，说明下弦钢管若采用空钢管截面，截面形心距混凝土顶板顶缘距离为474.3mm，即形心位于顶板为(顶板在腹板顶缘处厚度为500mm)。此时，混凝土顶板底缘在正弯矩区段内处于受拉状态，在外荷载作用下，将较早地出现裂缝从而影响截面的承载力。组合梁下弦钢管填充混凝土与不填充混凝土的截面抗弯刚度比值为1.75:1，截面刚度提高75%。

是否填充混凝土对结构的影响 表7-2

计算内容	完全填充混凝土	负弯矩区填充混凝土	不填充混凝土
结构承载力(kN)	821.69	787.75	664.20
形心位置 y_b (mm)	2037.2	—	2325.7
全截面抗弯刚度($10^{17} \text{N} \cdot \text{mm}^2$)	3.3271	—	1.9028
换算截面抗弯刚度($10^{17} \text{N} \cdot \text{mm}^2$)	2.5553	—	1.4517

7.2.3.2 组合梁梁高

梁高的增加通过加大波形钢腹板的高度实现，并保持主梁其他参数不变。不同梁高下，模型梁 $L/2$ 截面的荷载-挠度曲线如图7-43所示。可以看出，梁高的增减不会影响曲线的变化规律，各模型在达到前文定义的极限承载能力前均已出现明显的塑性变形。梁高为460mm 的模型梁最先于荷载为443kN 时进入弹塑性工作阶段，此时，其余梁高的模型梁仍处于弹性受力阶段，相应的挠度比值为 460mm:560mm:660mm:760mm:860mm = 4.14:2.40:1.68:1.25:1；当 $L/2$ 截面挠度达到59.1mm 时，各模型梁的结构承载力比值为 0.42:0.56:0.70:0.85:1。

结合上述比值关系，现将模型梁承载力随梁高增减的变化曲线绘制于图7-44。当在梁高为460~860mm 之间时，各模型梁的承载力比值的差保持在0.14~0.15之间，同时，图7-44的曲线也表现出明显的正比例关系，说明在保证波形钢腹板稳定性的前提下，可考虑适当增大梁高，以提高组合梁的刚度和承载能力。

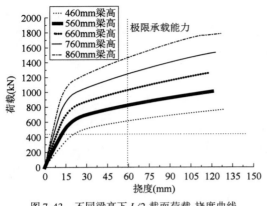
图 7-43　不同梁高下 $L/2$ 截面荷载-挠度曲线

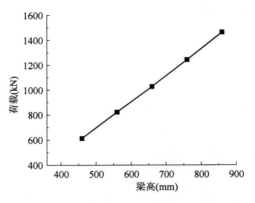
图 7-44　不同梁高与承载能力关系

7.2.3.3　下弦钢管壁厚

采用不同下弦钢管壁厚时,模型梁 $L/2$ 截面的荷载-挠度曲线如图 7-45 所示。从中可以看出,当各模型梁均处于弹性阶段时,曲线的增长速率基本相同,说明此时壁厚的变化对 $L/2$ 截面的刚度影响不大;荷载达到 403kN 时,壁厚为 4mm 模型梁的荷载-挠度曲线开始出现明显的弯折,结构开始进入弹塑性工作状态,相应的挠度比值为 4mm∶6mm∶8mm∶10mm∶12mm∶14mm = 1.89∶1.43∶1.27∶1.13∶1.07∶1,此后各组合梁 $L/2$ 截面处的挠度差值显著增大;当 $L/2$ 截面挠度达到 59.1mm 时,模型梁达到规定的承载能力极限,各模型梁的承载力比值为 0.59∶0.72∶0.80∶0.87∶0.94∶1。

结合上述承载能力比值,将模型梁承载能力随梁高变化的规律曲线绘制于图 7-46 中。通过对比可知,当壁厚由 4mm 增至 6mm 后,模型梁的极限承载能力比值差为 0.13,增量较为明显;此后壁厚在 6~14mm 范围变化时,比值增量保持在 0.06~0.08 之间,整体呈现出缓慢线性增长的趋势。说明适当增大下弦钢管壁厚对组合梁的刚度和承载力具有一定的作用。

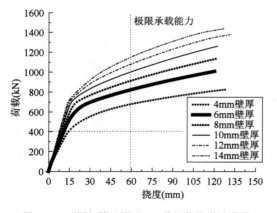
图 7-45　不同钢管壁厚下 $L/2$ 截面荷载-挠度曲线

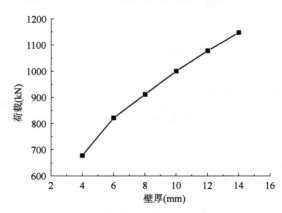
图 7-46　不同钢管壁厚与承载能力关系

7.2.3.4　波形钢腹板厚度

不同波形钢腹板厚度对模型梁 $L/2$ 截面荷载-挠度曲线的影响如图 7-47 所示。在板厚为

3mm 的模型梁出现弹塑性受力状态前,各梁的挠度随荷载增长的数值和趋势几乎一致;随着板厚为 3mm 的模型梁在荷载为 504kN 时进入弹塑性阶段,各梁的挠度差值开始凸显,此时各模型梁的挠度比值为 3mm:4mm:5mm:6mm = 1.15:1.07:1.03:1。不同板厚模型梁的极限承载能力比值为 0.80:0.91:0.97:1。

模型梁承载力随钢腹板厚度增大的变化规律如图 7-48 所示。相比于组合梁梁高和下弦钢管壁厚的参数分析结果,增加腹板厚度对提高组合梁刚度和承载能力的效果明显较低。从图 7-48 中可以看出,当腹板厚度由 3mm 增大至 4mm 时,增加板厚后模型梁承载能力得到一定的提高;当腹板厚度由 5mm 增加至 6mm 时,随着板厚的增加,承载能力已无显著提升,此时波形钢腹板对截面刚度和整体承载能力的贡献很小。说明试验所采用的腹板厚度在保证自身不发生屈曲,其截面抗剪能力满足要求的前提下,已达到较为经济合理的状态,继续增大腹板厚度并不能有效提高模型梁的承载能力和截面刚度,而且相对于其余参数的分析结果,增加波形钢腹板的厚度对结构承载能力的影响明显较小。

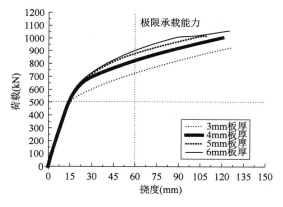

图 7-47 不同腹板厚度下 $L/2$ 截面荷载-挠度曲线

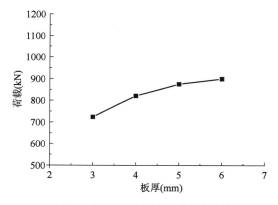

图 7-48 不同腹板厚度与承载能力关系

7.3 试验梁抗扭性能有限元模型

7.3.1 有限元模型的建立

基于 ABAQUS 平台建立了试验梁的有限元模型并进行计算。本节首先利用试验值验证数值计算结果,并进行参数分析。

建立了试验梁的非线性有限元模型,其中材料的本构关系同抗弯性能模型,单元网格划分如图 7-49 所示。混凝土采用八节点减缩积分格式实体单元(C3D8R)模拟;下弦杆(钢管)、波形钢腹板、桁式平联采用四节点减缩积分格式的壳单元(S4R)模拟;混凝土单元中钢筋采用 TRUSS 单元来模拟,忽略其与混凝土单元两者间的滑移,采用 embed 命令;忽略波形钢腹板与顶板、下弦杆(钢管)之间滑移,采用 tie 命令模拟。试验梁两端均有钢板以减少应力集中,模拟时采用实体单元(C3D8R)。为确保试验梁整体受力,混凝土顶板、下弦杆(钢管)与波形钢腹板以及钢板与试验梁端部分别采用节点耦合的方式连接和共享节点。试验梁两端分别为固定位移自由度和扇形刚臂扭转加载。

试验梁 B1 有限元模型中单元数共 34162 个,其中 S3 单元 8026 个、S4R 单元 3560 个、C3D8R 单元 10913 个、C3D4 单元 7984 个、T3D2 单元 3679 个;试验梁 B2 的有限元模型在 B1 模型基础上减去下弦钢管内的混凝土,C3D8R 单元为 8231 个,共划分了 31480 个单元;试验梁 B3 有限元模型中单元数共 34532 个,其中 S4R 单元 10088 个、S3 单元 1850 个、C3D8R 单元 10913 个、C3D4 单元 7984 个、T3D2 单元 3697 个。图 7-49 为试验梁有限元模型。

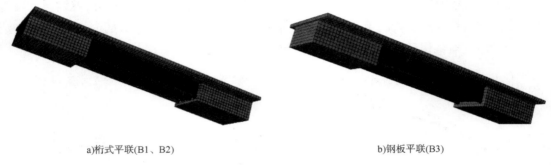

a)桁式平联(B1、B2)　　　　　　　b)钢板平联(B3)

图 7-49　试验梁有限元模型

7.3.2　与试验结果的对比

将有限元求得的混凝土顶板计算结果和试验结果示于图 7-50。可以看出,弹性阶段试验结果与数值计算结果基本相同;开裂阶段、屈服破坏阶段的两曲线趋势一致。因此,采用的有限元方法可较准确地模拟混凝土顶板的非线性行为。

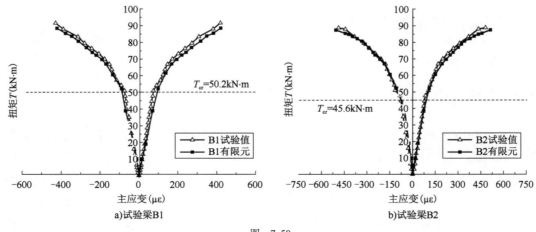

a)试验梁B1　　　　　　　　　　b)试验梁B2

图　7-50

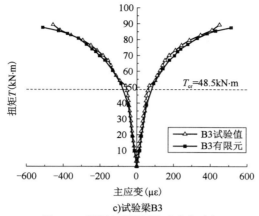

c) 试验梁B3

图 7-50　混凝土顶板扭矩-主应变对比

将有限元求得的下弦杆(钢管)平联扭矩-应变计算结果和试验结果示于图 7-51。对比发现,数值计算结果与试验曲线在弹性阶段基本相同,同时非线性阶段下两对比曲线趋势均一致。因此,书中建立的有限元模型能准确模拟下弦杆(钢管)平联的非线性行为。

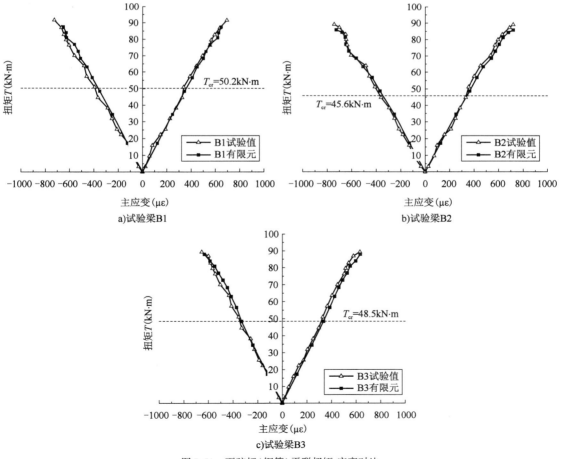

图 7-51　下弦杆(钢管)平联扭矩-应变对比

将有限元求得的波形钢腹板扭矩-应变计算结果和试验结果示于图7-52。弹性阶段有限元结果与试验值吻合较好；混凝土开裂后，结构整体刚度下降，波形钢腹板的应变增加，有限元求得的曲线斜率略小于实测值，但曲线趋势一致。因此，采用的有限元方法可较准确地模拟波形钢腹板行为。

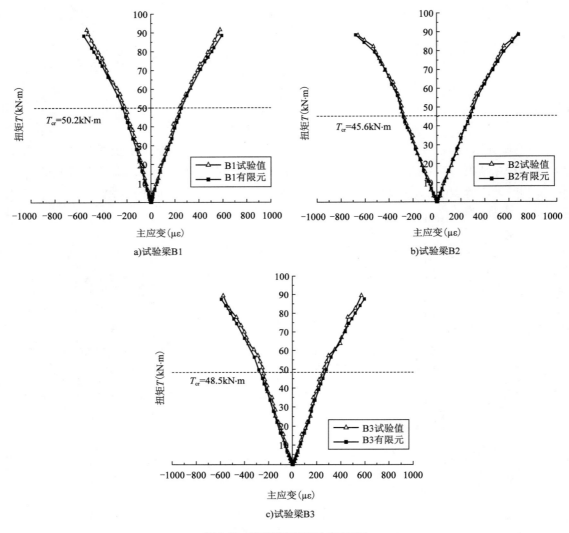

图7-52 波形钢腹板扭矩-应变对比

图7-53为试验梁的扭矩-扭率对比曲线。可以看出，顶板混凝土开裂前，扭矩与扭率基本呈线性关系，该阶段组合梁主要通过混凝土顶板正截面上的剪应力来平衡扭矩；开裂后，试验梁扭率随裂缝不断发展而快速发展，而扭矩增长减缓，从而减小了试验梁的抗扭刚度。

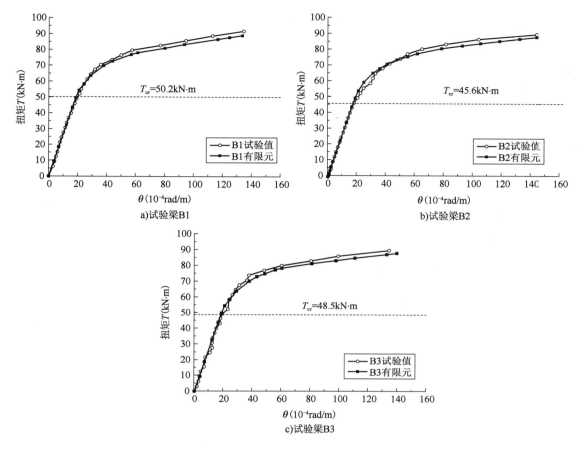

图 7-53 扭矩-扭率曲线对比

7.3.3 主要影响因素分析

7.3.3.1 抗扭刚度

本节采用试验梁 B1 有限元模型,选择了顶板混凝土强度等级、钢材等级、顶板宽厚比(b/t_u)、腹板高厚比(h_w/t_w)和下弦杆径高比(d/h_0)等参数进行试验梁的抗扭刚度分析。

(1)顶板混凝土强度等级。

图 7-54a)为试验梁 B1 顶板混凝土强度等级分别取 C30 ~ C80 时,截面扭矩-抗扭刚度曲线。由曲线对比得:保持其他参数不变,试验梁的抗扭刚度随顶板混凝土强度等级的增加而提高,说明截面抗扭刚度的大小与顶板混凝土的强度等级有关。图 7-54b)为各混凝土等级剪切模量同 C30 剪切模量比值和各混凝土等级试验梁抗扭刚度和原试验梁 B1 抗扭刚度比值曲线,随着混凝土剪切模量的增大,试验梁截面抗扭刚度呈线性增长,其中混凝土相对剪切模量增大 1.267 倍时,试验梁抗扭刚度相对增大至原试验梁 B1 抗扭刚度的 1.035 倍。

(2）钢腹板钢材等级。

图 7-55 为试验梁 B1 腹板钢材分别取 Q235、Q345、Q390 和 Q420 时,截面扭矩-抗扭刚度曲线。在保证其他条件不变下,随着腹板钢材强度的增加,截面抗扭刚度几乎不产生变化,主要由于虽然钢材屈服强度增加,但是钢材的剪切模量几乎不变。

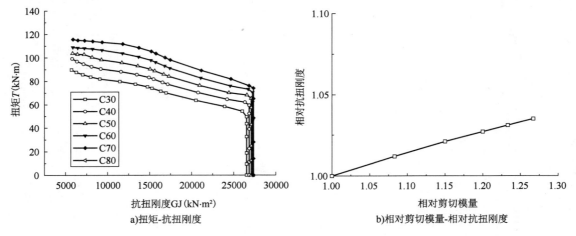

图 7-54　扭矩-抗扭刚度曲线（混凝土强度）

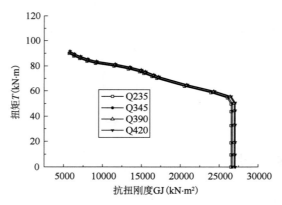

图 7-55　扭矩-抗扭刚度曲线（腹板钢材等级）

（3）顶板宽厚比（b/t_u）。

图 7-56a) 为试验梁 B1 顶板宽度保持 b = 1265mm 不变,分别取腹板间顶板厚度为 70mm、60mm、50mm、40mm、30mm、20mm 和 10mm,相应宽厚比分别为 8.6～60,计算各截面扭矩-抗扭刚度曲线。可以看出,随着顶板厚度的增大,截面抗扭刚度随之增大。图 7-56b) 为不同顶板厚度下,各顶板宽厚比同顶板厚度为 70mm 宽厚比比值和各顶板厚度下试验梁抗扭刚度和原试验梁 B1 抗扭刚度比值曲线,试验梁截面抗扭刚度随着宽厚比增加,截面抗扭刚度呈抛物线减小,当顶板相对宽厚比增大 7 倍时,试验梁抗扭刚度相对减小为原试验梁 B1 抗扭刚度的 0.532 倍。

（4）腹板高厚比（h_w/t_w）。

图 7-57a) 为试验梁 B1 波形钢腹板高度保持 h_w = 210mm 不变,分别取腹板厚度为 2.5mm、

2.0mm、1.5mm、1.0mm、0.5mm 和 0.25mm，相应高厚比分别为 84～840，计算各截面扭矩-抗扭刚度曲线，可以看出，随着腹板厚度的减小，截面抗扭刚度也随之减小。图 7-57b) 为不同腹板厚度下，各腹板高厚比同腹板厚度为 2.5mm 高厚比比值和各腹板厚度下试验梁抗扭刚度和原试验梁 B1 抗扭刚度比值曲线，试验梁截面抗扭刚度随着高厚比增加，截面抗扭刚度呈抛物线减小，当相对高厚比增大 10 倍时，试验梁抗扭刚度相对减小为原 SP1 试验梁抗扭刚度的 0.174 倍。

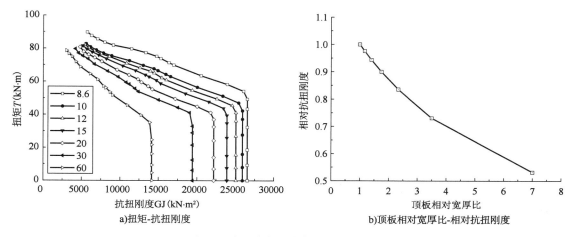

图 7-56 扭矩-抗扭刚度曲线（顶板宽厚比）

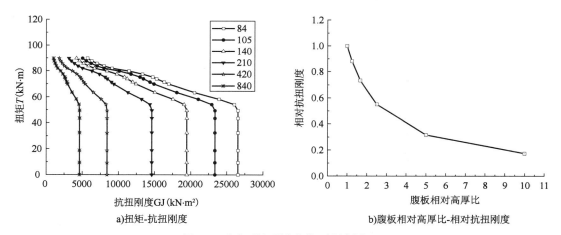

图 7-57 扭矩-抗扭刚度曲线（腹板高厚比）

（5）下弦杆径高比（d/h_0）。

图 7-58a) 为试验梁 B1 顶底板有效高度保持 $h_0 = 280$mm 不变，分别取试验梁下弦杆管径为 70mm、80mm、90mm、100mm、110mm，相应径高比分别为 0.25～0.70，计算各截面扭矩-抗扭刚度曲线，可以看出，随着下弦杆管径的不断增大，截面抗扭刚度也随之增大。图 7-58b) 为不同管径下，各下弦杆径高比同管径为 70mm 的径高比比值和各下弦杆管径下试验梁抗扭刚度和原试验梁 B1 抗扭刚度比值曲线，试验梁截面抗扭刚度随着径高比增加，截面抗扭刚度呈抛物线上升，当相对径高比增大 2.875 倍时，试验梁抗扭刚度相对增大至原试验梁 B1 抗扭刚度的 1.286 倍。

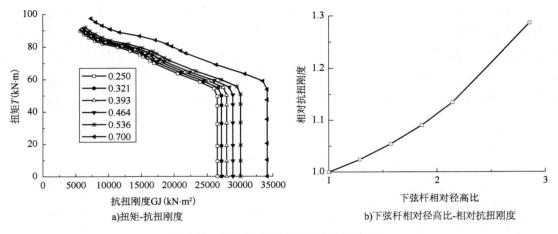

图 7-58 扭矩-抗扭刚度曲线(下弦杆径高比)

7.3.3.2 开裂扭矩

开裂扭矩影响因素计算分析同抗扭刚度,也基于试验梁 B1 有限元模型进行开裂扭矩的计算分析。

(1)顶板混凝土等级。

顶板混凝土强度等级参数选取同抗扭刚度。由图 7-54a)看出,随着顶板混凝土强度等级的增加,截面的开裂扭矩也随着增加。图 7-59 为各混凝土抗拉强度同 C30 抗拉强度比值和各混凝土等级试验梁开裂扭矩和原试验梁 B1 开裂扭矩比值曲线,试验梁截面开裂扭矩随抗拉强度值增大呈线性增长,当混凝土抗拉强度增大 1.542 倍,试验梁的开裂扭矩也增大 1.542 倍。

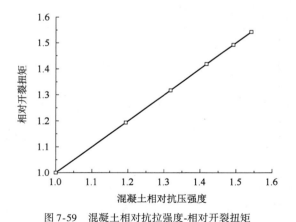

图 7-59 混凝土相对抗拉强度-相对开裂扭矩

(2)波形钢腹板钢材等级。

波形钢腹板钢材等级参数选取同抗扭刚度。由图 7-55 得,随着腹板钢材强度的增加,而截面开裂扭矩不产生变化。图 7-60 为各腹板钢材等级抗拉强度同 Q235 钢材抗拉强度比值与各腹板钢材等级试验梁开裂扭矩和原试验梁 B1 开裂扭矩比值关系曲线,试验梁截面开裂扭矩随抗拉强度值增大基本保持不变,说明在混凝土顶板开裂前,只要波形钢腹板不产生扭转屈服破坏,波形钢腹板强度对结构开裂扭矩不产生作用。

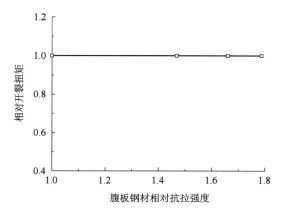

图 7-60　腹板钢材相对抗拉强度-相对开裂扭矩

(3)顶板宽厚比(b/t_u)。

顶板宽厚比参数选取同抗扭刚度。由图 7-56a)看出,随着顶板宽厚比的增加,截面的开裂扭矩随之减小。图 7-61 为各顶板宽厚比同 $b/t_u = 8.6$ 比值和各顶板宽厚比试验梁开裂扭矩和原试验梁 B1 开裂扭矩比值曲线,试验梁截面开裂扭矩随顶板宽厚比增大呈抛物线递减,当相对宽厚比增大 7 倍时,试验梁开裂扭矩相对减小至原试验梁 B1 开裂扭矩的 0.143 倍。

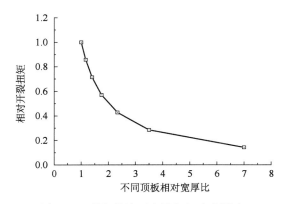

图 7-61　不同顶板相对宽厚比-相对开裂扭矩

(4)腹板高厚比(h_w/t_w)。

腹板宽厚比参数选取同抗扭刚度。由图 7-57a)看出,随着腹板高厚比的增大,截面开裂扭矩几乎保持不变,图 7-62 为各腹板高厚比同腹板厚度为 2.5mm 高厚比比值和各腹板厚度下试验梁开裂扭矩和原试验梁 B1 开裂扭矩比值曲线,试验梁截面开裂扭矩随着高厚比增加变化不大,当相对高厚比增大 10 倍时,试验梁开裂扭矩减小至原试验梁 B1 开裂扭矩的 0.97 倍。

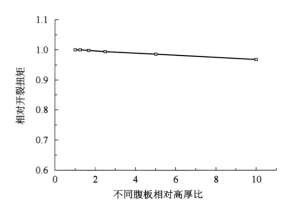

图 7-62　不同腹板相对高厚比-相对开裂扭矩

(5) 下弦杆径高比（d/h_0）。

下弦杆径高比参数选取同抗扭刚度。由图 7-58a) 看出,随着下弦杆管径的不断增大,截面开裂扭矩也随之增大。图 7-63 为各下弦杆径高比同管径为 70mm 的径高比比值和各下弦杆管径下试验梁开裂扭矩和原试验梁 B1 开裂扭矩比值曲线,试验梁截面开裂扭矩随着径高比增加,截面开裂扭矩呈抛物线上升,当相对径高比增大 2.875 倍时,试验梁开裂扭矩提高至原试验梁 B1 开裂扭矩的 1.153 倍。

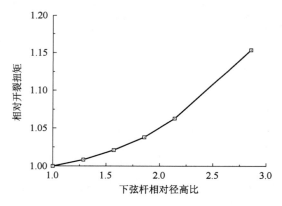

图 7-63　下弦杆相对径高比-相对开裂扭矩

7.3.3.3　极限扭矩

极限扭矩影响因素计算分析在抗扭刚度和开裂扭矩参数分析基础上,增加顶板钢筋等级,也基于试验梁 B1 有限元模型进行极限扭矩的计算分析。

(1) 顶板混凝土等级。

顶板混凝土强度等级参数选取同抗扭刚度和开裂扭矩。由图 7-54a) 看出,随着顶板混凝土强度等级的增加,截面的极限扭矩也随着增加。图 7-64 为各强度等级混凝土剪切模量同 C30 混凝土剪切模量比值和各强度等级混凝土试验梁极限扭矩和原试验梁 B1 极限扭矩比值曲线。各混凝土强度等级下,结构达到极限扭矩时均是顶板纵筋屈服破坏。试验梁截面极限扭矩随混凝土剪切强度值增大呈线性增长,当混凝土剪切强度增大1.267倍时,试验梁极限扭矩也增大1.245倍。

(2)顶板钢筋等级。

图7-65为试验梁B1顶板钢筋分别取HRB335、HRB400和HRB500时,各顶板钢筋等级抗拉强度同R235钢筋抗拉强度比值与各顶板钢筋等级试验梁极限扭矩和原试验梁B1极限扭矩比值关系曲线,各顶板钢筋抗拉强度等级下,结构达到极限扭矩时均是顶板纵筋屈服破坏。此时,试验梁截面极限扭矩随顶板钢筋抗拉强度值增大呈线性增长,当顶板钢筋抗拉强度增大2.128倍时,试验梁极限扭矩增大1.515倍。

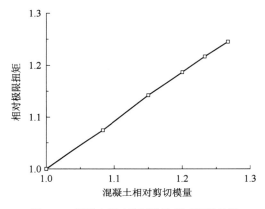

图7-64 混凝土相对剪切模量-相对极限扭矩　　图7-65 顶板钢筋相对抗拉强度-相对极限扭矩

(3)波形钢腹板钢材等级。

波形钢腹板钢材等级参数选取同抗扭刚度和开裂扭矩。由图7-55得,随着腹板钢材强度的增加,截面的极限扭矩不产生变化。图7-66为各腹板钢材等级抗拉强度同Q235钢材抗拉强度比值与各腹板钢材等级试验梁极限扭矩和原试验梁B1极限扭矩比值关系曲线,试验梁截面及限扭矩随抗拉强度值增大,极限扭矩保持不变,主要原因是试验梁截面达到极限扭矩时均是顶板纵筋屈服破坏,而波形钢腹板还未达到扭转屈服破坏,波形钢腹板抗拉强度对结构极限扭矩不产生作用。

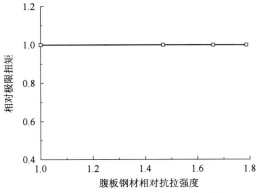

图7-66 腹板钢材相对抗拉强度-相对极限扭矩

(4)顶板宽厚比(b/t_u)。

顶板宽厚比参数选取同抗扭刚度和开裂扭矩。由图7-56a)看出,随着顶板宽厚比的增加,截面的极限扭矩随之减小。图7-67为各顶板宽厚比同$b/t_u=8.6$比值和各顶板宽厚比试验梁极限扭矩和原试验梁B1极限扭矩比值曲线,试验梁截面极限扭矩随顶板宽厚比增大呈抛物线递减,当相对宽厚比增大7倍时,试验梁极限扭矩相对减小至原试验梁B1极限扭矩的0.538倍。

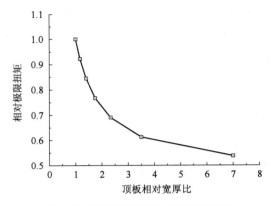

图7-67 顶板相对宽厚比-相对极限扭矩

(5)腹板高厚比(h_w/t_w)。

腹板宽厚比参数选取同抗扭刚度和开裂扭矩。由图7-57a)看出,随着腹板高厚比的增大,截面极限扭矩几乎保持不变。图7-68为各腹板高厚比同腹板厚度为2.5mm高厚比比值和各腹板厚度下试验梁极限扭矩和原试验梁B1极限扭矩比值曲线,同开裂扭矩,试验梁截面极限扭矩随着高厚比增加变化不大,当相对高厚比增大10倍时,试验梁极限扭矩为原试验梁B1极限扭矩的0.97倍,可忽略不计。

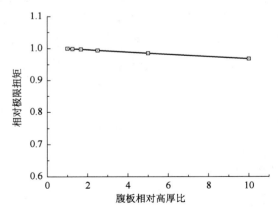

图7-68 腹板相对高厚比-相对极限扭矩

(6)下弦杆径高比(d/h_0)。

下弦杆径高比参数选取同抗扭刚度和开裂扭矩。由图7-58a)看出,同开裂扭矩,随着下弦杆管径不断增大,截面极限扭矩也随之增大。图7-69为各下弦杆径高比同管径为70mm的径高比比值和各下弦杆管径下试验梁极限扭矩和原试验梁 B1 极限扭矩比值曲线,试验梁截面极限扭矩随着径高比增加,截面极限扭矩呈抛物线上升,当相对径高比增大 2.875 倍时,试验梁极限扭矩相对提高至原试验梁 B1 极限扭矩 1.152 倍。

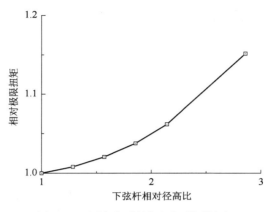

图 7-69　下弦杆相对径高比-相对极限扭矩

7.4　试验梁弯扭性能有限元模型

采用大型通用有限元软件 MSC.MARC 对波形钢腹板-钢管混凝土组合梁进行数值模拟,并将试验结果和有限元计算结果进行对比,验证有限元模型的适用性与精确性,分析不同扭矩对波形钢腹板-钢管混凝土组合梁抗弯承载能力的影响;采用有限元对全桥应力和变形进行整体分析。

7.4.1　实体有限元模型

7.4.1.1　网格划分

在保证计算精度的前提下,为提高计算效率,波形钢腹板-钢管混凝土组合梁采用分区划分网格,按"粗细有致"原则进行。下弦杆与波形钢腹板、波形钢腹板和混凝土桥面板间采用"共节点"方式进行连接。波形钢腹板-钢管混凝土组合梁有限元模型网格划分见图 7-70。

7.4.1.2　单元选择

波形钢腹板-钢管混凝土组合梁下弦杆、波形钢腹板、横撑及平联等均采用 MSC.MARC 自带的编号为 7 的一阶完全积分实体单元进行模拟。混凝土单元中钢筋采用 MSC.MARC 中的三节点线单元来模拟。

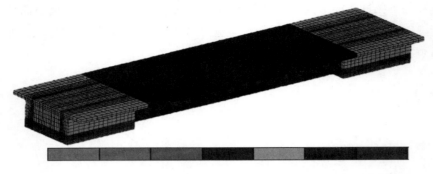

加载头　平联　K撑　桥面板　管内混凝土　下弦钢管　波形钢腹板

a)全桥网格

b)混凝土桥面网格

c)下弦钢管网格

d)波形钢腹板网格

e)K撑网格

图 7-70

f)平联网格

图 7-70 实体有限元模型网格划分

7.4.1.3 边界条件

波形钢腹板-钢管混凝土组合梁实际边界条件为一端固结,一端约束竖向位移。在竖向位移约束端部施加扭矩。因此,在进行有限元模型边界条件模拟时,将固定端和施加扭矩端端部加载板范围内的所有节点通过 MSC.MARC 中的 RBE2 连接耦合到一个参考点上。将固定端端部耦合点的 DX、DY、DZ、RX、RY 和 RZ 六个方向全部约束,而将施加扭矩端端部耦合点的 DZ 方向约束,同时在该点上施加绕 X 轴方向的扭矩。

对于荷载施加过程中的弯矩模拟,分别将分配梁施加力位置处的加载钢板范围所有节点耦合到节点上,并在两个耦合节点上施加大小相等、方向相同的集中力,来模拟波形钢腹板-钢管混凝土组合梁所受弯矩。有限元模型具体边界条件见图 7-71。

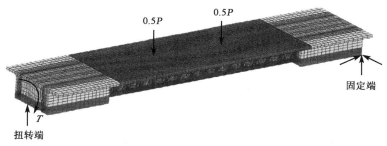

图 7-71 边界条件

7.4.1.4 材料本构关系

素混凝土模型、钢管内混凝土模型、混凝土受拉软化考虑、钢筋和钢板应力-应变关系模型相关表述见 7.1.1 小节。

接触模拟时,忽略混凝土与钢筋之间的相对滑移,采用 MSC.MARC 中的 insert 命令将钢筋单元"嵌入"到混凝土单元中。

采用 MSC.MARC 中的 Glue 命令将下弦杆和管内混凝土单元进行"绑定",以模拟两者间的连接。

7.4.2 有限元与试验结果对比分析

本节将有限元计算得的不同弯扭比作用下的扭矩-转角曲线、扭矩-应变曲线、荷载-挠度曲线、荷载-应变曲线与试验数据进行对比,验证了有限元建模的正确性,为不同弯矩对组合梁极限扭矩影响的计算分析奠定良好基础。

7.4.2.1 纯扭阶段

图 7-72、图 7-73 分别对比了纯扭阶段,有限元计算结果和试验采集所得的扭矩-转角曲线和混凝土桥面板顶部的扭矩-应变曲线。由图 7-72、图 7-73 可看出,有限元分析结果与试验测试结果变化趋势基本一致,吻合良好,也可以明显划分为弹性、弹塑性和塑性三个阶段。当扭矩荷载小于开裂扭矩时,有限元分析结果与试验测试所得结果较为吻合,误差不超过5%,当扭矩荷载小于开裂扭矩后,有限元分析结果与试验测试所得结果误差相对较大,达到12%,这主要是由于混凝土桥面板顶面的开裂位置、扩展方向、裂缝间距等存在较强随机性。因此,整体而言,有限元分析结果能够真实反映波形钢腹板-钢管混凝土组合梁在纯扭阶段的受力性能。

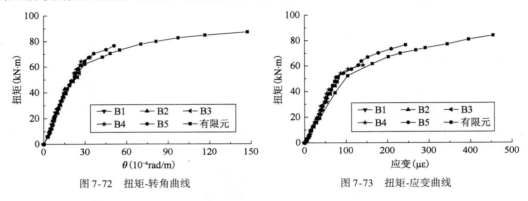

图 7-72 扭矩-转角曲线　　　　　图 7-73 扭矩-应变曲线

7.4.2.2 复合弯扭阶段

有限元分析和试验测试所得不同扭矩荷载作用下,跨中截面荷载-挠度曲线、跨中截面下弦杆荷载-应变曲线、开裂荷载-扭矩曲线和极限荷载-扭矩曲线对比结果分别见图 7-74～图 7-77。从图 7-74～图 7-77 可看出,有限元计算的结果与试验所测得的结果两者的变化趋势基本相同且能较好吻合,误差不超过 18%,且有限元分析所得开裂荷载和极限荷载均小于试验值,说明能采用本书所建的有限元模型对该种新型截面形式的组合梁进行复合弯扭阶段的受力性能分析,具有一定的安全富余,能真实反映波形钢腹板-钢管混凝土组合梁的受力状态。

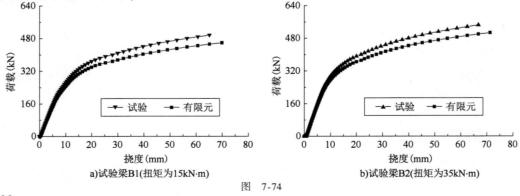

a)试验梁B1(扭矩为15kN·m)　　　　b)试验梁B2(扭矩为35kN·m)

图 7-74

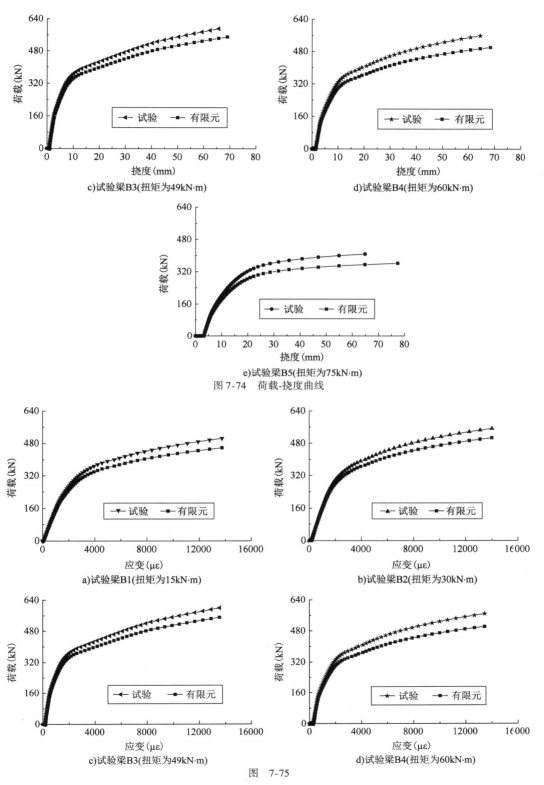

图 7-74 荷载-挠度曲线

图 7-75

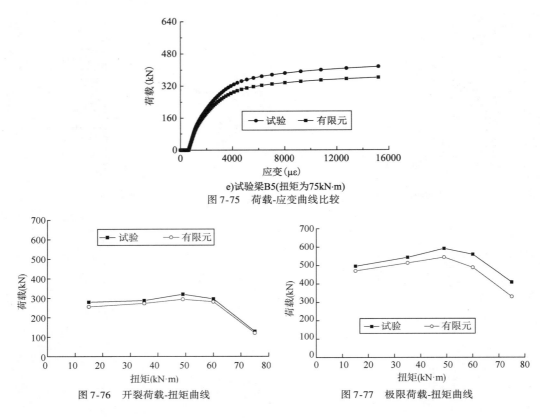

e)试验梁B5(扭矩为75kN·m)

图 7-75 荷载-应变曲线比较

图 7-76 开裂荷载-扭矩曲线

图 7-77 极限荷载-扭矩曲线

7.4.2.3 复合弯扭作用下工作机理分析

1)纯扭阶段

(1)挠度分析。

图 7-78 为纯扭阶段不同扭矩荷载作用下,波形钢腹板-钢管混凝土组合梁整体变形情况,其中图中变形为采用 MSC. MARC 中的 Deformation Scaling 命令,按实际变形的 20 倍放大。由图 7-78 可以看出,试验梁扭转变形随扭矩荷载的增大而增加,但是在扭矩荷载小于开裂扭矩时,扭转变形随扭矩的增加变化不大;当扭矩荷载超过开裂扭矩后,扭转变形随扭矩的增加而增长迅速。这说明混凝土桥面板开裂及开裂范围的大小对波形钢腹板-钢管混凝土组合梁抗扭刚度的影响较大。

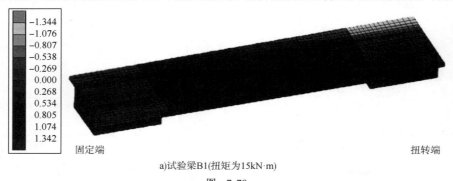

a)试验梁B1(扭矩为15kN·m)

图 7-78

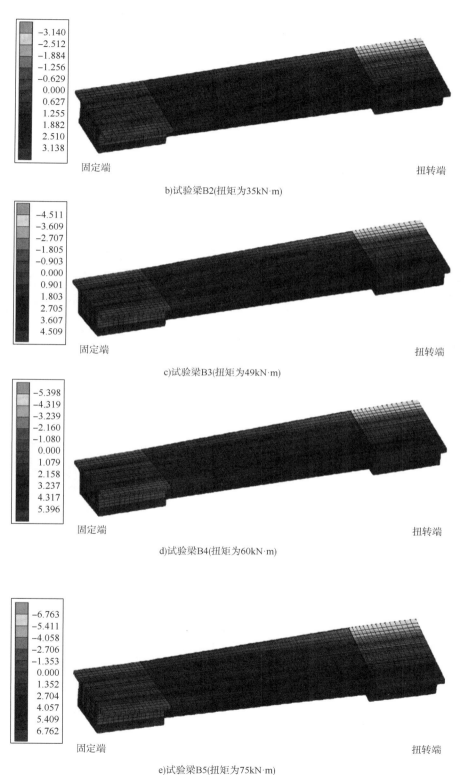

b)试验梁B2(扭矩为35kN·m)

c)试验梁B3(扭矩为49kN·m)

d)试验梁B4(扭矩为60kN·m)

e)试验梁B5(扭矩为75kN·m)

图7-78 纯扭阶段变形图(单位:mm)

(2) 应力分析。

采用 MSC.MARC 直接观测波形钢腹板-钢管混凝土组合梁混凝土桥面板裂纹的萌生、扩展是不容易的，因而通过有限元中的最大主应力方向间接地了解混凝土桥面板在纯扭阶段的斜向裂纹分布情况。由于混凝土桥面板应力云图存在对称性，因而取半跨混凝土桥面板进行分析，具体最大主应力云图见图 7-79。由图 7-79 可以看出，除了极个别加载板所在位置点应力外，扭矩荷载小于 49kN·m 时，混凝土桥面板最大主应力小于混凝土抗拉应力，即该扭矩荷载范围内，混凝土桥面板尚未开裂；而当扭矩荷载达到 49kN·m 后，混凝土桥面板扭转端附近部分区域最大主应力大于混凝土抗拉应力，且随着扭矩的增大，最大主应力大于混凝土抗拉应力的区域不断增大。

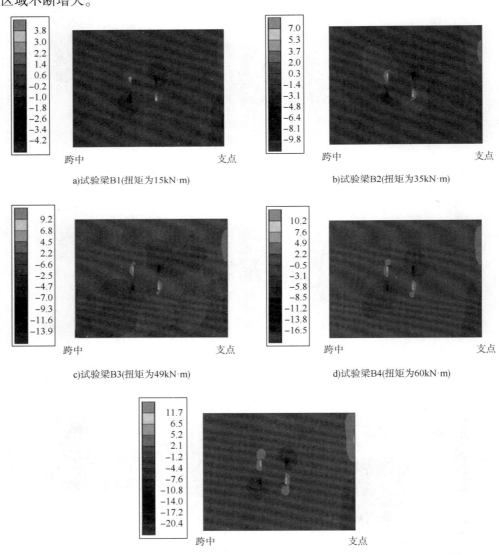

图 7-79 桥面板最大主应力云图（单位：MPa）

2) 复合弯扭阶段

(1) 挠度分析。

图 7-80 为复合弯扭阶段,波形钢腹板-钢管混凝土组合梁整体变形情况,其中图中变形为采用 MSC. MARC 中的 Deformation Scaling 命令,按实际变形的 20 倍放大。由图 7-80 可以看出,在不同扭矩荷载工况下,试验梁竖向变形均随荷载的增大而增加,在达到极限荷载时,5 根波形钢腹板-钢管混凝土组合梁的变形情况是 B3 > B4 > B2 > B1 > B5。

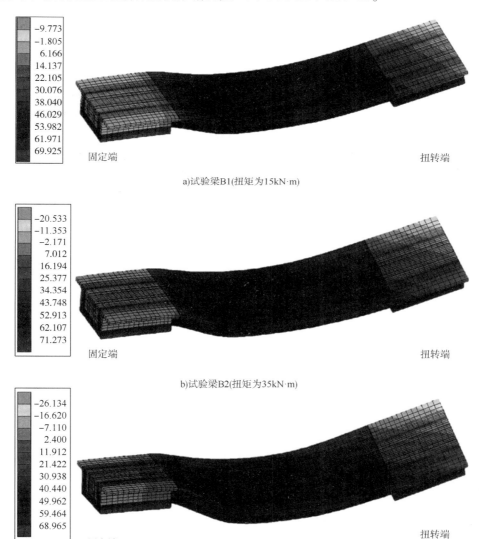

a) 试验梁B1(扭矩为15kN·m)

b) 试验梁B2(扭矩为35kN·m)

c) 试验梁B3(扭矩为49kN·m)

图 7-80

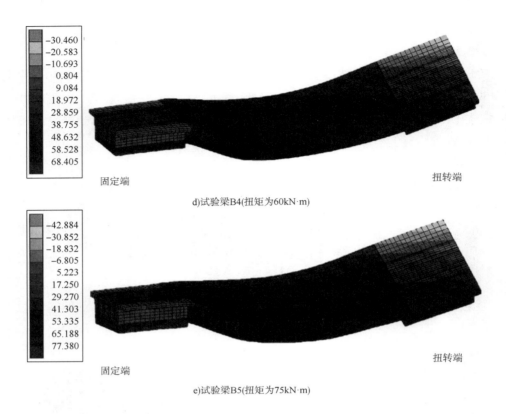

图 7-80 复合弯扭阶段变形图(单位:mm)

(2)应力分析。

由于波形钢腹板-钢管混凝土组合梁下弦杆应力云图存在对称性,因而取半跨下弦杆进行分析,具体 von Mises 应力云图见图 7-81。由图 7-81 可以看出,在达到极限荷载后,纯弯段范围内,试验梁 B1~B5 下弦杆已经基本达到屈服状态,因而在复合弯扭阶段,波形钢腹板-钢管混凝土组合梁竖向变形均较大。

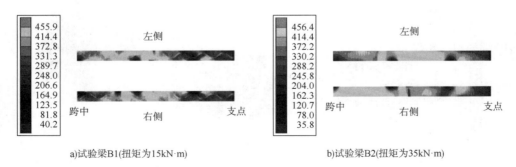

图 7-81

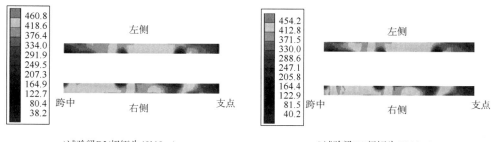

c) 试验梁B3(扭矩为49kN·m)　　　　d) 试验梁B4(扭矩为60kN·m)

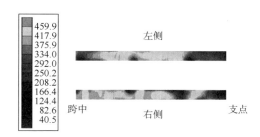

e) 试验梁B5(扭矩为75kN·m)

图 7-81　下弦杆 von Mises 应力云图(单位:MPa)

7.4.3　主要影响因素分析

7.4.3.1　扭矩-弯矩相关关系

为进一步分析弯矩对波形钢腹板-钢管混凝土组合梁极限扭矩的影响,本小节结合7.4.2小节所得结果,进行扩展有限元参数分析。有限元参数的加载方式为预先施加确定集中力荷载,通过逐级施加扭矩,最终得到不同荷载值时的极限扭矩。图7-82、图7-83分别为不同荷载值时的下弦杆扭矩-应变曲线和扭矩-荷载曲线。由图7-82、图7-83可以看出:集中荷载96kN、184kN、272kN和336kN对应的极限扭矩分别为95kN·m、100kN·m、95kN·m和87kN·m;当荷载值小于184kN时,试验梁极限扭矩随荷载的增大而增大,当荷载值大于184kN后,试验梁极限扭矩随荷载的增大而减小。

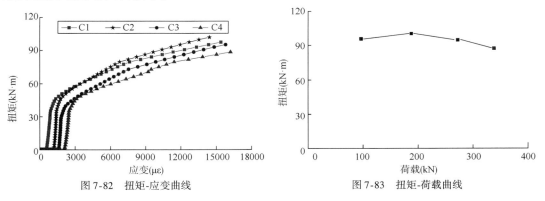

图 7-82　扭矩-应变曲线　　　　图 7-83　扭矩-荷载曲线

根据结构力学原理、试验梁尺寸与边界条件,可由试验与有限元分析中施加的集中荷载计算得到试验梁纯弯段弯矩值。结合试验研究和有限元扩展参数分析得到的扭矩-集中荷载相关关系,可得试验扭矩-弯矩曲线和扩展参数分析扭矩-弯矩曲线,见图7-84。根据图7-84以及计算得到的纯弯和纯扭作用下组合梁的极限弯矩和极限扭矩,可得扭矩/极限扭矩(T/T_u)与弯矩/极限弯矩(M/M_u)的关系,见图7-85。

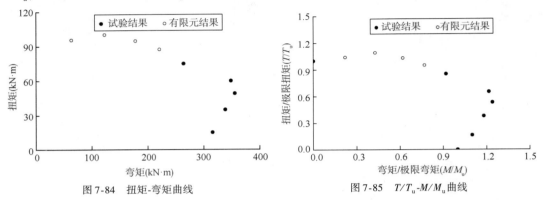

图7-84 扭矩-弯矩曲线　　　　图7-85 T/T_u-M/M_u曲线

7.4.3.2 弯扭相关方程

波形钢腹板-钢管混凝土组合梁在弯扭的共同作用下,极限强度分析是一个内力分布复杂、带裂缝工作的空间受力问题。试验与有限元分析结果表明:波形钢腹板-钢管混凝土组合梁在不同的扭弯比作用下的破坏形态大致分为两种,即扭弯比较小的弯型破坏和扭弯比较大的扭型破坏。

(1) 弯型破坏。

根据试验结果,当$T/T_u \leqslant 0.652$时,弯矩起主要作用,试验模型属于弯型破坏。波形钢腹板-钢管混凝土组合梁的弯型破坏特征为:顶部混凝土受压破坏,不能形成环绕的螺旋形裂缝,即不满足变角空间桁架模型的基本假设。对于这种不能充分形成空间桁架体系的构件,刘凤奎提出过板-桁架模型,然而这一模型由于计算较复杂,并没有提出具体直接的抗扭强度计算公式,因此没有得到很好推广,也需要更多的试验论证。

试验研究结果表明,弯扭复合作用下,当扭矩较小时,组合梁抗弯承载力计算时应考虑扭矩的存在对构件的极限弯矩的影响。通过对波形钢腹板-钢管混凝土组合梁的弯扭相关性进行分析,建立了当$0 \leqslant T/T_u \leqslant 0.652$时波形钢腹板-钢管混凝土组合梁弯扭承载力的相关方程:

$$0.674\left(\frac{T}{T_u}\right)^2 - 0.770\left(\frac{T}{T_u}\right) + \frac{M}{M_u} = 1 \qquad \left(0 \leqslant \frac{T}{T_u} \leqslant 0.652\right) \qquad (7\text{-}18)$$

式中:T_u、T——分别为波形钢腹板-钢管混凝土组合梁在纯扭、弯扭作用下的极限受扭承载力;

M_u、M——分别为波形钢腹板-钢管混凝土组合梁在纯弯、弯扭作用下的极限受弯承载力。

(2) 扭型破坏。

当扭矩较大即扭矩起主要作用时,试验梁的破坏模式表现为混凝土的斜拉破坏,螺旋形的裂缝以环绕方式逐渐包围构件的外表面,形成空间桁架形式的受力体系,故可采用变角度的空间桁架模型来进行受力分析,还要考虑弯矩对试验梁的极限扭矩的影响。在较小弯矩作用下,试验梁顶板混凝土处于受压状态,由弯矩所引起的压应力可以与由扭矩引起的一部分斜拉应力相抵消从而提高试验梁的极限抗扭强度。因此,建立了在大扭弯比荷载作用下即 $0.652 < T/T_u \leqslant 1$ 时,波形钢腹板-钢管混凝土组合梁的弯扭相关方程:

$$\frac{T}{T_u} - 0.396 \left(\frac{M}{M_u}\right) + 0.561 \left(\frac{M}{M_u}\right)^2 = 1 \quad \left(0.652 < \frac{T}{T_u} \leqslant 1\right) \quad (7-19)$$

弯扭关系曲线如图 7-86 所示,由图 7-86 可知,得到的波形钢腹板-钢管混凝土组合梁弯扭相关方程与有限元扩张参数分析得到的结果和试验结果都能较好吻合。

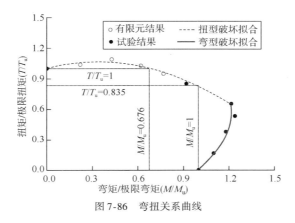

图 7-86 弯扭关系曲线

弯扭相关方程表明:当 $0 < M/M_u < 0.676$ 时,弯矩的存在可提高波形钢腹板-钢管混凝土组合梁的极限扭矩值;当 $M/M_u = 0.344$ 时,组合梁的极限扭矩达到最大值 $1.066T_u$。当 $0 < T/T_u < 0.835$ 时,扭矩的存在可提高波形钢腹板-钢管混凝土组合梁的极限弯矩值;当 $M/M_u = 0.652$ 时,组合梁的极限扭矩达到最大值 $1.216M_u$。

7.5 试验梁疲劳性能有限元模型

在疲劳性能模型试验的基础上,采用通用有限元软件 ABAQUS 对试验梁进行了模拟分析,并与试验结果进行对比,为有限元参数选择奠定基础。建立实桥局部有限元模型,进行影响组合梁结构中波形钢腹板与下弦钢管连接焊缝处应力集中程度的主要参数分析,得出主要参数变化对此类组合梁结构中腹板与下弦钢管连接焊缝处的应力分布影响规律。

7.5.1 有限元模型建立

7.5.1.1 1∶5 缩尺试验梁有限元模型

采用通用有限元软件 ABAQUS 建立试验梁有限元模型进行分析计算。有限元模型中单元网格划分、加载方式和边界条件如图7-87所示。混凝土顶板以及钢管内混凝土采用C3D8R实体单元模拟;下弦钢管、波形钢腹板、横撑和下平联采用S4R壳单元模拟;混凝土中钢筋采用TRUSS单元来模拟,忽略钢筋单元与混凝土单元之间滑移,采用embed命令"嵌入"混凝土中;波形钢腹板与顶板采用tie命令模拟,忽略顶板与波形钢腹板之间的滑移;下弦钢管和管内混凝土采用tie命令模拟,忽略钢管与混凝土之间的滑移;波形钢腹板与下弦钢管采用merge命令进行模拟,使得波形钢腹板与下弦钢管在连接部位共节点,达到两者共同变形的目的。本书主要研究对象是波形钢腹板与下弦钢管连接焊缝处疲劳,故对下弦钢管和波形钢腹板底部网格划分较密,对横撑以及混凝土顶板网格划分较为粗糙。模型边界条件为简支状态。

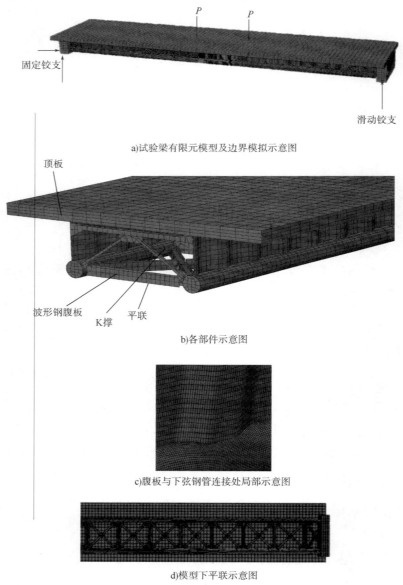

a) 试验梁有限元模型及边界模拟示意图

b) 各部件示意图

c) 腹板与下弦钢管连接处局部示意图

d) 模型下平联示意图

图7-87 模型示意图

7.5.1.2 实桥截面有限元模型

为避免尺寸效应对波形钢腹板-桁式弦杆组合梁疲劳性能的影响,本节将以实桥为研究对象,通过改变实桥构造参数进行组合梁疲劳性能的研究。因此,本小节也介绍实桥有限元模型的建立方法。由于实桥有限元参数分析中主要是对腹板与下弦钢管连接焊缝处的应力分布进行参数分析,故可利用结构与荷载的对称性,简化结构受力体系,取本书研究对象所在区域建立局部有限元模型,对研究关键位置的网格进行详细划分,以达到精确求解的目的,以省去大量不必要的建模工作和计算量。

有限元模型梁截面及波形钢腹板基本参数见图7-88、图7-89。为较好规避边界处与加载处的应力集中对应力计算造成的影响,故取实桥截面的梁长为24200mm,钢管管径为720mm,管壁厚为20mm;波形钢腹板波长为1600mm,波高为220mm,波形钢腹板板厚为20mm;混凝土顶板宽度为1500mm,混凝土板厚为300mm,钢管、钢翼缘板及波形钢腹板使用Q345钢材,顶板混凝土和钢管内混凝土采用C50。

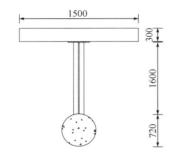

图7-88 有限元模型梁截面参数(尺寸单位:mm)

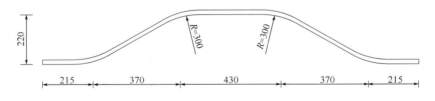

图7-89 有限元模型梁波形钢腹板基本参数(尺寸单位:mm)

实桥截面有限元模型的建模方法同试验梁有限元模型一样,保持等名义应力幅的情况,同时兼顾结构研究部位(腹板和下弦钢管)处于弹性阶段。为此,实桥截面有限元模型的加载方式采用距梁端1/3梁长的位置对称加载竖向集中面荷载P,竖向集中面荷载P为106.4N/mm^2,施加面积为40000mm^2。

边界条件为简支状态,同实桥保持一致。设置如下:下弦钢管一端的端部钢板底部施加三向铰接约束,在另一端的钢板底部施加二向铰接约束;同时在梁端的混凝土顶板左右两侧设置单向铰支约束,防止侧倾,如图7-90所示。

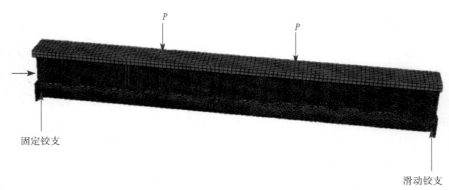

a)实桥截面有限元模型整体示意图

b)腹板与下弦钢管连接焊缝处局部模型

图 7-90 有限元模型

7.5.1.3 网格无关性检查

从后续的有限元分析可知,波形钢腹板与下弦钢管的连接焊缝处存在应力集中,主要出现在 S 点附近。不同的网格划分方式和网格尺度可能会对下弦钢管与腹板连接焊缝处的应力计算结果产生影响,如腹板与下弦钢管连接焊缝处的网格尽量均匀,避免出现网格凸点,或者波形钢腹板与下弦钢管的连接焊缝处网格要共节点等。因此,有必要确定合理的网格划分方式和网格质量,确保腹板与下弦钢管连接焊缝处的应力值不会随着网格尺度的变化而变化,这样才能得到与网格划分及尺度无关的应力值。

下文以试验梁有限元模型为例,介绍网格尺寸划分无关性检查。本小节给出了试验梁纯弯段下弦钢管与波形钢腹板连接焊缝处四种尺寸,分别为网格一在连接焊缝处的网格长度为 9mm,网格二~网格四的网格长度分别为 6mm、3mm、2mm,并保证单元在连接焊缝处划分均匀。其目的是能比较好地模拟连接焊缝处的网格质量,确保计算结果精度达到要求。图 7-91 所示为连接焊缝处四种网格的划分方式。本书提取荷载 $\Delta P = 300\text{kN}$ 作用下,距下弦钢管与波形钢腹板连接焊缝处 18mm 的应力幅做比较,并列于表 7-3。从表 7-3 可得,当试验梁网格尺寸小于 3mm 时,其应力值基本保持一致,故得到网格无关的解。考虑到为使下文热点应力法方便求解,故下文有限元分析中采用第四种网格尺寸以及网格划分方式。

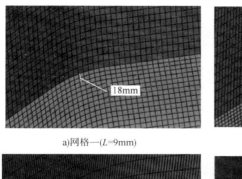

图 7-91 钢管与波形钢腹板焊缝处周围的网格

不同网格尺寸的试验梁应力幅比较(单位：MPa)　　表 7-3

网格编号	网格尺寸(mm)	空钢管-试验梁主应力幅(MPa)	误差(%)	钢管混凝土-试验梁主应力幅(MPa)	误差(%)
一	9	98.72	2	80.62	2
二	6	99.27	1.2	81.17	1.7
三	3	100.35	0.2	82.55	0.1
四	2	100.52	—	82.62	—

7.5.2 试验结果与有限元结果对比分析

基于 6.5 节内容，将有限元软件计算得的挠度-荷载曲线、应变-荷载曲线与初始静力加载时所测得的数据进行比较，以验证有限元模型的准确性，为后续的相关几何参数分析以及估算疲劳寿命奠定基础。

7.5.2.1 试验值与试验梁有限元结果对比分析

(1) 挠度-荷载曲线。

试验梁实测与有限元分析得到的跨中处挠度-荷载曲线，如图 7-92 所示。由图 7-92 可得：试验梁在不超过 350kN 的竖向集中力作用下，其跨中处的挠度值均随着荷载的增加呈线性增大，且两者的挠度趋势吻合很好，有限元模型略大于试验值，空钢管-试验梁最大偏差率小于 9%，钢管混凝土-试验梁最大偏差率小于 12.3%，故有限元能较好地模拟试验梁整体受力状态。

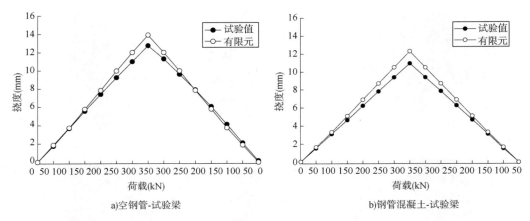

图7-92 挠度-荷载曲线

（2）应变-荷载曲线。

试验梁应变测点提取位置如图7-93所示。初始静载试验与有限元计算分析得到的跨中处应变-荷载曲线，如图7-94所示。由图7-94可看出：在相同荷载作用下，有限元分析结果略大于试验值，曲线趋势一致，空钢管-试验梁的最大偏差率为8.8%；钢管混凝土-试验梁的最大偏差率为14.6%。图7-95、图7-96给出的是在$\Delta P = 300 \text{kN}$作用下，试验梁中波形钢腹板与下弦钢管连接焊缝处沿焊趾路径应力和应力集中系数的分布。从图7-95、图7-96可得：有限元所得测点应力与试验结果变化规律基本相同，应力最大位置均在跨中区域的Z测点，有限元分析结果与试验结果最大偏差率均未超过15.2%，有限元模型能较好地模拟结构的受力状态。

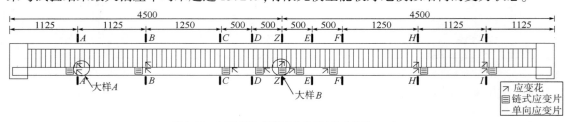

图7-93 试验梁的应变提取位置（尺寸单位：mm）

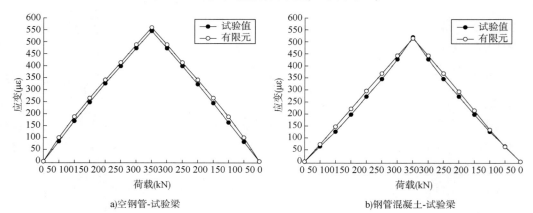

图7-94 试验梁应变-荷载曲线

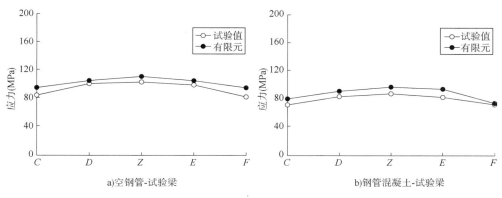

图 7-95 试验梁应力分布对比

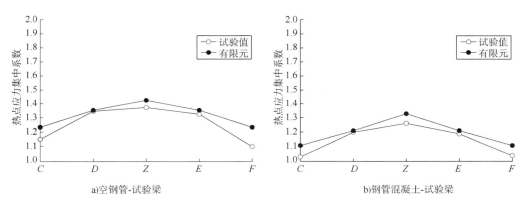

图 7-96 试验梁应力集中系数对比

(3) 空钢管-试验梁和钢管混凝土-试验梁计算结果对比分析。

图 7-97、图 7-98 为空钢管-试验梁和钢管混凝土-试验梁中下弦钢管与波形钢腹板跨中纯弯段的应力分布云图。由图 7-97、图 7-98 可知：在等荷载幅（$\Delta P = 300\text{kN}$）作用下，两者的环向应力变小，其腹板与下弦钢管连接焊缝处的下弦钢管顶缘主应力基本由其纵向应力控制的，这与试验梁破坏模式相对应，具体见 6.7 节。与空钢管-试验梁相比，由于钢管混凝土-试验梁中下弦钢管填充混凝土，下弦钢管的变形受到很大的限制，使钢管混凝土-试验梁中腹板与下弦钢管连接焊缝处的节点应力出现重分布，沿桥跨方向应力分布较均匀，这与 6.5.1 小节相对应。

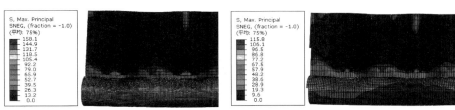

图 7-97

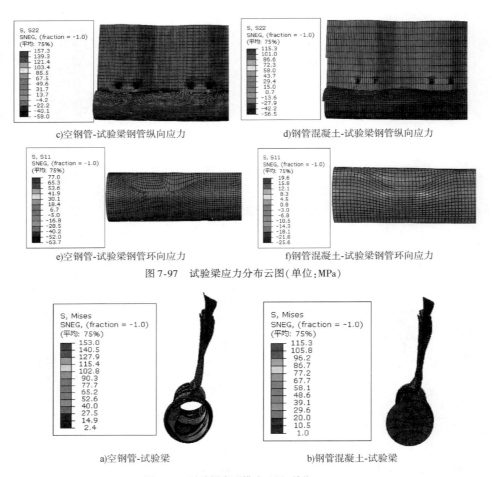

c) 空钢管-试验梁钢管纵向应力　　　d) 钢管混凝土-试验梁钢管纵向应力

e) 空钢管-试验梁钢管环向应力　　　f) 钢管混凝土-试验梁钢管环向应力

图 7-97　试验梁应力分布云图（单位：MPa）

a) 空钢管-试验梁　　　　　　　b) 钢管混凝土-试验梁

图 7-98　试验梁变形模式云图（单位：MPa）

7.5.2.2　试验值与实桥截面有限元结果对比分析

（1）试验值（钢管混凝土-试验梁）与实桥截面有限元模型应变对比。

因本书的研究对象为波形钢腹板与下弦钢管连接焊缝处的应力分布情况，故主要验证实桥截面有限元模型中波形钢腹板与下弦钢管连接焊缝处的应力是否符合实际结构的应力状态。在保证实桥截面有限元模型和试验梁在等名义应力幅情况下，进行试验梁跨中区域（图 7-93）纯弯段初始静载的试验值与实桥截面有限元计算结果对比分析，并示于表 7-4。由表 7-4 可知，二者误差均在 12% 以内，故实桥截面有限元模型能较准确地模拟波形钢腹板与下弦钢管连接焊缝处附近下弦钢管顶缘的应变状态。

实桥截面与钢管混凝土-试验梁的正应变对比（等名义应力情况下）　　　表 7-4

测点 Z1 应变（με）		误差（%）	测点 Z2 应变（με）		误差（%）
试验值	有限元		试验值	有限元	
380	410	8	392	399	2

续上表

测点 Z3 应变(με)		误差(%)	测点 Z4 应变(με)		误差(%)
试验值	有限元		试验值	有限元	
378	404	7	384	403	5

图 7-99 为纯弯荷载作用下实桥截面有限元模型以及试验梁有限元模型中下弦钢管与腹板连接焊缝处的应力云图。由图 7-99 可知：试验梁有限元模型中，下弦钢管与腹板连接焊缝处的应力分布同实桥截面有限元模型一致；也可直观看出波形钢腹板与下弦钢管连接焊缝处的应力集中区域主要在斜腹段与直腹段相交处附近，即 S 点附近下弦钢管顶缘焊趾处的应力最大。

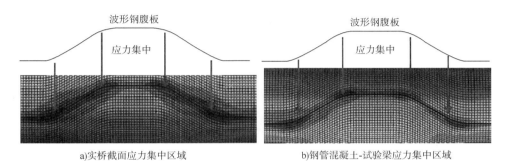

a) 实桥截面应力集中区域　　　　b) 钢管混凝土-试验梁应力集中区域

图 7-99　下弦钢管与腹板连接焊缝处的纵向应力云图

（2）荷载-挠度曲线。

图 7-100 给出了实桥截面有限元模型与钢管混凝土-试验梁静载试验得到的荷载-挠度曲线。由图 7-100 可知：实桥截面有限元模型与钢管混凝土-试验梁实测得到的跨中处挠度值均随着荷载的增加呈线性增大，且两者的挠度趋势吻合很好，实桥截面有限元模型中跨中挠度值略大于试验值，最大偏差率小于 12.8%，故实桥截面有限元模型能较好反映实际结构受力状态。

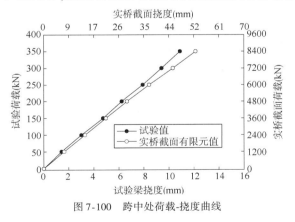

图 7-100　跨中处荷载-挠度曲线

7.5.3　波形钢腹板与下弦钢管几何参数对疲劳性能的影响分析

近年来，波形钢腹板组合梁已在日本、欧洲以及一些其他国家得到了推广应用。波形钢腹板组合梁的疲劳试验和有限元分析表明：其受拉钢盖板由于弯曲作用而使得波形钢腹板斜腹段和直腹段的交点 S 附近钢盖板侧焊趾处的应力集中，S 点位置如图 7-101 所示，疲劳破坏通常发生于此。可见波形钢腹板组合梁的疲劳性能是由 S 点附近的应力集中程度控制的。本书波形钢腹板-钢管混凝土桁式弦杆组合梁也类似此结构。由图 7-101 可知，在一个波长范围内，波形钢腹板斜腹段与直腹段的交点处附近钢管顶缘焊趾处的应力最大，即 S 点。因此，可通过对影响 S 点应力集中程度主要因素的研究，来确定控制腹板与下弦钢管连接焊缝处疲劳性能的主要结构设计参数。

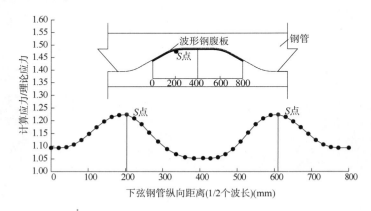

图 7-101　纯弯段纵向应力分布

不少学者进行波形钢腹板组合梁疲劳性能试验，大部分试验表明：影响腹板与钢板连接焊缝处应力集中程度的主要参数为波形钢腹板的倾角 θ、曲线连接半径 R 及板厚 t 等。但本书研究对象为波形钢腹板与下弦钢管连接焊缝的疲劳性能，钢管的管径及壁厚也将影响钢管径向刚度，从而影响连接焊缝的疲劳性能。基于以上分析，可得波形钢腹板的几何参数斜腹板倾角 θ、曲线连接半径 R、波形钢腹板板厚 t、钢管管径 D 及钢管壁厚 t 等可能会影响腹板与钢管连接焊缝的焊趾处应力分布和 S 点的应力集中系数。为了确定这些参数的影响，本书通过改变不同参数建立了多个有限元模型，具体参数取值见表 7-5；由于结构的对称性，故取跨中纯弯段中 1/4 波形钢腹板的长度（图 7-102）对下弦钢管与波形钢腹板连接焊缝处钢管顶缘应力分布及应力集中系数进行分析。本书定义应力集中系数 $K_t = \sigma_{hot}/\sigma_n$。其中，$\sigma_{hot}$ 为钢管顶缘焊趾处的应力最大值；σ_n 为相同加载条件下，实桥截面模型的名义应力值，可通过材料力学计算得到。

有限元分析模型中参数取值　　　　　　　　　　　表 7-5

序号	斜腹板倾角 θ（°）	曲线连接半径 R（mm）	腹板厚度 t（mm）	钢管管径 D（mm）	钢管管厚 t（mm）
1	25	300	20	720	20
2	31	300	20	720	20
3	35	300	20	720	20
4	40	300	20	720	20
5	31	200	20	720	20

续上表

序号	斜腹板倾角 θ (°)	曲线连接半径 R (mm)	腹板厚度 t (mm)	钢管管径 D (mm)	钢管管厚 t (mm)
6	31	300	20	720	20
7	31	400	20	720	20
8	31	500	20	720	20
9	31	300	15	720	20
10	31	300	20	720	20
11	31	300	25	720	20
12	31	300	30	720	20
13	31	300	20	600	20
14	31	300	20	720	20
15	31	300	20	840	20
16	31	300	20	960	20
17	31	300	20	720	10
18	31	300	20	720	15
19	31	300	20	720	20
20	31	300	20	720	25

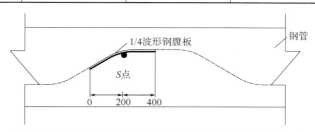

图 7-102　腹板与下弦钢管的连接焊缝处示意图(尺寸单位:mm)

7.5.3.1　波形钢腹板倾角

波形钢腹板倾角 θ 是控制波形钢腹板几何形状的一个重要的影响参数,可能对下弦钢管与波形钢腹板连接焊缝处疲劳性能以及 S 点的应力集中程度有较大的影响。本书采用单一变量的原则,建立 4 个不同波形钢腹板倾角 θ 的有限元分析模型。为了确保分析具有可比性,对研究区域划分相同大小的单元。从图 7-103 可知,当波形钢腹板的倾斜角度 θ 变化时,沿下弦钢管与波形钢腹板连接焊缝处的应力分布中最大值均出现在 S 点。

由图 7-104 可得,波形钢腹板的倾角 θ 在 25°～40°之间变化时,连接焊缝处的应力集中系数呈先递减后递增趋势,连接焊缝处纵向应力和最大主应力的应力集中系数近似相等,这表明下弦钢管与波形钢腹板的连接焊缝处最大主应力几乎由纵向应力贡献的。当倾角 θ 小于 35°时,S 点的应力集中系数随倾角 θ 的增大而逐渐减小,减幅大致为 5.3%;当倾角 θ 在 35°～40°

之间变化时,S 点的应力集中系数有小幅增大。故工程实际设计中,在保证结构满足其他受力性能条件下,应将波形钢腹板的倾角控制在35°左右。

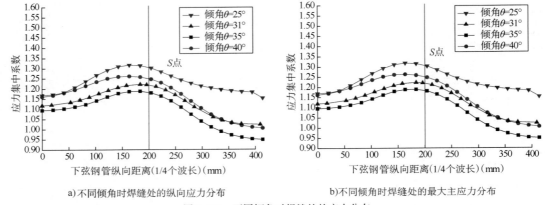

a) 不同倾角时焊缝处的纵向应力分布   b) 不同倾角时焊缝处的最大主应力分布

图 7-103　不同倾角时焊缝处的应力分布

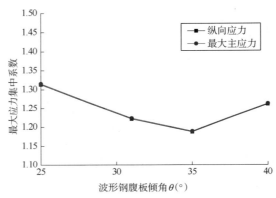

图 7-104　倾角 θ 对 S 点应力集中系数的影响

7.5.3.2　波形钢腹板曲线连接半径

为了确定波形钢腹板曲线连接半径 R 对下弦钢管和波形钢腹板连接焊缝处应力集中的影响,使得曲线半径达到最佳。本书对波形钢腹板的曲线连接半径 $R=200\mathrm{mm}$、$300\mathrm{mm}$、$400\mathrm{mm}$ 和 $500\mathrm{mm}$ 四种不同尺寸的结构建立有限元模型进行应力分析。由图 7-105 可得,波形钢腹板与下弦钢管连接焊缝处的最大主应力和纵向应力随着曲线连接半径 R 的增大而减小,且最大值均在 S 点附近。在沿焊缝方向上,随着半径 R 的增大,应力集中的区域逐渐变大,区域增幅达 12.5%。

根据图 7-106 分析可知,波形钢腹板的曲线连接半径 R 取值在 $200\sim500\mathrm{mm}$ 之间变化时,腹板与下弦钢管连接焊缝处的应力集中系数介于 $1.18\sim1.28$,且呈现减少的趋势。当曲线连接半径 R 从 $200\mathrm{mm}$ 增大至 $300\mathrm{mm}$ 时,最大主应力和纵向应力减幅不超过 3%;当曲线连接半径 R 大于 $300\mathrm{mm}$ 时,两种应力减幅基本稳定在 1.5% 左右。基于以上分析,增大波形钢腹板曲线连接半径 R 有助于改善焊缝连接处的疲劳性能。

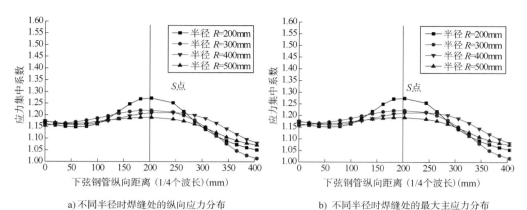

a) 不同半径时焊缝处的纵向应力分布　　　　b) 不同半径时焊缝处的最大主应力分布

图 7-105　不同半径时焊缝处的应力分布

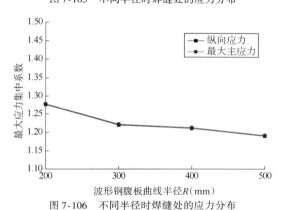

图 7-106　不同半径时焊缝处的应力分布

7.5.3.3　波形钢腹板板厚

在保持其他参数不变的情况下,本书对波形钢腹板不同板厚($t = 15 \sim 30\text{mm}$)进行有限元模型分析。分别提取不同有限元模型中下弦钢管与波形钢腹板连接焊缝处的纵向应力和最大主应力,如图 7-107 所示。在改变波形钢腹板板厚 t 的情况下,下弦钢管的纵向应力和最大主应力的最大值均出现在 S 点附近,且应力随着板厚 t 的增大而增加。

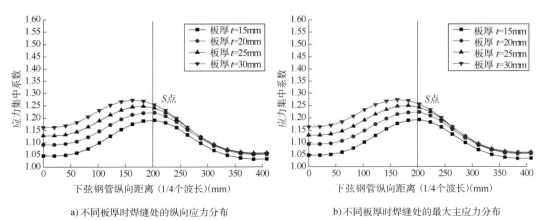

a) 不同板厚时焊缝处的纵向应力分布　　　　b) 不同板厚时焊缝处的最大主应力分布

图 7-107　不同板厚时焊缝处的应力分布

根据图7-108可得,波形钢腹板板厚t从15mm变化到30mm时,S点的纵向应力和最大主应力的应力集中系数变化分布在1.19~1.26,应力集中系数增幅基本稳定在2.3%左右。由此可得,波形钢腹板的板厚对结构疲劳性能的影响是不显著的。

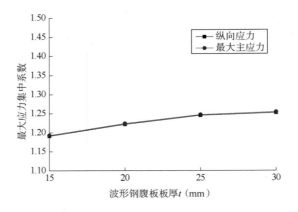

图7-108　板厚t对S点应力集中系数的影响

7.5.3.4　钢管管径

为了探究钢管管径D的变化对波形钢腹板与下弦钢管连接焊缝处疲劳性能的影响程度,保证结构的其他参数不变,分别取钢管管径D为600mm、720mm、840mm和960mm建立有限元模型进行分析。由图7-109可知,在改变管径D的情况下,波形钢腹板与下弦钢管连接焊缝处最大主应力和纵向应力的最大值均出现在S点附近,且应力呈现递增的趋势。

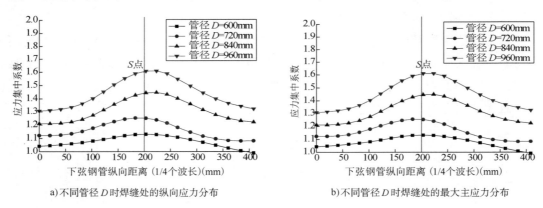

a)不同管径D时焊缝处的纵向应力分布　　　　b)不同管径D时焊缝处的最大主应力分布

图7-109　不同管径D时焊缝处的应力分布

从图7-110分析可知,随着钢管管径D的增大,波形钢腹板与下弦钢管连接焊缝处的应力集中系数就越大,应力集中系数介于1.13~1.62,增幅基本稳定在14.7%左右,这说明钢管的管径D的变化对结构疲劳性能的影响较为显著。在进行工程实际设计中要合理控制钢管的管径。

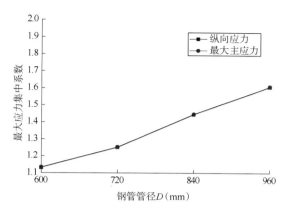

图 7-110 管径 D 对 S 点应力集中系数的影响

7.5.3.5 钢管壁厚

在保持其他参数不变的情况下,本书对下弦钢管的不同壁厚($t = 10 \sim 25\text{mm}$)进行有限元模型分析。从图 7-111 可以看出,不同壁厚 t 下,波形钢腹板与下弦钢管的连接焊缝处最大主应力和纵向应力的最大值都在 S 点。随着壁厚 t 的增加,波形钢腹板与下弦钢管连接焊缝处的最大主应力和纵向应力逐渐减小。

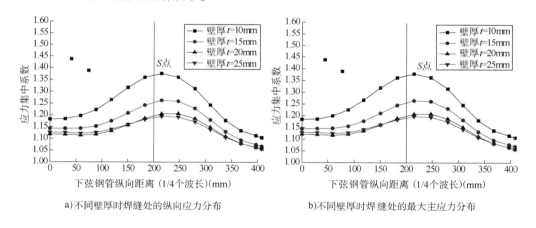

a) 不同壁厚时焊缝处的纵向应力分布　　　　b) 不同壁厚时焊缝处的最大主应力分布

图 7-111 不同壁厚时焊缝处的应力分布

根据图 7-112 可分析得到,钢管壁厚 t 的增加,会使得下弦钢管与波形钢腹板连接焊缝处的应力集中系数减少,应力集中系数介于 1.19～1.37。当钢管的壁厚 t 从 10mm 增至 15mm 时,应力集中系数的减幅为 8.2%;当钢管的壁厚 t 大于 20mm 时,应力集中系数变化幅度基本在 1% 左右,这说明钢管的壁厚 t 大于 20mm 后,对连接焊缝处疲劳性能的影响是不显著的。

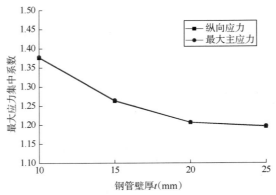

图 7-112 壁厚 t 对 S 点应力集中系数的影响

7.5.3.6 几何参数敏感性分析

为了更加直观地反映波形钢腹板与下弦钢管的几何参数变化对其应力集中系数的影响程度,引入参数敏感性系数 κ,其表达式为:

$$\kappa = \frac{|\nabla_{应力集中系数}|}{\nabla_{参数变化}} \times 100\% \tag{7-20}$$

式中:$\nabla_{应力集中系数}$——应力集中系数的变化幅值;

$\nabla_{参数变化}$——参量对应最大最小应力集中系数的参量差值。

即可通过式(7-20)将不同参数进行比较,参数敏感性系数 κ 更能直观地反映参数变化对应力集中的敏感性程度。各参数的参数敏感性系数见表 7-6。

参量敏感性系数 表 7-6

参量	$\nabla_{应力集中系数}$	$\nabla_{参量变化}$	$\kappa(\%)$
波形钢腹板倾角	−0.126	10	1.26
波形钢腹板半径	−0.086	300	0.03
波形钢腹板板厚	0.061	15	0.41
钢管管径	0.476	360	0.13
钢管壁厚	−0.181	15	1.21

由表 7-6 可知,波形钢腹板倾角和钢管壁厚属于敏感性参数,κ 大于 1,即其变化程度对于波形钢腹板与下弦钢管连接焊缝处的应力集中系数影响较大;而波形钢腹的曲线连接半径、板厚以及钢管管径为不敏感性参数,κ 均小于 0.41,即其变化程度对于腹板与下弦钢管连接焊缝处的应力集中系数影响不显著。

在工程实际项目进行疲劳设计时,应主要控制波形钢腹板倾角和钢管壁厚等参数,其中波形钢腹板倾角应控制在 35°左右。对于波形钢腹的曲线连接半径、波形钢腹板的板厚以及钢管管径,应在满足桥梁结构相关规范的情况下,按照构造细节进行适当选取。

7.6 本章小结

（1）采用经验证的 ABAQUS 有限元计算模型，分别进行了简支组合梁抗弯刚度和抗弯承载力的影响参数分析，参数分析结果表明：下弦钢管含钢率是影响组合梁截面抗弯刚度的重要参数；塑性阶段试验梁波形钢腹板参与截面抗弯为11%，大于弹性阶段参与率1.4%；桁式斜杆参与率为8%；适当增加组合梁混凝土顶板和下弦钢管的强度比，可提高组合梁截面的抗弯承载力。因此，波形钢腹板-桁式弦杆组合箱梁桥抗弯承载力计算中应考虑波形钢腹板、桁式斜杆和管内混凝土的作用。

（2）对连续组合梁管内混凝土填充情况的分析结果表明，相比在组合梁下弦钢管全长范围内填充混凝土的模型，如果全长范围内下弦钢管均不填充混凝土，整体承载力将下降22%；如果下弦钢管仅在负弯矩区填充混凝土，整体承载力仅下降5%，但是，如果组合梁正弯矩区下弦为钢管混凝土结构，可以降低正弯矩区段截面形心位置，从而避免正弯矩区段内混凝土顶板底缘处于受拉状态。因此，该类型组合梁桥建议采用下弦钢管全长范围内填充混凝土的模型。组合梁梁高的参数分析表明，梁高在460~860mm之间，在保证波形钢腹板稳定性的前提下，可根据实际工程环境适当增大梁高以提高组合梁的刚度和承载力。对钢管壁厚4~14mm范围内的下弦钢管壁厚的参数分析说明，适当增大下弦钢管壁厚对组合梁的刚度和承载力具有一定的作用。对腹板板厚分析结果可以看出，当腹板厚度由3mm增加至4mm时，主梁承载力得到一定的提高；当板厚由4mm增加至6mm时，随着板厚的增加，承载力已无显著提升，此时波形钢腹板对截面刚度和整体承载力的贡献很小。

（3）由抗扭刚度影响因素计算分析得，钢腹板钢材等级对截面抗扭刚度影响不大，可以忽略不计；顶板混凝土等级同截面抗扭刚度呈线性关系，随着混凝土剪切模量的增大，截面抗扭刚度呈线性增长；顶板宽厚比、腹板高厚比和下弦杆径高比同截面抗扭刚度呈抛物线关系，其中随着顶板宽厚比、腹板高厚比增大呈非线性减小，而随着下弦杆径高比增大呈非线性增大。由开裂扭矩影响因素计算分析可得，钢腹板钢材等级和腹板高厚比对截面开裂扭矩影响不大，可以忽略不计；顶板混凝土等级同截面开裂扭矩呈线性关系，随着混凝土抗拉强度的增大，截面开裂扭矩呈线性增长；顶板宽厚比和下弦杆径高比同截面开裂扭矩呈抛物线关系，其中随着顶板宽厚比增大呈非线性减小，而随着下弦杆径高比增大呈非线性增大。由极限扭矩影响因素计算分析得，钢腹板钢材等级和腹板高厚比对截面极限扭矩影响不大，可以忽略不计；顶板混凝土等级和顶板钢筋等级同截面极限扭矩呈线性关系，随着混凝土剪切模量和钢筋的抗拉强度的增大，截面极限扭矩呈线性增长；顶板宽厚比和下弦杆径高比同截面极限扭矩呈抛物线关系，其中随着顶板宽厚比增大呈非线性减小，而随着下弦杆径高比增大呈非线性增大。

（4）在纯扭阶段，试验梁扭转变形随扭矩荷载的增大而增加，但是在扭矩荷载小于开裂扭矩时,扭转变形随扭矩的增加变化不大,混凝土桥面板最大主应力小于混凝土抗拉应力,即该扭矩荷载范围内,混凝土桥面板尚未开裂。但是当扭矩荷载超过开裂扭矩后,扭转变形随扭矩的增加而增长迅速,且随着扭矩的增大,最大主应力大于混凝土抗拉应力的区域不断增大,波形钢腹板-钢管混凝土组合梁抗扭刚度明显下降;在复合弯扭阶段,在达到极限荷载后,纯弯段范围内,试验梁 B1~B5 下弦杆已经基本达到屈服状态,在复合弯扭阶段,波形钢腹板-钢管混凝土组合梁竖向变形均较大,5 根波形钢腹板-钢管混凝土组合梁试件的变形情况是 B3 > B4 > B2 > B1 > B5;通过有限元扩展参数分析得到,集中荷载分别为 96kN、184kN、272kN 和 336kN 对应的极限扭矩分别为 95kN·m、100kN·m、95kN·m 和 87kN·m;当荷载值小于 184kN 时,试验梁极限扭矩随荷载的增大而增大,当荷载值大于 184kN 后,试验梁极限扭矩随荷载的增大而减小;提出了波形钢腹板-钢管混凝土组合梁弯扭相关方程,并且相关方程与有限元及试验结果吻合较好;当 $0 < M/M_u < 0.676$ 时,弯矩的存在可提高波形钢腹板-钢管混凝土组合梁的极限扭矩值;当 $M/M_u = 0.344$ 时,组合梁的极限扭矩达到最大值 $1.066T_u$。当 $0 < T/T_u < 0.835$ 时,扭矩的存在可提高波形钢腹板-钢管混凝土组合梁的极限弯矩值;当 $M/M_u = 0.652$ 时,组合梁的极限弯矩达到最大值 $1.216M_u$。

(5)在等荷载幅作用下,钢管混凝土-试验梁由于管内填充混凝土,试验梁整体刚度提高,导致腹板与下弦杆连接焊缝处的应力幅减少;其次,由于管内混凝土的作用,钢管不易发生径向变形,从而使得钢管混凝土-试验梁的钢管环向应力较小,腹板与下弦杆连接焊缝处附近钢管最大主应力几乎与纵向应力相一致,从而减缓腹板与下弦杆连接焊缝处钢管顶缘焊趾处应力集中。波形钢腹板-钢管混凝土桁式弦杆组合梁与普通波形钢腹板工字梁的应力集中位置大致一样,其最大主应力和纵向应力的最大值均出现波形钢腹板斜腹板与直腹板的交会处附近的钢管顶缘焊趾处。当波形钢腹板倾角 θ 在 25°~35°之间变化时,下弦杆与波形钢腹板的连接焊缝处的应力集中系数随倾角 θ 的增大而逐渐减小,当倾角 θ 在 35°~40°之间变化时,应力集中系数有小幅增大。故工程实际设计中,在保证结构满足其他受力性能条件下,可将波形钢腹板的倾角控制在 35°左右。波形钢腹板的曲线连接半径 R 取值在 200~500mm 之间变化时,腹板与下弦杆连接焊缝处的应力集中系数介于 1.18~1.28 之间。当曲线连接半径 R 从 200mm 增大至 300mm 时,最大主应力和纵向应力减幅不超过 3%;当曲线连接半径 R 大于 300mm 时,两种应力减幅基本稳定在 1.5% 左右。因此,增大波形钢腹板曲线连接半径 R 不能明显改善焊缝连接处的疲劳性能。波形钢腹板板厚 t 从 15mm 变化到 30mm 时,腹板与下弦杆连接焊缝处的应力集中系数从 1.19 增大至 1.26,应力集中系数增幅基本稳定在 2.3% 左右。因此,波形钢腹板的板厚对结构疲劳性能的影响是不显著的。钢管管径 D 分别取 600mm、720mm、840mm 和 960mm 时,波形钢腹板与下弦杆连接焊缝处的应力集中系数介于 1.13~1.62 之间。随着钢管管径 D 的增大,应力集中系数逐渐增大,增幅基本稳定在 14.7% 左右。因此,钢管管径 D 的变化对结构疲劳性能的影响较为显著,在进行工程实际设计中要合理控制钢管的管径。下弦杆与波形钢腹板连接焊缝处的应力集中系数随钢管壁厚 t 从 10mm 增加到 25mm 时,应力集中系数从 1.37 减小至 1.19。当钢管的壁厚 t 从 10mm 增加至 15mm 时,应力集中系数的减小幅度为 8.2%;当钢管的壁厚 t 大于 20mm 时,应力集中系数变化幅度基本在 1% 左右。因此,钢管的壁厚 t 大于 20mm 后,对连接焊缝处疲劳性能的影响是不显著的。通过几何参数敏感性分析表明:波形钢腹板倾角和钢管壁厚对于波形钢腹板与下弦杆连接焊缝处的应力集中系数的影响较为显著,波形钢腹板倾角和钢管壁厚的敏感系数 κ 均大于 1;波形钢腹板的曲线连接半径、波形钢腹板的板厚以及钢管管径对于波形钢腹板与下弦杆连接焊缝处的应力集中系数影响不大,各参数的敏感系数 κ 均小于 0.41。

第 8 章

CHAPTER 8

实桥有限元分析与验证

本章首先建立 midas Civil 杆系有限元模型与连续梁实体有限元模型,比较二者在车道荷载作用下的计算结果,说明采用杆系有限元模型的有效性;利用 midas Civil 杆系有限元分析结果,分别对实桥中简支梁和连续梁进行验算;最后对桥梁的动力特性进行分析。

8.1 杆系与实体有限元计算结果的对比分析

8.1.1 模型的建立

设计阶段,通常采用杆系模型进行设计分析。因此,采用桥梁专用软件 midas Civil,将结构离散为混凝土顶板、钢翼缘板、波形钢腹板、下弦钢管混凝土、钢管横向联系等结构,建立杆系有限元计算模型,如图 8-1 所示。

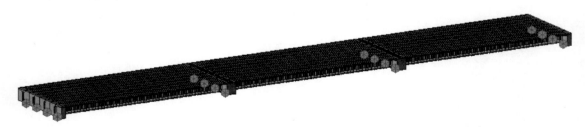

图 8-1 midas Civil 细化有限元计算模型整体示意图

模型各部件示意如图 8-2 所示。下弦钢管混凝土采用共用节点双单元法进行模拟,可细分为下弦钢管与管内混凝土两个单元;波形钢腹板采用梁单元模拟,每个单元为半个波长截面,上部连接钢翼缘板,下部连接钢管;钢翼缘板采用梁单元建立,单元长度与波形钢腹板保持一致,上下分别连接顶板和波形钢腹板;顶板采用梁格法建立,顶板横向联系为无容重矩形截面,截面高度等于顶板截面最小高度,材料特性与顶板相同;横向联系,包括 K 撑及底平联,均采用梁单元建立,K 撑连接相邻波形钢腹板和下弦钢管,底平联连接相邻下弦钢管,支点截面为实体梁段,采用混凝土实心梁结构进行模拟。

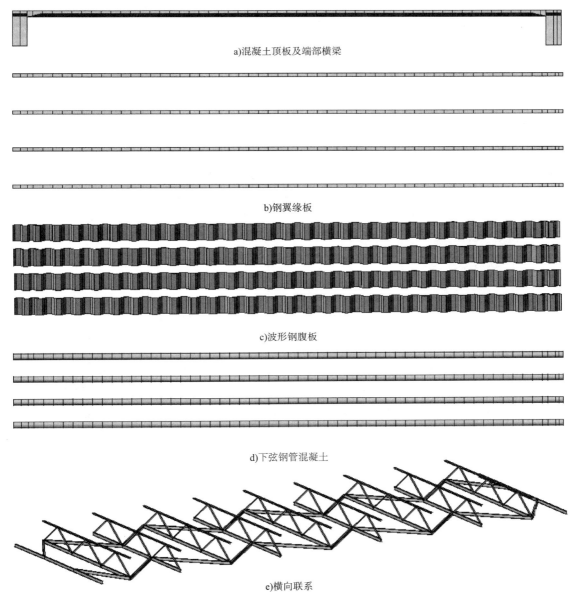

a) 混凝土顶板及端部横梁

b) 钢翼缘板

c) 波形钢腹板

d) 下弦钢管混凝土

e) 横向联系

图 8-2 标准跨各部件示意图

采用弹性连接中的刚性连接模拟波形钢腹板与钢翼缘板、下弦钢管、横向联系之间,以及横向联系与下弦钢管之间的连接,采用弹性连接的一般连接模拟支座,并根据实际桥梁支座布置形式确定弹性连接的变形模量。支座以下部分均采用固结边界条件。

全桥杆系有限元模型共 5188 个单元、3443 个节点。

施工阶段分为架设钢结构、灌注下弦钢管混凝土、浇筑混凝土顶板及横梁、张拉预应力、拆除临时支撑、附属设施施工等。

成桥设计荷载(作用)考虑恒载(自重和二期荷载)、预应力荷载、整体温度变化作用、截面温度梯度作用、混凝土收缩徐变作用及汽车荷载。计算验算所使用的荷载组合方式按照《公路桥涵设计通用规范》(JTG D60—2015)中的相应规定进行。

采用通用有限元软件 ABAQUS 建立实桥实体有限元模型,进行使用阶段汽车荷载作用下实桥内力分析。如图 8-3 所示,采用实体单元建立顶板、管内混凝土、中端横梁等实体结构,采用板壳单元建立钢管、波形钢腹板、横向联系(型钢截面)、钢翼缘板等薄壁结构。全桥实体有限元计算模型共计 154243 个节点、113777 个单元。材料本构关系按 7.1.1 小节选取。

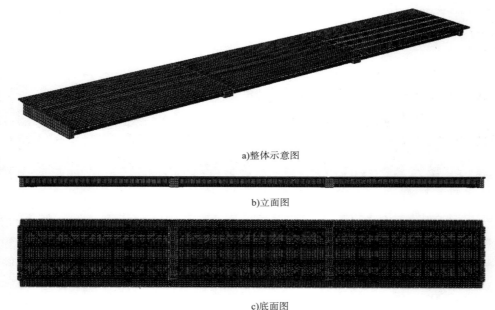

a)整体示意图

b)立面图

c)底面图

图 8-3　实桥实体有限元模型整体示意图

根据《公路桥涵设计通用规范》(JTG D60—2015)规定的公路—Ⅰ级施加车道荷载,采用降温法施加预应力荷载。

杆系有限元模型计算结果与实体有限元模型进行比较,一方面说明在组合作用下(自重+预应力+车道荷载)结构应力和变形,另一方面通过比较说明采用杆系有限元模型的有效性,为实际工程实践中建立简化计算方法提供参考。

8.1.2　下弦钢管应力

图 8-4 所示为组合作用下(自重+预应力+车道荷载)下弦钢管纵向应力分布图,可以看出,杆系模型与实体模型的下弦钢管纵向应力分布规律类似;杆系模型的最大拉应力、压应力

分别为 40.7MPa 和 -130.9MPa，实体模型的最大拉应力、压应力分别为 34.0MPa 和 -122.8MPa，两者计算结果比较一致。

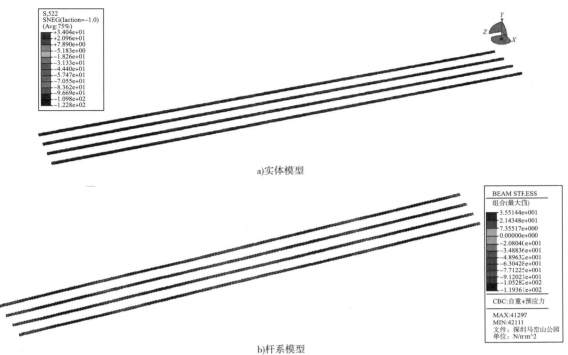

图 8-4　下弦钢管纵向应力分布图（单位：MPa）

8.1.3　波形钢腹板剪应力

图 8-5 所示为组合作用下（自重 + 预应力 + 车道荷载）波形钢腹板剪应力分布图，可以看出，杆系模型与实体模型的波形钢腹板剪应力分布规律类似；杆系模型的最大剪应力为 50.2MPa，实体模型的最大剪应力为 57.0MPa，两者计算结果比较一致。

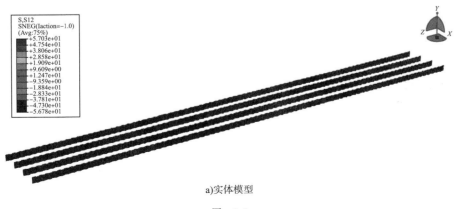

a)实体模型

图　8-5

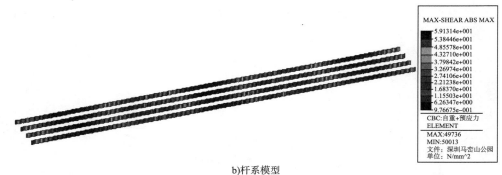

b)杆系模型

图 8-5 波形钢腹板剪应力分布图(单位:MPa)

8.1.4 混凝土顶板应力

图 8-6 所示为组合作用下(自重 + 预应力 + 车道荷载)混凝土顶板纵向应力分布图,可以看出,杆系模型与实体模型的顶板纵向应力分布规律类似;杆系模型的最大拉应力、压应力分别为 1.88MPa 和 − 7.76MPa,实体模型的最大拉应力、压应力分别为 1.26MPa 和 − 7.51MPa,两者计算结果比较一致。

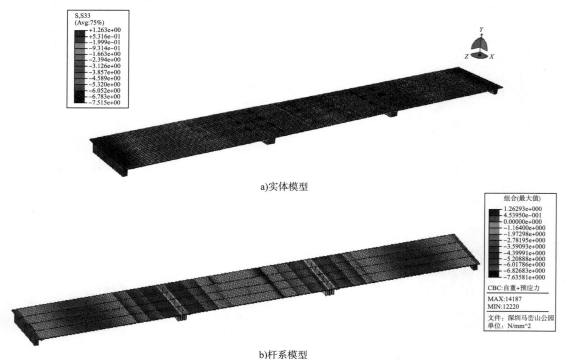

a)实体模型

b)杆系模型

图 8-6 混凝土顶板纵向应力分布图(单位:MPa)

表 8-1 列出了组合作用下(自重 + 预应力 + 车道荷载)杆系有限元模型与实体有限元的计算结果。可以看出,杆系有限元模型得到的整体受力、主要受力构件等方面的计算结果与实体有限元结果基本相同。

杆系有限元模型与实体有限元计算结果　　　　　　　　　　表 8-1

计算内容		实体有限元模型	杆系有限元模型	比值(杆系/实体)
下弦钢管最大应力（MPa）	拉应力	34.0	37.7	1.04
	压应力	-122.8	-119.4	0.97
横向联系最大应力（MPa）	拉应力	19.3	18.4	0.95
	压应力	-29.5	-27.4	0.93
波形钢腹板最大剪应力(MPa)		57.0	59.1	1.04
混凝土顶板最大应力（MPa）	拉应力	1.26	1.26	1.00
	压应力	-7.51	-7.64	1.02

因此,建立的杆系有限元模型能正确模拟结构整体受力性能。同时,杆系有限元模型中的混凝土顶板采用梁格法建立,相比实体有效元模型中采用实体单元建立的混凝土顶板,其横向传力可能不太准确,在截面变化处应力集中现象更明显,实际工程中通过变截面段来缓解这一问题,使得杆系有限元计算得到的结果偏于安全。还有,设计计算时忽略波形钢腹板的抗弯刚度,使得可以采用梁单元建立波形钢腹板,从而减少了采用实体单元模拟波形钢腹板的较大工作量,且杆系有限元的计算时间也明显减少。在组合梁设计计算中,可以采用按照前述方法建立的杆系有限元进行结构的整体受力分析,从而得到该类型组合梁桥在不同荷载(或作用)组合下的响应。

8.2 简支梁实桥有限元分析及验算

8.2.1 模型的建立

试验梁由实桥缩尺得到且数量有限,同时上述的有限元参数分析、抗弯刚度和抗弯承载力计算公式的推导是基于试验梁进行的。为验证试验梁是否有缩尺效应以及计算公式是否适用于实桥截面,本小节采用前面已验证的非线性有限元计算方法,对图 8-7 所示实桥主梁标准截面建立实桥有限元模型并进行非线性分析。建立的实桥主梁标准截面有限元模型如图 8-8 所示,材料本构关系、单元网格划分、加载方式和边界条件同 7.1 节。

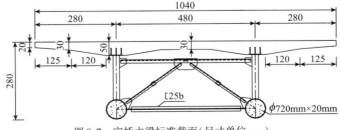

图 8-7　实桥主梁标准截面(尺寸单位:cm)

图8-8 实桥主梁标准截面有限元模型

8.2.2 简支梁实桥计算验算

参考《公路桥涵施工技术规范》(JTG/T F50—2011)中5.2.7条规定,施工阶段主梁竖向位移DZ容许值是$L/400=11.25\text{cm}$(L-计算跨径)。参考《钢-混凝土组合桥梁设计规范》(GB 50917—2013)中4.3.3条规定,成桥阶段在汽车荷载(不计冲击力)作用下的主梁竖向位移DZ容许值是$L/600=7.5\text{cm}$。

参考《钢-混凝土组合桥梁设计规范》(GB 50917—2013)中4.4.2条和4.4.3条规定,主梁波形钢腹板施工阶段荷载作用下的剪应力容许值$0.8f_{vd}=0.8\times155=124(\text{MPa})$,成桥组合作用下的剪应力容许值是$0.75f_{vd}=0.75\times155=116.25(\text{MPa})$;主梁下弦杆钢管施工阶段荷载作用下的von Mises应力容许值$0.8f_d=0.8\times275=220(\text{MPa})$,成桥组合作用下的von Mises应力容许值$0.75f_d=0.75\times275=206.25(\text{MPa})$。

参考《钢-混凝土组合桥梁设计规范》(GB 50917—2013)中4.4.2条和4.4.3条规定,短暂状况下底平联的轴向承载力$F=0.8\times275\times7908\text{N}=1739.76\text{kN}$,持久状况下底平联的轴向承载力$F=0.75\times275\times7908\text{N}=1631.03\text{kN}$;短暂状况下K撑的轴向承载力$F=0.8\times275\times3000\text{N}=660\text{kN}$,持久状况下K撑的轴向承载力$F=0.75\times275\times3000\text{N}=618.75\text{kN}$。

参考《钢-混凝土组合桥梁设计规范》(GB 50917—2013)中4.4.2条和4.4.3条及《公路钢筋混凝土及预应力混凝土桥涵设计规范》(JTG D62—2004)中6.3.1条规定,混凝土顶板纵桥向正应力SYY、混凝土横梁横桥向正应力SXX在施工阶段荷载作用下的拉应力容许值是$0.7f_{tk}=0.75\times2.65=1.86(\text{MPa})$,压应力容许值是$0.7f_{ck}=0.7\times32.4=22.68(\text{MPa})$;成桥组合作用下的拉应力容许值是$0.7f_{tk}=1.86(\text{MPa})$,压应力容许值是$0.5f_{ck}=0.5\times(-32.4)=-16.2(\text{MPa})$。

以下所有结果,其中内力、应力结果以拉为正、压为负,位移结果的单位是cm,轴力结果的单位是kN,应力结果的单位是MPa,频率单位是r/s,周期单位是s。另外,考虑到实体应力分析时存在局部应力集中失真的情况,所以板和实体应力忽略5%的最大值。

1) 下弦钢管填充混凝土

图 8-9 为成桥组合状态下,下弦钢管填充混凝土时,简支梁主梁的竖向位移图,最大位移为跨中位置,位移为 8.00468cm。

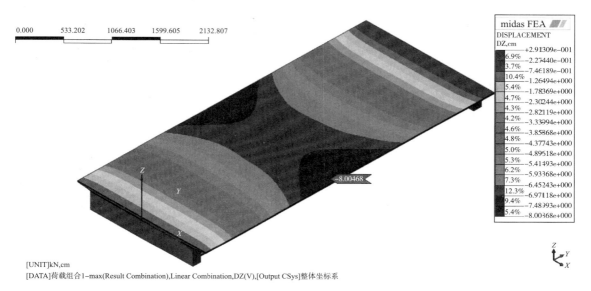

图 8-9　成桥状态最不利组合下主梁竖向位移 DZ 图(单位:cm)

图 8-10 为成桥组合状态,下弦钢管全长范围内填充混凝土时,简支梁主梁下弦钢管的 von Mises 应力图。

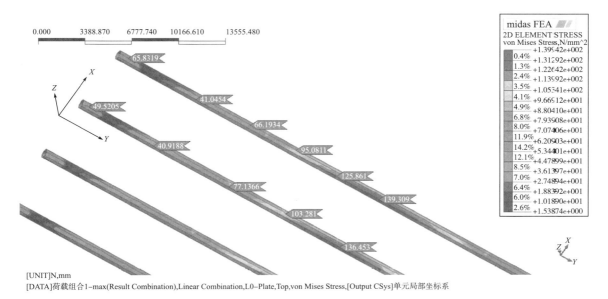

图 8-10　成桥状态最不利组合下主梁下弦钢管 von Mises 应力图(单位:MPa)

图 8-11、图 8-12 分别为下弦钢管填充混凝土时,简支梁混凝土顶板顶面纵桥向正应力以及混凝土横梁横桥向正应力图。

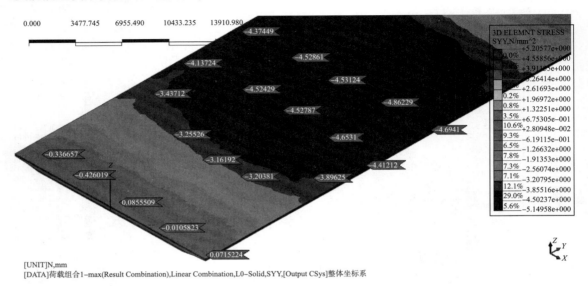

图 8-11　成桥状态最不利组合下混凝土顶板顶面纵桥向正应力 SYY 图(单位:MPa)

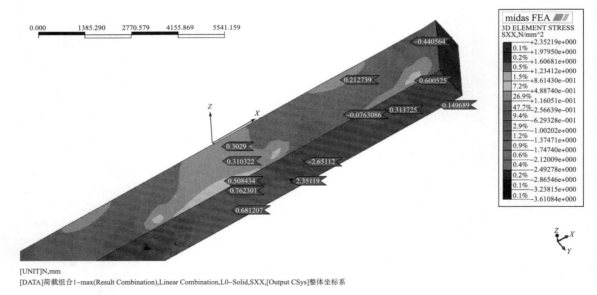

图 8-12　成桥状态最不利组合下混凝土横梁横桥向正应力 SXX 图(单位:MPa)

2) 下弦钢管不填充混凝土

图 8-13 为成桥组合状态下,下弦钢管不填充混凝土时,简支梁主梁的竖向位移图,最大位移为跨中位置,位移为 10.5365cm。

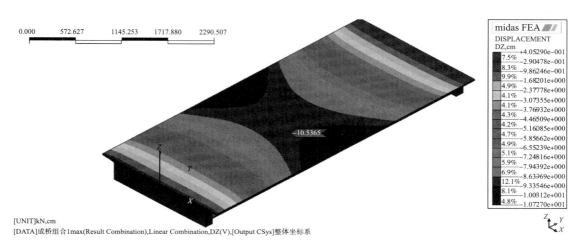

图 8-13　成桥状态最不利组合下主梁竖向位移 DZ 图(单位:cm)

图 8-14 为成桥组合状态下,下弦钢管不填充混凝土时,简支梁主梁下弦钢管的 von Mises 应力图。

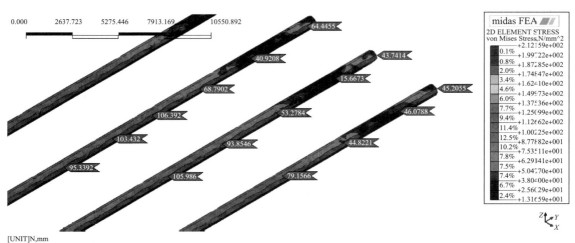

图 8-14　成桥状态最不利组合下主梁下弦钢管 von Mises 应力图(单位:MPa)

图 8-15、图 8-16 分别为下弦钢管不填充混凝土时,简支梁混凝土顶板纵桥面正应力以及混凝土横梁横桥向正应力图。

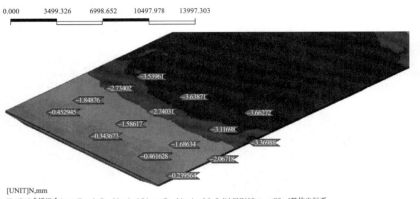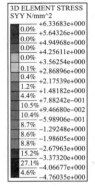

图 8-15　成桥状态最不利组合下混凝土顶板顶面纵桥向正应力 SYY 图(单位:MPa)

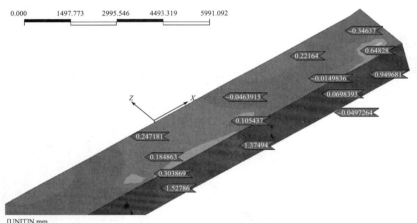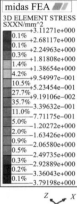

图 8-16　成桥状态最不利组合下混凝土横梁横桥向正应力 SXX 图(单位:MPa)

实桥左幅(简支梁)上部结构的验算满足相应规范要求,不填充混凝土左幅桥上部结构验算基本满足相应规范要求,具体见表 8-2 ~ 表 8-4。

左幅桥上部结构各构件分析结果及验算对比(1)　表 8-2

验算内容		支座		跨中	
		不填充混凝土	填充混凝土	不填充混凝土	填充混凝土
竖向位移(cm)	效应值	—	—	−11.66	−8.66
	容许值	—	—	−11.25	
波形钢腹板剪应力(MPa)	效应值	44.8	45.66	37.68	27.76
	容许值	116.25		116.25	

续上表

验算内容		支座		跨中	
		不填充混凝土	填充混凝土	不填充混凝土	填充混凝土
下弦钢管 von Mises 应力(MPa)	效应值	102.99	49.24	186.44	109.59
	容许值	206.25		206.25	
底平联轴力(kN)	效应值	−54.66	−16.9	236.21	178.17
	容许值	±1631.03		±1631.03	
K 撑轴力(kN)	效应值	−55.33	−38.73	−261.11	−235.73
	容许值	±618.75		±618.75	
混凝土顶板纵桥向正应力(MPa)	效应值	0.37	0.31	−4.18	−4.66
	容许值 拉应力	1.86		1.86	
	容许值 压应力	−16.2		−16.2	

左幅桥上部结构各构件分析结果及验算对比(2)　　表 8-3

验算内容		端横梁边支座		端横梁中支座		端横梁跨中	
		不填充混凝土	填充混凝土	不填充混凝土	填充混凝土	不填充混凝土	填充混凝土
横梁横桥向正应力(MPa)	效应值	−0.23	0.15	0.81	0.87	0.63	0.76
	容许值 拉应力	1.86		1.86		1.86	
	容许值 压应力	−16.2		−16.2		−16.2	

左幅桥振型分析结果　　表 8-4

振型号	1		2		3		4		5	
	不填充	填充	不填充	填充	不填充	填充	不填充	填充	不填充	填充
频率 f(r/s)	2.80	3.26	4.32	4.54	7.93	8.93	8.05	9.27	10.3	10.88
周期 T(s)	0.36	0.31	0.23	0.22	0.13	0.11	0.12	0.11	0.10	0.09

8.3　连续梁实桥有限元分析及验算

图 8-17 为主梁整体截面弯矩沿纵桥向的分布图，从中可以看出，整体截面最大正弯矩出现在边跨 $L/2$ 截面附近，最大负弯矩出现在中支点处。

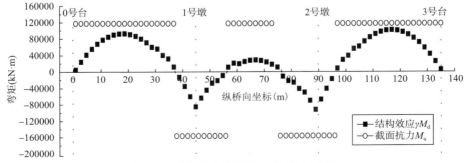

图 8-17　主梁整体截面弯矩沿纵桥向分布图

其中,正弯矩区边跨跨中处为设计最不利截面;负弯矩区顶板与中横梁交接处为设计最不利截面,承载能力极限状态下,采用抗弯承载力的计算方法,对主梁正、负弯矩区截面进行验算,验算结果见表8-5,二者抗弯承载力均满足要求。

实桥正、负弯矩区抗弯承载力验算结果　　　　　　　　　表8-5

	计算内容	内力设计值	承载力计算值	验算结果
正弯矩区	截面抗弯承载力(kN·m)	101635.3	117299.9	满足
负弯矩区	截面抗弯承载力(kN·m)	92487.5	156770.9	满足

下弦杆截面轴力及弯矩分布分别如图8-18、图8-19所示,由图中可知,主梁边跨 $L/2$ 截面附近,下弦杆轴拉力和正弯矩均达到最大值,即该截面为拉弯验算最不利截面;主梁支点附近轴压力和负弯矩均达到最大值,即该截面为压弯验算最不利截面,同时由于模型中考虑了施工临时支架的作用,可以看出弯矩曲线在临时支架处出现了较明显的下降曲线。

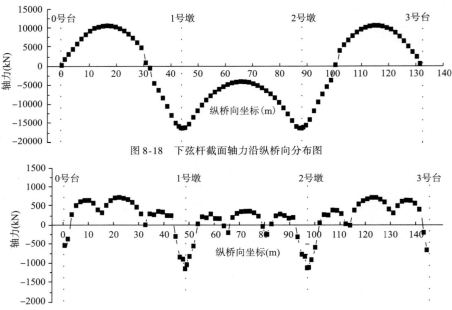

图8-18　下弦杆截面轴力沿纵桥向分布图

图8-19　下弦杆截面弯矩沿纵桥向分布图

对主梁正、负弯矩区截面单肢钢管混凝土的抗弯承载力进行验算。正弯矩区下弦杆正截面抗弯承载力按照拉弯构件计算,正弯矩区下弦杆正截面抗弯承载力按照压弯构件计算,单肢钢管混凝土抗弯承载力验算结果见表8-6。

单肢钢管混凝土抗弯承载力验算结果　　　　　　　　　表8-6

	计算内容		内力设计值	承载力计算值	验算结果
正弯矩区	单肢钢管混凝土承载力	轴力(kN)	9695.0	13285.7	0.950<1,满足
		弯矩(kN·m)	489.8	2224.4	
负弯矩区	单肢钢管混凝土承载力	轴力(kN)	10745.9	17312.0	0.971<1,满足
		弯矩(kN·m)	1145.5	2224.4	

1) 下弦钢管全长范围内填充混凝土

图 8-20 为成桥组合状态下,下弦钢管全长范围内填充混凝土时,连续梁主梁的竖向位移图,最大位移分别为第一跨跨中位置、第三跨跨中位置,位移为 7.311cm 和 6.37079cm。

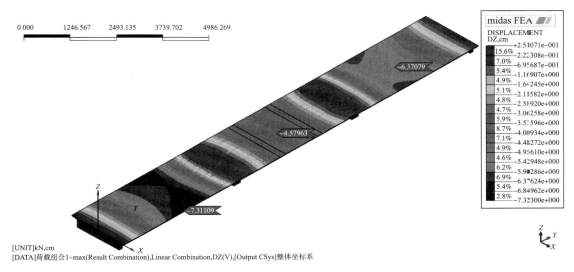

图 8-20　成桥状态最不利组合下主梁竖向位移 DZ 图(单位:cm)

图 8-21 为成桥组合状态下,下弦钢管全长范围内填充混凝土时,连续梁主梁下弦钢管的 von Mises 应力图。

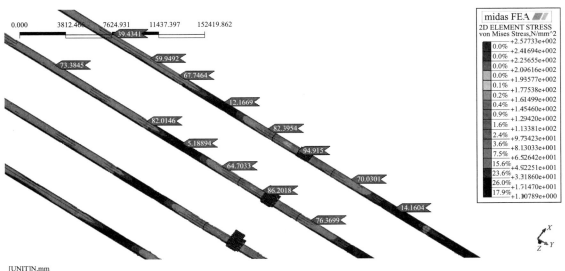

图 8-21　成桥状态最不利组合下主梁下弦钢管 von Mises 应力图(单位:MPa)

图 8-22、图 8-23 分别为下弦钢管全长范围内填充混凝土时，连续梁混凝土顶板顶面桥向正应力以及混凝土横梁桥向正应力图。

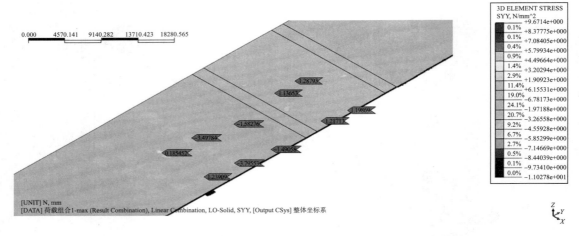

图 8-22　成桥状态最不利组合下主梁混凝土顶板顶面纵桥向正应力 SYY 图（单位：MPa）

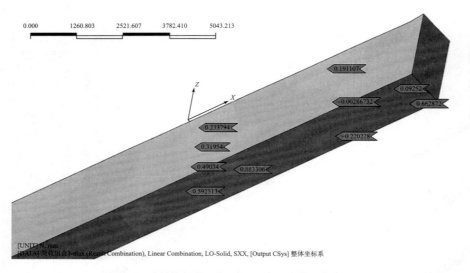

图 8-23　成桥状态最不利组合下混凝土中横梁横桥向正应力 SXX 图（单位：MPa）

2）下弦钢管在中支座两侧各 3m 范围内灌注混凝土

图 8-24 为成桥组合状态下，下弦钢管在中支座两侧各 3m 范围内灌注混凝土时，连续梁主梁的竖向位移图，最大位移分别为第一跨跨中位置、第三跨跨中位置，位移为 8.24549cm 和 7.35189cm。

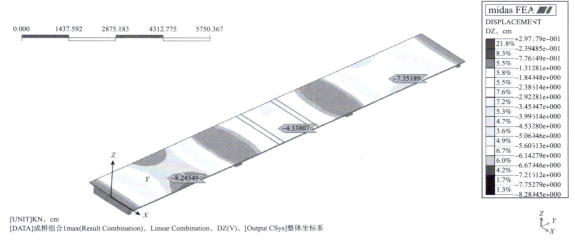

图 8-24　成桥状态最不利组合下主梁竖向位移 DZ 图（单位：cm）

图 8-25 为成桥组合状态下，下弦钢管在中支座两侧各 3m 范围内灌注混凝土时，连续梁主梁下弦钢管的 von Mises 应力图。

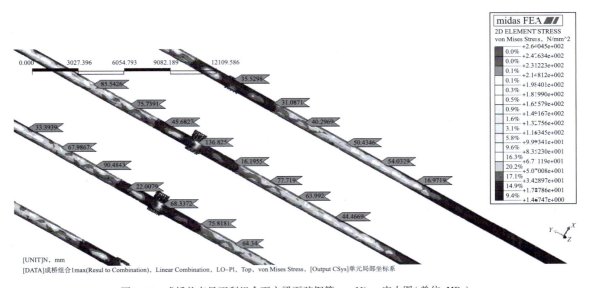

图 8-25　成桥状态最不利组合下主梁下弦钢管 von Mises 应力图（单位：MPa）

图 8-26、图 8-27 分别为下弦钢管在中支座两侧各 3m 范围内灌注混凝土时,连续梁混凝土顶板顶面纵桥向正应力以及混凝土横梁横桥向正应力图。

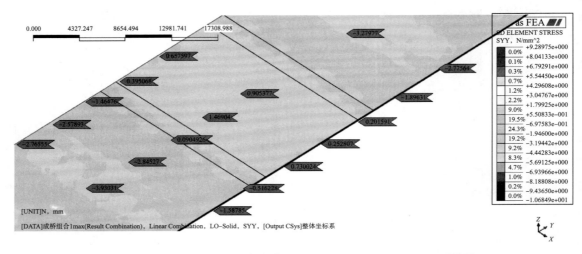

图 8-26　成桥状态最不利组合下主梁混凝土顶板顶面纵桥向正应力 SYY 图(单位:MPa)

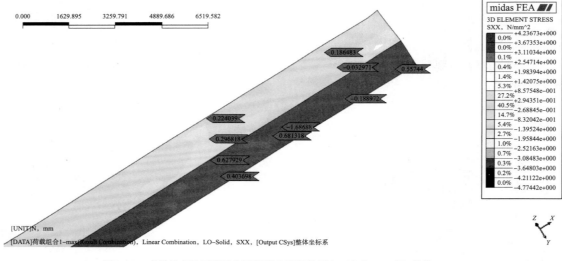

图 8-27　成桥状态最不利组合下混凝土横梁横桥向正应力 SXX 图(单位:MPa)

右幅桥上部结构的验算都满足相应规范要求,具体见表 8-7 ~ 表 8-11。

右幅桥上部结构各构件分析结果及验算对比(1)　　表 8-7

验算内容		边跨支座		边跨跨中	
		部分填充混凝土	全长填充混凝土	部分填充混凝土	全长填充混凝土
竖向位移(cm)	效应值	—	—	−9.85	−7.31
	容许值	—	—	−11.25	

续上表

验算内容		边跨支座		边跨跨中	
		部分填充混凝土	全长填充混凝土	部分填充混凝土	全长填充混凝土
波形钢腹板剪应力（MPa）	效应值	49.96	56.36	27.69	30.37
	容许值	116.25		116.25	
下弦钢管 von Mises 应力（MPa）	效应值	124.13	49.41	123.42	74.95
	容许值	206.25		206.25	
底平联轴力（kN）	效应值	-96.52	-59.13	120.14	97.84
	容许值	±1631.03		±1631.03	
K撑轴力（kN）	效应值	-58.40	-44.20	148.13	-86.45
	容许值	±618.75		±618.75	
混凝土顶板纵桥向正应力（MPa）	效应值	0.32	0.28	-1.47	-1.65
	容许值 拉应力	1.86		1.86	
	容许值 压应力	-16.2		-16.2	

右幅桥上部结构各构件分析结果及验算对比(2) 表 8-8

验算内容		中跨支座		中跨跨中	
		部分填充混凝土	全长填充混凝土	部分填充混凝土	全长填充混凝土
竖向位移（cm）	效应值	—	—	-5.82	-4.48
	容许值	—	—	-11.25	
波形钢腹板剪应力（MPa）	效应值	90.83	98.49	23.96	16.18
	容许值	116.25		116.25	
下弦钢管 von Mises 应力（MPa）	效应值	124.54	105.41	27.81	18.38
	容许值	206.25		206.25	
底平联轴力（kN）	效应值	-25.06	-40.94	8.44	-9.77
	容许值	±1631.03		±1631.03	
K撑轴力（kN）	效应值	-139.47	-140.32	-132.52	-76.77
	容许值	±618.75		±618.75	
混凝土顶板纵桥向正应力（MPa）	效应值	0.84	1.28	1.17	1.29
	容许值 拉应力	1.86		1.86	
	容许值 压应力	-16.2		-16.2	

右幅桥上部结构各构件分析结果及验算对比(3) 表 8-9

验算内容		端横梁边支座		端横梁中支座		端横梁跨中	
		不填充混凝土	填充混凝土	不填充混凝土	填充混凝土	不填充混凝土	填充混凝土
横梁横桥向正应力（MPa）	效应值	0.51	0.45	0.94	0.82	0.48	0.49
	容许值 拉应力	1.86		1.86		1.86	
	容许值 压应力	-16.2		-16.2		-16.2	

右幅桥上部结构各构件分析结果及验算对比（4）　　　　表 8-10

验算内容		中横梁边支座		中横梁中支座		中横梁跨中	
		不填充混凝土	填充混凝土	不填充混凝土	填充混凝土	不填充混凝土	填充混凝土
横梁横桥向正应力（MPa）	效应值	0.45	0.46	0.83	0.86	0.48	0.45
	容许值 拉应力	1.86		1.86		1.86	
	容许值 压应力	−16.2		−16.2		−16.2	

右幅桥振型分析结果　　　　表 8-11

振型号	1		2		3		4		5	
	不填充	填充	不填充	填充	不填充	填充	不填充	填充	不填充	填充
频率 f(r/s)	2.64	2.75	2.91	3.04	3.24	3.23	4.53	4.35	4.62	4.5
周期 T(s)	0.38	0.36	0.34	0.33	0.31	0.31	0.22	0.23	0.22	0.22

8.4　多弦杆组合梁改良结构箱梁桥横撑布置形式的影响分析

为了研究新型组合桥梁结构形式——多弦杆组合梁改良结构箱梁桥的动力特性，以马峦山公园 1 号桥的左幅桥为工程背景，利用大型桥梁专用软件 midas Civil 建立三维杆系有限元模型进行模态分析，并以钢支撑布置形式为动力特性研究对象，进行参数化动力特性分析。

8.4.1　钢支撑布置形式

改变钢支撑的布置道数进行有限元参数分析，其中不同道数钢支撑布置形式如图 8-28 所示。具体五个工况为：工况一，无钢支撑；工况二，3 道钢支撑；工况三，5 道钢支撑；工况四，9 道钢支撑（实桥）；工况五，17 道钢支撑。

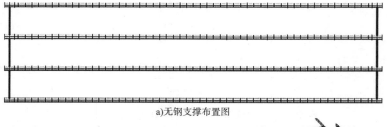

a) 无钢支撑布置图

b) 3 道钢支撑布置图（钢支撑间距 19.2m）

图 8-28

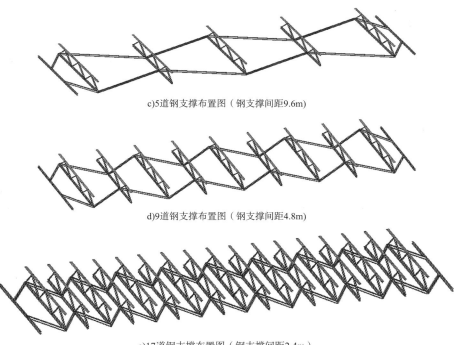

c) 5道钢支撑布置图（钢支撑间距9.6m）

d) 9道钢支撑布置图（钢支撑间距4.8m）

e) 17道钢支撑布置图（钢支撑间距2.4m）

图 8-28 钢支撑布置图

8.4.2 杆系有限元模型

采用桥梁专用软件 midas Civil，根据结构的受力特点，支点截面为实体梁段，因此采用混凝土实心梁结构进行模拟；其他截面为空间结构截面，将结构离散为混凝土顶板、钢翼缘板、波形钢腹板、下弦钢管混凝土、钢管横向联系等结构。其中下弦钢管混凝土采用共用节点双单元法进行模拟，可细分为下弦钢管与管内混凝土两种单元，这些结构构件均采用梁单元进行模拟。采用弹性连接中的刚性连接来模拟波形钢腹板与混凝土顶板、下弦钢管之间连接，以及钢管横向联系与下弦钢管之间连接，采用弹性连接的一般连接模拟支座。杆系有限元模型共1666个单元、1101个节点，如图 8-29 所示。

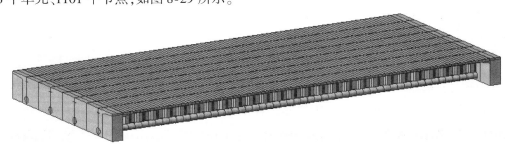

图 8-29 杆系有限元模型

8.4.3 横撑布置形式的影响分析

改变钢支撑布置的道数,分别对不同钢支撑道数的布置形式进行动力特性分析,并以工况一和工况四为基准值,分别进行频率 f 对比。各模态对应的频率值和频率相差值见表 8-12、表 8-13。从表 8-12、表 8-13 可知,对于竖弯振型,5 种钢支撑布置形式对结构整体的竖弯频率的影响很小,差值基本在 1% 以内,这说明横向联系对结构竖弯频率影响很小;对于面外及扭转振型,随着钢支撑布置道数的增大,结构的整体面外(扭转)频率也随之增大,除无钢支撑布置的模型外,最大增幅大致在 4%。

模态分析结果对比表格(以无钢支撑为基准)　　　　表 8-12

支撑道数及工况	无钢支撑①	3 道钢支撑②		5 道钢支撑③		9 道钢支撑④		17 道钢支撑⑤	
振型	频率f(Hz)	频率f(Hz)	②/①-1(%)	频率f(Hz)	③/①-1(%)	频率f(Hz)	④/①-1(%)	频率f(Hz)	⑤/①-1(%)
一阶对称竖弯	2.015	2.0153	0.01	2.008	-0.35	1.996	-0.95	1.981	-1.69
一阶对称扭转(端部大)	1.230	2.004	63.01	2.014	63.80	2.044	66.26	2.064	67.96
一阶对称扭转(中部大)	2.385	2.5	4.83	2.546	6.80	2.628	10.20	2.624	10.03
一阶反对称面外平移	1.731	2.820	62.94	2.8485	64.57	2.908	68.01	2.958	70.90
一阶对称面外平移	3.240	3.793	17.05	3.893	20.15	3.981	22.86	4.011	23.75
一阶反对称竖弯	6.133	6.156	0.37	6.183	0.81	6.153	0.32	6.128	-0.08
一阶对称面外	8.319	8.567	2.98	8.602	3.41	8.931	7.37	8.985	8.01

模态分析结果对比表格(以 9 道钢支撑为基准)　　　　表 8-13

支撑道数及工况	无钢支撑①		3 道钢支撑②		5 道钢支撑③		9 道钢支撑④	17 道钢支撑⑤	
振型	频率f(Hz)	①/④-1(%)	频率f(Hz)	②/④-1(%)	频率f(Hz)	③/④-1(%)	频率f(Hz)	频率f(Hz)	⑤/④-1(%)
一阶对称竖弯	2.015	0.96	2.016	0.97	2.008	0.60	1.996	1.981	-0.75
一阶对称扭转(端部大)	1.229	-39.85	2.004	-1.96	2.014	-1.48	2.044	2.065	1.02
一阶对称扭转(中部大)	2.385	-9.26	2.500	-4.87	2.547	-3.09	2.628	2.624	-0.16
一阶反对称面外平移	1.731	-40.48	2.820	-3.02	2.849	-2.05	2.908	2.958	1.72
一阶对称面外平移	3.240	-18.61	3.793	-4.73	3.893	-2.20	3.981	4.010	0.73
一阶反对称竖弯	6.133	-0.32	6.156	0.05	6.183	0.49	6.153	6.128	-0.40
一阶对称面外	8.319	-6.86	8.567	-4.08	8.602	-3.69	8.9312	8.985	0.60

8.4.3.1 不同钢支撑布置形式下的桥梁振动模态

改变钢支撑的布置道数,对结构进行有限元模型动力特性分析。选取 7 种不同振型进行分析,其对应的频率见表 8-14。

结构模态 表 8-14

振型	支撑道数			
	无钢支撑		3 道钢支撑	
	示意图	频率(Hz)	示意图	频率(Hz)
一阶对称竖弯		2.0151		2.0153
一阶对称扭转（端部大）		1.2294		2.004
一阶对称扭转（中部大）		2.3847		2.500
一阶反对称面外平移		1.7309		2.8203

续上表

振型	支撑道数			
	无钢支撑		3道钢支撑	
	示意图	频率(Hz)	示意图	频率(Hz)
一阶对称面外平移		3.2403		3.7928
一阶反对称竖弯		6.1334		6.1559
一阶对称面外		8.3185		8.5665
振型	支撑道数			
	5道钢支撑		9道钢支撑(实桥)	
	示意图	频率(Hz)	示意图	频率(Hz)
一阶对称竖弯		2.008		1.9960

续上表

振型	支撑道数			
	5 道钢支撑		9 道钢支撑(实桥)	
	示意图	频率(Hz)	示意图	频率(Hz)
一阶对称扭转（端部大）		2.0138		2.0442
一阶对称扭转（中部大）		2.5468		2.6276
一阶反对称面外平移		2.8485		2.9081
一阶对称面外平移		3.8933		3.9808

续上表

振型	支撑道数			
	5 道钢支撑		9 道钢支撑（实桥）	
	示意图	频率(Hz)	示意图	频率(Hz)
一阶反对称竖弯		6.1833		6.1528
一阶对称面外		8.6018		8.9312

振型	支撑道数			
	9 道钢支撑（实桥）		17 道钢支撑	
	示意图	频率(Hz)	示意图	频率(Hz)
一阶对称竖弯		1.9960		1.9809
一阶对称扭转（端部大）		2.0442		2.0649

续上表

振型	支撑道数			
	9 道钢支撑（实桥）		17 道钢支撑	
	示意图	频率(Hz)	示意图	频率(Hz)
一阶对称扭转（中部大）		2.6276		2.6239
一阶反对称面外平移		2.9081		2.9581
一阶对称面外平移		3.9808		4.010
一阶反对称竖弯		6.1528		6.1284
一阶对称面外		8.9312		8.9849

8.4.3.2 不同横撑布置形式对桥梁固有频率的影响分析

对不同钢支撑道数布置的有限元模型中竖弯振型及面外振型的频率值进行对比,如图 8-30～图 8-32 所示。从图 8-30 可看出,随着钢支撑道数布置的增加,其一阶对称竖弯和一阶反对称竖弯频率几乎成一条直线,减幅不超过 1%,多种钢支撑道数的布置对结构整体的竖弯频率基本没有影响,这说明钢支撑的布置对结构整体的竖弯刚重比影响很小;从图 8-31 和图 8-32 可得,多种钢支撑道数的布置对结构面外(扭转)影响都不同。随着钢支撑的加密,结构面外(扭转)频率是逐渐增大的,但结构面外(扭转)频率增幅却随之下降,特别当钢支撑道数大于 5 时,其频率增幅不超过 3%;当钢支撑道数大于 9 时,其频率增幅基本小于 1%。这说明合理的钢支撑布置对结构扭转振型而言,刚度的影响强于自重的影响。

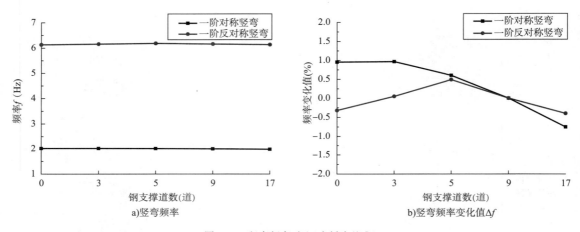

图 8-30 竖弯频率对比(实桥为基准)

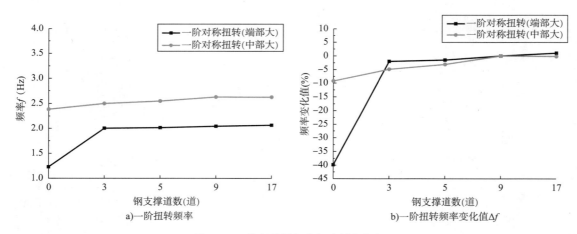

图 8-31 一阶扭转频率对比(实桥为基准)

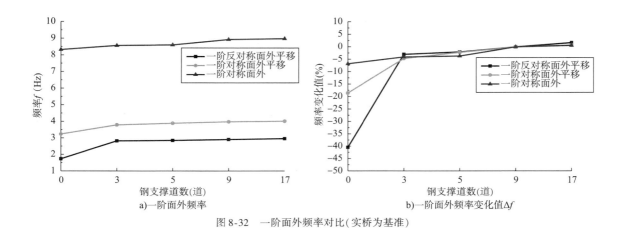

图 8-32　一阶面外频率对比(实桥为基准)

8.4.4　结论

(1)钢支撑布置对结构的弯曲动力特性影响很小,无论有无布置钢支撑,其竖弯频率差值均小于1%。

(2)当结构无钢支撑时,相对于实桥,扭转频率最大差值接近70%;当结构钢支撑道数大于9时,相对于实桥,面内及扭转频率差值基本小于1%。这说明钢支撑的布置是非常必要的。

(3)钢支撑布置形式对结构的抗扭动力特性影响很大,随着钢支撑道数的增大,抗扭能力逐步增强,但结构扭转的频率增幅却随之下降,特别是当钢支撑道数大于5时,其频率增幅不超过3%;当钢支撑道数大于9时,其频率增幅基本小于1%。

(4)采用9道钢支撑和17道钢支撑布置,前10阶模态基本保持一致,同时考虑到支撑间距对施工的影响,认为9道钢支撑布置(实桥)形式是相对合理的。

8.5　实桥抗疲劳设计与验算

8.5.1　实桥抗疲劳设计

第6章试验结果表明,钢管混凝土-试验梁在荷载循环次数达到214.2万次时发生疲劳破坏;由实桥截面参数分析可知,对于波形钢腹板-钢管混凝土桁式弦杆组合梁桥而言,当其下弦杆的壁厚越大时,腹板与下弦杆连接焊缝处的应力集中系数就会越小,即疲劳强度就越高,而钢管管径及波形钢腹板板厚对腹板与下弦杆连接焊缝处应力集中的敏感性很小,即这两个参数的变化对节点的疲劳强度影响不大;本书所研究的节点连接形式大致在3~6类之间,腹板与下弦杆连接焊缝处的疲劳强度介于平钢板之间的节点连接和带加劲肋的平钢板之间节点连接的疲劳强度,故当钢管管径足够大时,腹板与下弦杆的连接可看作腹板与平钢腹板的连接,即此时结构连接处的节点疲劳强度趋近于普通波形钢腹板工字梁,其疲劳性能越好。综上所述,基于试验模型所得到的结果,在等应力幅作用下,可推断出实桥的抗疲劳性能在荷载循环200万次后,结构整体性能仍保持良好,即试验模型所得结果可应用于实桥中。现根据试验模型所得出的相关结论进行实桥抗疲劳设计。

关于波形钢腹板-钢管混凝土桁式弦杆组合梁桥中波形钢腹板与下弦杆连接焊缝处的节点疲劳设计流程可总结如图8-33所示。

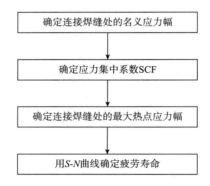

图8-33 腹板与下弦杆连接焊缝处的疲劳设计流程图

8.5.2 实桥抗疲劳验算

本小节将在试验基础上,以马峦山公园1号桥中波形钢腹板-钢管混凝土桁式弦杆简支梁桥为例,对该桥波形钢腹板与下弦杆连接焊缝处的节点疲劳性能进行验算。

8.5.2.1 基于名义应力法的疲劳验算

由7.2.1小节可知,本书通过桥梁专用软件midas Civil建立有限元分析模型,如图8-34所示。利用《公路钢结构桥梁设计规范》(JTG D64—2015)中关于疲劳荷载计算模型Ⅰ和计算模型Ⅱ的相关条文进行设计计算,可得到波形钢腹板与下弦杆连接焊缝处的最大正应力幅,具体如下:

根据实桥的计算模型,按疲劳模型Ⅰ进行计算,得到在活载作用下波形钢腹板与下弦杆连接焊缝处的应力幅 $\Delta\sigma = 33.59\text{MPa}$;按疲劳模型Ⅱ进行计算,得到在活载作用下波形钢腹板与下弦杆连接焊缝处的应力幅 $\Delta\sigma = 21.59\text{MPa}$。

根据《公路钢结构桥梁设计规范》(JTG D64—2015)第5.5.2条规定,波形钢腹板-钢管混凝土桁式弦杆简支梁桥的疲劳验算,先采用疲劳荷载模型Ⅰ计算。

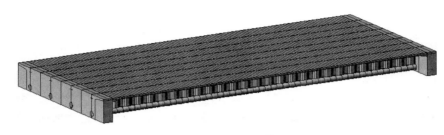

图 8-34　实桥有限元模型

从 6.2.1 小节可知,在 200 万次循环荷载作用下,波形钢腹板与下弦杆连接焊缝处的疲劳强度为 67.18MPa,对比《钢结构设计规范》(GB 50017—2003),介于 5 类与 6 类之间,与定性分析结果相吻合。本小节进行实桥疲劳验算,按最不利取值分析,取《公路钢结构桥梁设计规范》(JTG D64—2015)中的 6 类进行计算,即取该节点构造的疲劳强度为 78MPa,而正应力常幅极限为:

$$\Delta\sigma_D = 0.737\Delta\sigma_c = 0.737 \times 78 = 57.5(\text{MPa})$$

$$\Delta\sigma_p = (1 + \Delta\phi)(\sigma_{p\max} - \sigma_{p\min}) = 33.59\text{MPa}$$

即

$$\gamma_{Ff}\Delta\sigma_p = 1 \times 33.59 \leqslant \frac{k_s\Delta\sigma_D}{\gamma_{Mf}} = \frac{1 \times 57.5}{1.35} = 42.59(\text{MPa})$$

故腹板与下弦杆连接焊缝处的设计疲劳强度满足规范要求。

8.5.2.2　基于热点应力法的疲劳验算

波形钢腹板-钢管混凝土桁式弦杆组合梁中腹板与下弦杆连接焊缝处的应力集中系数为 1.27,故可计算出此节点构造的热点应力幅为:

$$\Delta\sigma_{r,hs} = SCF \times \Delta\sigma = 1.27 \times 33.59 = 42.66(\text{MPa})$$

根据所得到的波形钢腹板-钢管混凝土桁式弦杆组合梁中腹板与下弦杆连接焊缝处的节点疲劳 S-N 曲线的表达式见式(8-1):

$$\lg\Delta\sigma_{r,hs} = \frac{1}{3} \times (12.128 - \lg N) \qquad (8\text{-}1)$$

将 $\Delta\sigma_{r,hs} = 42.66\text{MPa}$ 代入式(8-1)可知,波形钢腹板-钢管混凝土桁式弦杆组合梁的疲劳寿命 N 为 17305263 次,超过常幅疲劳极限,即满足《公路钢结构桥梁设计规范》(JTG D64—2015)所规定的 200 万次要求。

根据本书缩尺模型疲劳试验结果和实桥抗疲劳验算结果,马峦山公园 1 号桥中波形钢腹板-钢管混凝土桁式弦杆组合梁桥中腹板与下弦杆连接焊缝在设计荷载作用下能够满足抗疲劳设计要求,且具有一定的安全富余度。

8.6 本章小结

（1）从组合作用下杆系有限元模型与实体有限元的计算结果可以看出，杆系有限元模型得到的整体受力、主要受力构件等方面的计算结果与实体有限元结果基本相同。因此，建立的杆系有限元模型能够正确地模拟结构整体受力性能。

（2）通过上述实桥（下弦钢管是否填充混凝土）分析，马峦山公园1号桥在承载能力极限状态下，主梁截面整体抗弯承载力以及各部件抗弯承载力、抗剪承载力均能满足相应规定；正常使用极限状态下，下弦钢管应力验算、波形钢腹板的平均应力验算、局部屈曲验算、整体屈曲验算及组合屈曲验算均能满足规范要求，混凝土顶板压应力验算、正截面抗裂验算及斜截面抗裂验算均能满足规范要求。

（3）钢横隔布置能够有效控制结构的畸变，但是必须合理布置；钢横隔布置形式对结构的弯曲动力特性影响很小；钢横隔布置形式对结构的抗扭动力特性影响很大，呈现随着钢支撑间距的加密，抗扭能力是逐步增强的；②、③工况的前10阶模态基本保持一致，同时考虑到支撑间距对施工和造价的影响，故可认为③工况钢支撑布置（原设计）是相对合理的。

（4）在疲劳计算模型Ⅰ作用下，下弦钢管与腹板连接处的正应力及剪应力抗疲劳设计均满足规范要求。

参 考 文 献

[1] 王梦雨.波形钢腹板-双管弦杆-混凝土板组合桥梁抗弯性能研究[D].福州:福州大学,2012.
[2] 周武.钢管混凝土弦杆-混凝土桥面板组合桁梁静力性能研究[D].福州:福州大学,2011.
[3] 董桔灿.波形钢腹板-桁式弦杆组合箱梁桥受力性能研究[D].福州:福州大学,2016.
[4] 中华人民共和国交通运输部.组合结构桥梁用波形钢腹板:JT/T 784—2010[S].北京:人民交通出版社,2010.
[5] 李淑琴,万水,乐斐.波形钢腹板PC组合箱梁桥结构分析与实例[M].北京:人民交通出版社股份有限公司,2015.
[6] 樊健生,聂建国.钢-混凝土组合桥梁研究及应用新进展[J].建筑钢结构进展,2006,8(5):35-39.
[7] ELGAALY M. Web design under compressive edge loads[J]. Engineering Journal,1983,20(4):153-171.
[8] CHAN C L, KHALID Y A, SAHARI B B, et al. Finite element analysis of corrugated web beams under bending[J]. Journal of Constructional Steel Research,2002,58(11):1391-1406.
[9] IKEDA S, SAKURADA M. Development of hybrid prestressed concrete bridges with corrugated steel web construction[C]// Proceedings of the 30th conference on our world in concrete and structures,2005,23:24.
[10] 刘岚,崔铁万.本谷桥的设计与施工——采用悬臂架设施工法的波纹形钢腹板预应力混凝土箱梁[J].国外桥梁,1999(3):18-25.
[11] 陈宝春,黄玲,吴庆雄.波形钢腹板部分斜拉桥[J].世界桥梁,2004(4):5-8.
[12] 陈宝春,王远洋,黄卿维.波形钢腹板混凝土拱桥新桥型构思[J].世界桥梁,2006(4):10-14.
[13] 河南省交通运输厅.公路波形钢腹板预应力混凝土箱梁桥设计规范:DB 41/T 643—2010[S].北京:人民交通出版社,2010.
[14] 广东省质量技术监督局.波形钢腹板预应力混凝土组合箱梁桥设计与施工规程:DB 44/T 1393—2014[S].广州:[出版者不详],2014.
[15] ELGAALY M, HAMILTON R W, SESHADRI A. Shear strength of beams with corrugated webs[J]. Journal of Structural Engineering, 1996,122(4):390.
[16] 吴文清,叶见曙,万水,等.波纹钢腹板-混凝土组合箱梁截面变形的拟平截面假定及其应用研究[J].工程力学,2005,22(5):177-180.
[17] 吴文清.波形钢腹板组合箱梁剪力滞效应问题研究[D].南京:东南大学,2002.
[18] ELGAALY M, SESHADRI A, HAMITON R W. Bending strength of steel beams with corrugated webs[J]. Journal of Structural Engineering, 1997, 123(6):772-782.
[19] ELGAALY M, SESHADRI A. Girders with corrugated webs under partial compressive edge loading[J]. Journal of Structural Engineering, 1997, 123(6):783-791.

[20] 李宏江,叶见曙,万水,等.波形钢腹板箱梁横隔板间距的研究[J].公路交通科技,2004, 21(10):51-54.

[21] 刘志才.波形钢腹板组合箱梁抗剪及抗弯分析[D].长沙:湖南大学,2007.

[22] 陈建兵,万水,钱培舒,等.波形钢腹板预应力混凝土箱梁足尺模型试验研究[J].中外公路,2007,27(5):160-164.

[23] 李立峰,彭鲲,王文.波形钢腹板组合箱梁剪力滞效应的理论与试验研究[J].公路交通科技,2009,26(4):78-83.

[24] 秦志.波形钢腹板组合连续梁承载能力试验研究[D].长沙:湖南大学,2010.

[25] 陈建兵,万水,孟文节,等.波形钢腹板PC组合箱梁的应用与研究进展[J].黑龙江工程学院学报,2006,20(1):18-22.

[26] 卢炳灿,张用军,万水,等.波形钢腹板PC组合箱梁桥的建造[J].黑龙江工程学院学报,2005,19(3):35-38.

[27] 陈国胜,张百永,吴刚.形钢腹板PC组合箱梁桥发展浅析[J].工程与建设,2010,24(4):441-443.

[28] 黄文金,陈宝春.钢管混凝土桁架受弯试验研究[J].建筑科学与工程学报,2006,23(1):29-33.

[29] 彭桂瀚,牟廷敏,陈宝春.钢管混凝土组合桁梁受弯性能试验研究[J].哈尔滨工业大学报,2011(43):91-94.

[30] 何珊瑚.三肢钢管混凝土弦杆-钢管腹杆桁架抗弯力学性能研究[D].北京:清华大学,2012.

[31] DAUNER H G,ORIBASI A, WERY D. The Lully Viaduct—A composite bridge with steel tube truss[J]. Journal of constructional steel research, 1998(46):67-68.

[32] 方填三.向家坝大桥设计与施工[J].有色冶金设计与研究,2003,24(1):21-23.

[33] 董桔灿.波形钢腹板-双管弦杆-混凝土板连续梁桥试设计[J].中外公路,2013,33(4):138-142.

[34] 陈宝春,高婧.波形钢腹板钢管混凝土梁受弯试验研究[J].建筑结构学报,2008,29(1):75-82.

[35] 李果,樊健生.波形钢腹板-钢管混凝土组合梁桥受力性能研究[C]//中国土木工程学会桥梁及结构工程分会.第十九届全国桥梁学术会议论文集(下册).北京:人民交通出版社,2010:949-954.

[36] YAMAZAKI. Composite Bridges with Corrugated Steel Webs to Meet Environmental Needs by Innovative Bridge Engineering [C]// Innovative Materials and Techniques in Concrete Construction. Netherlands:Springer, 2012:315-328.

[37] 黄文金,陈宝春.腹杆形式对钢管混凝土桁梁受力性能影响的研究[J].建筑结构学报,2009(1):55-61.

[38] 苏家战.CFST-CSW构件扭转和拱空间受力性能研究[D].福州:福州大学,2010.

[39] ATTARD M M,SETUNGE S. Stress-strain Relationship of Confined and Unconfined Concrete [J]. ACI Materials Journal,1996, 93(5):432-442.

[40] 韩林海.钢管混凝土结构-理论与实践[M].2版.北京:科学出版社,2007.

[41] ACI Committee 318. 318S05:Building Code Requirements for Structural Concrete and Commentary[J]. American Concrete Institute,Detroit:2005.

[42] 中华人民共和国建设部.普通混凝土力学性能试验方法标准:GB/T 50081—2002[S].北京:中国建筑工业出版社,2003.

[43] 全国钢标准化技术委员会.金属材料 拉伸试验 第一部分:室温试验方法:GB/T 228.1—2010[S].北京:中国标准出版社,2011.

[44] 中华人民共和国交通运输部.公路钢结构桥梁设计规范:JTG D64—2015[S].北京:人民交通出版社股份有限公司,2015.

[45] 中华人民共和国交通运输部.公路桥涵设计通用规范:JTG D60—2015[S].北京:人民交通出版社股份有限公司,2015.

[46] VAN W A M, WARDENIER J, PACKER J A. Commentary on the draft specification for fatigue design of hollow section joints[C]//Proceedings of 8th International Symposium on Tubular Structures, Singapore,1998:117-127.

[47] PETIRE R,JENNINGS R E, HARGREAVES G L,et al. Offshore installations:Guidance on design and construction[J]. Proceedings of the Institution of Civil Engineers,1978,64(3):513-515.

[48] 邵永波,杜之富,胡维东.KK节点中表面裂纹应力强度因子的数值分析[J].工程力学,2007,24(8):9-14.

[49] ZHAO X L, PACKER J A. Fatigue Design Procedures for Welded Hollow Section Joints[M]. Cambridge:Woodhead Publishing,2000.

[50] 全国无损检测标准化技术委员会.无损检测 超声检测 相控阵超声检测方法:GB/T 32563—2016[S].北京:中国标准出版社,2016.

[51] 邓静芝.波浪腹板结构变形计算及疲劳性能研究[D].北京:清华大学,2012.

[52] 谭莲飞,王清远.波形钢腹板梁应力集中分析[J].四川大学学报,2010,42(2):93-97.

[53] 中华人民共和国建设部.钢结构设计规范:GB 50017—2003[S].北京:中国计划出版社,2003.

[54] 徐升桥,彭岚平.铁路桥梁钢管混凝土结构疲劳设计与试验研究[J].铁道工程学报,2013,178(7):40-46.

[55] 王丽,张玉玲.钢管混凝土结构板管焊接节点疲劳性能试验研究[C]//中国土木工程学会桥梁及结构工程分会.第二十届全国桥梁学术会议论文集(下册).北京:人民交通出版社,2012:310-314.

[56] 刁砚.钢管混凝土桥管节点疲劳性能试验研究[D].成都:西南交通大学,2012.